工业和信息化普通高等教育
"十三五"规划教材立项项目

会计名校名师
新形态精品教材

U0739845

管理会计

微课版

◎ 孙茂竹 张玉周 主编

Management
Accounting

A

ACCOUNTING

人民邮电出版社

北京

图书在版编目（CIP）数据

管理会计：微课版 / 孙茂竹，张玉周主编. -- 北京：人民邮电出版社，2019.6（2023.8重印）
会计名校名师新形态精品教材
ISBN 978-7-115-49905-9

Ⅰ. ①管… Ⅱ. ①孙… ②张… Ⅲ. ①管理会计－高等学校－教材 Ⅳ. ①F234.3

中国版本图书馆CIP数据核字（2018）第244896号

内 容 提 要

本书主要阐述管理会计的基本理论和基本方法，在编写中力图将理论与实践相结合、继承和发展相统一，博采中外各家所长，为我所用。本书共11章，包括概论、变动成本法、本—量—利分析、经营预测、经营决策、存货决策与管理、投资决策、作业成本计算、标准成本管理、预算管理和业绩考评。

本书既可作为高等院校财务专业和会计专业的核心课程教材，也可作为财经类各专业的专业基础课程教材，还可作为高级财务会计人员和经济管理人员在职培训的教材和自学参考书。

◆ 主　　编　孙茂竹　张玉周
　　责任编辑　孙燕燕
　　责任印制　焦志炜

◆ 人民邮电出版社出版发行　　北京市丰台区成寿寺路 11 号
　　邮编　100164　　电子邮件　315@ptpress.com.cn
　　网址　https://www.ptpress.com.cn
　　涿州市般润文化传播有限公司印刷

◆ 开本：787×1092　1/16
　　印张：15.5　　　　　　　　2019 年 6 月第 1 版
　　字数：366 千字　　　　　　2023 年 8 月河北第 10 次印刷

定价：46.00 元

读者服务热线：（010）81055256　印装质量热线：（010）81055316
反盗版热线：（010）81055315
广告经营许可证：京东市监广字 20170147 号

前言

　　管理会计是以价值管理为中心，应用现代会计的概念、理论和方法进行定量化管理，进而提高经济效益的经济管理学科。从诞生之日起，管理会计就在企业管理中发挥着重大作用，并伴随广大理论工作者的研究和实务工作者的实践而不断充实和完善。

　　本书适应时代发展对管理会计人才培养的新要求，特别是满足了 2014 年财政部全面推动中国管理会计体系升级建设的现实需要。按照管理的内在逻辑，编者对教材的结构和内容做了精心的组织和安排，既重视管理会计相关概念和理论的学习，又强调管理会计方法的训练，注重引导读者培养解决问题的能力。

　　本书集编者多年教学经验及众多企业管理者的实践总结，在深入研究管理会计的发展历史及相关管理理论的基础上，对内容做了精心安排。

　　（1）简单、实用。本书基于简练、实用的原则设计教材的框架结构，使内容和体系显得更加系统、完善。读者通过阅读和学习本书内容，能够系统地掌握管理会计的基本概念、基本理论和基本方法，从而在实践中有效地提高管理技能和水平。

　　（2）理论与实践结合。本书围绕价值创造展开内容，既强化了各章节之间的衔接或呼应，又系统地解决了计算和管理的关系问题，算为管用、算管结合，从而在实践中将理论与实际有效结合。

　　（3）习题丰富。本书细化了各章节例题，使管理会计学的内容更具体化，使读者能够更容易地理解管理会计的工作内容和方法。

　　（4）附加值高。本书不仅针对重要知识点和难点提供微课视频，而且提供精美 PPT和参考答案等配套教学资源。

　　本书由中国人民大学商学院孙茂竹、张玉周担任主编，其中，第 1 章～第 5 章由张玉周撰写，第 6 章～第 11 章由孙茂竹撰写。全书由孙茂竹统稿并完善。

　　本书的编写是一个伴随理论探索和实践总结而不断完善的过程。因此，本书不可避免地存在不足之处，敬请广大读者批评、指正。

编　者
2018 年 12 月

第1章 概论

学习目标 ·· 1
引导案例 ·· 1
1.1 企业经营与管理会计 ································ 2
1.2 管理会计学的形成和发展 ························ 5
1.3 管理会计与财务会计、财务管理 ············ 10
思考题 ·· 14

第2章 变动成本法

学习目标 ·· 15
引导案例 ·· 15
2.1 成本及其分类 ···································· 15
2.2 混合成本的分解 ································ 26
2.3 变动成本法与完全成本法 ·················· 32
思考题 ·· 41
练习题 ·· 41

第3章 本—量—利分析

学习目标 ·· 44
引导案例 ·· 44
3.1 本—量—利分析的基本模型及相关概念 ······ 44
3.2 盈亏临界点分析 ································ 46
3.3 实现目标利润分析 ···························· 53
3.4 本—量—利分析的扩展 ························ 60
思考题 ·· 66
练习题 ·· 67

第4章 经营预测

学习目标 ·· 69
引导案例 ·· 69
4.1 销售预测 ·· 70

4.2　成本预测 ·· 78

4.3　利润预测 ·· 85

4.4　资金需要量预测 ·· 88

思考题 ·· 94

练习题 ·· 94

第5章　经营决策

学习目标 ··· 97

引导案例 ··· 97

5.1　产品功能成本决策 ····································· 97

5.2　品种决策 ··· 101

5.3　产品组合优化决策 ···································· 112

5.4　生产组织决策 ·· 114

5.5　定价决策 ··· 121

思考题 ·· 132

练习题 ·· 132

第6章　存货决策与管理

学习目标 ··· 134

引导案例 ··· 134

6.1　存货的功能与成本 ···································· 134

6.2　经济订购批量 ·· 136

6.3　存货模型的扩展应用 ································· 138

6.4　不确定情况下的存货决策 ··························· 143

6.5　存货控制的ABC法 ···································· 146

思考题 ·· 147

练习题 ·· 148

第7章　投资决策

学习目标 ··· 149

引导案例 ··· 149

7.1　投资决策基础 ·· 149

7.2　投资决策指标 ·· 156

7.3　投资决策指标的应用 ································· 160

思考题 ·· 164

练习题 ·· 164

第 8 章 作业成本计算

学习目标 ·· 167
引导案例 ·· 167
8.1 成本计算、信息有用性和作业成本法 ··· 167
8.2 作业的确认和分类 ························· 170
8.3 成本动因 ··································· 172
8.4 作业成本计算 ······························· 178
思考题 ··· 184
练习题 ··· 184

第 9 章 标准成本管理

学习目标 ·· 185
引导案例 ·· 185
9.1 标准成本及标准成本差异 ··············· 185
9.2 变动成本标准的制定及其差异的计算、分析和
    控制 ··· 187
9.3 固定制造费用成本差异的计算、分析和控制 ····· 194
思考题 ··· 195
练习题 ··· 196

第 10 章 预算管理

学习目标 ·· 198
引导案例 ·· 198
10.1 预算与预算管理 ··························· 198
10.2 预算管理体系 ······························· 201
10.3 预算编制流程 ······························· 203
10.4 预算编制方法 ······························· 212
思考题 ··· 215
练习题 ··· 215

第 11 章 业绩考评

学习目标 ·· 217
引导案例 ·· 217
11.1 以企业为主体的业绩考评 ··············· 217
11.2 以责任中心为主体的业绩考评 ··········· 220

11.3 基于EVA的业绩考评 ·· 228
11.4 基于战略的业绩考评 ·· 231
思考题 ·· 235
练习题 ·· 236
附录一 复利终值系数表（FVIF表） ··························· 237
附录二 复利现值系数表（PVIF表） ··························· 238
附录三 年金终值系数表（FVIFA表） ························· 239
附录四 年金现值系数表（PVIFA表） ························· 240

第1章

概论

⭐ 学习目标

1. 通过了解企业目标及经营活动，理解价值创造与管理会计的关系。

2. 通过对管理会计学形成和发展的回顾，了解社会实践及经济理论对管理会计的双重影响，并初步掌握在不同环境影响下的管理会计体系的设计思想。

3. 了解物流、资金流、信息流与价值流的关系，深入把握管理会计的本质，并为理解和掌握管理会计的方法奠定基础。

4. 了解管理会计与财务会计、财务管理的区别与联系，正确处理管理会计与财务会计、财务管理等相关课程的关系，在实务上协调企业管理各部分之间的关系。

📄 引导案例

2018年2月23日，中国保险监督管理委员会（以下简称中国保监会，其于2018年4月8日并入中国银行保险监督管理委员会）宣布：安邦保险集团股份有限公司（以下简称安邦集团）原董事长、总经理吴小晖因涉嫌经济犯罪，被依法提起公诉。鉴于安邦集团存在违反法律法规的经营行为，可能严重危及公司偿付能力，中国保监会决定自2018年2月23日起，对该集团实施接管，接管期限一年。

2004年，安邦集团以销售汽车保险起家，初始注册资本只有人民币5亿元。2014年，安邦集团注册资本扩充至人民币619亿元。

经过短短12年的发展，安邦集团2016年年末总资产达人民币2万亿元左右，在全球聘用员工3万多名，拥有超过3 500万名客户和遍布全球的服务网络。安邦集团手握财险、寿险、健康险、养老险、银行、金融租赁、资管牌照，千金一掷，买遍全球，在股市、汇市、银行等金融界呼风唤雨，构筑成了一个庞大的金融帝国。

基于公开资料的收集和分析，请思考以下问题。

（1）从财务管理角度看，安邦集团是通过什么方法实现疯狂扩张的？这些方法对安邦集团会产生什么影响？

（2）从财务会计角度看，会计政策的选择如何影响账务处理及报表编制，并对安邦集团的疯狂扩张起到推动作用？

（3）从管理角度看，如何才能加强对诸如安邦集团等企业集团的有效监管，保障企业的健康发展及资本市场的有效运行？

1.1 企业经营与管理会计

企业是以营利为目的的经济组织，企业的生产经营过程具有使用价值与价值相结合的特点。因而，使用价值管理和价值管理就成为企业生产经营管理的最直接和最重要的两项内容，并进一步影响着以使用价值管理为基础的管理会计工作。

1.1.1 企业

企业是以营利为目的，运用各种生产要素（土地、劳动力、资本、技术和企业家才能等），向市场提供商品或服务，实行自主经营、自负盈亏、独立核算的社会经济组织。

在商品经济中，企业生产或提供符合质量要求和市场需要的商品，其最终目的是获得价值增值。例如，商业企业购买一辆价值 20 万元的汽车，旨在以高于 20 万元的价格（如 23 万元）卖出去，从而赚得利润（3 万元）。

于是，企业生产经营过程具有两重性。（1）使用价值的生产和交换过程。这既是获得价值增值的手段，又是实现价值增值的根本。（2）价值的创造和实现过程。这一过程的实现是以使用价值的生产和交换为基础的，包括价值转换、耗费、补偿。

当然，使用价值管理和价值管理离不开资金管理和信息管理，因此，企业生产经营必然会产生物流（产品的生产和销售）、资金流（资金的流入和流出）、价值流（价值的转移和增值）、信息流（信息的生成和利用）。企业生产经营管理自然包括使用价值管理（归口业务部门，如供应、生产、销售、设备等）、资金管理（归口财务部门）、价值管理（归口所有部门和单位）和信息管理（归口会计部门）四大重要内容。

1.1.2 产品的生产和销售

产品的生产和销售首先导致物的流动。而不同企业的物的流动是不同的，所以不同企业的物的流动又必然导致不同的管理思维和管理方法。

1. 制造业

制造业是一种非常典型的生产型行业，其生产的基本流程如图 1-1 所示。

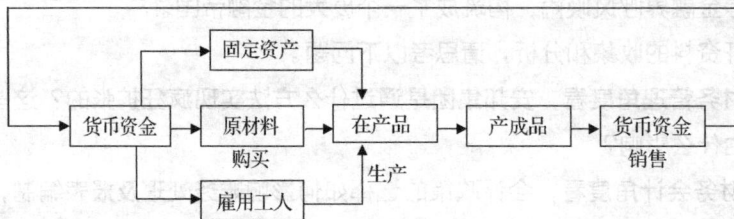

图 1-1　制造业的生产流程

制造业的基本生产流程可以概括为:(1)采购原材料;(2)使用工人、利用设备对原材料进行加工;(3)对完成加工的产品进行销售,以取得收入。这一过程反映了生产的商品性:企业生产的产品(或提供的劳务)都是以商品的形式出现的,而商品需要通过销售来取得收入。只有将个别劳动转化为社会必要劳动,取得社会承认,才能实现生产经营过程的使用价值和价值。

以钢铁企业为例,其生产工艺流程如图 1-2 所示。在这一生产过程中,物的形态随生产的进行(炼铁、炼钢、轧钢)而在不断变化:由铁矿石到铁锭,再到钢锭以及各种钢材。由于生产的商品性,因而有两个问题需要解决。一是主要产品的成本是多少?这关系到生产该主要产品是否有利可图的问题。二是当该主要产品的价格由市场决定时,如何有效地控制成本以实现利润目标?

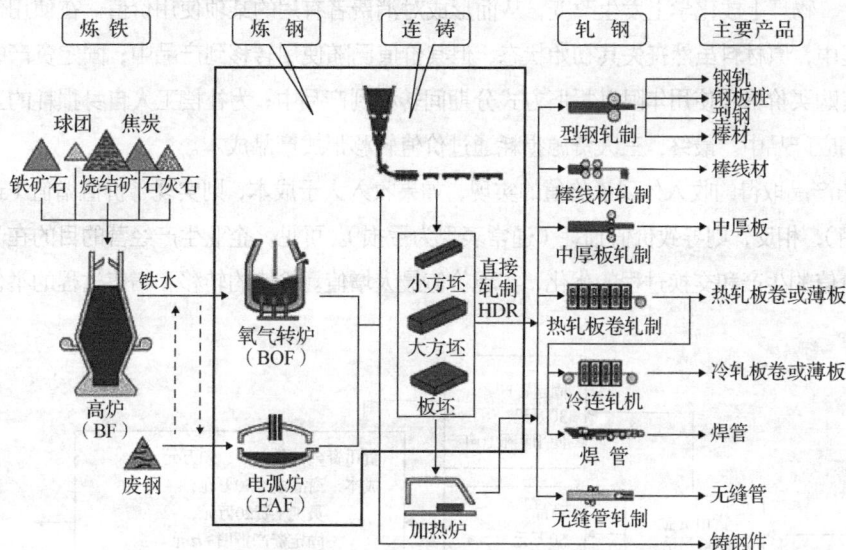

图 1-2　钢铁企业的生产工艺流程

2. 商业

商业也是一种非常典型的销售型行业,其经营流程如图 1-3 所示。

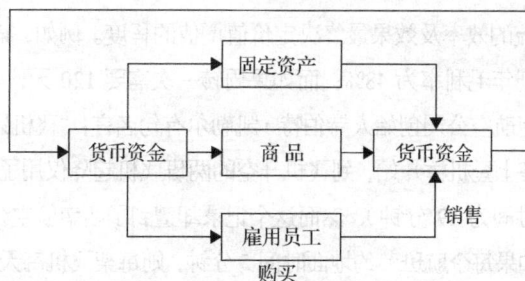

图 1-3　商业的经营流程

商业企业的经营流程相对制造业而言,要简单一点儿。制造业主要是借助机器体系对原材料进行加工,使之生产出符合社会生产和人民生活需要的产品。而商业企业则主要是通过对商品的购进和销售以及因此而必须的运输和储存业务,完成将商品从生产领域转移到消费领域的过程,以满足消费的需要。

商品的购买、运输、储存、销售是商业企业商品流通的四个基本环节（见图1-4）。

当然，在"互联网+"的商业模式下（如阿里巴巴、京东），上述传统商业企业的商品流通的四个完整环节已经从社会角度被简化、重组，商品流通变得更有效率。

购买商品 ➡ 商品运输 ➡ 商品储存 ➡ 商品销售

图1-4　商品流通的环节

1.1.3　价值的转移和增值

以制造业为例，在产品的生产和销售过程中，随着物资资料的获取、加工和销售，原材料在形态上、物理上或化学上发生改变，从而形成对消费者有用的某项使用价值。在使用价值的形成过程中，原材料虽然丧失其初始状态，但其价值已随使用转移到产品中；固定资产的价值损耗按其购买价格和使用年限以折旧方式分期间转移到产品中；为补偿工人自身损耗的工资也转移到相应产品中。最终，三大资源损耗通过价值转移形成产品成本。

销售产品取得的收入体现了价值的实现，如果收入大于成本，则实现了价值增值（通常表现为利润），相反，则导致价值损耗（通常表现为亏损）。可见，企业生产经营的目的在于通过对使用价值的生产和交换过程的优化，实现价值最大增值。价值的转移和增值过程的举例如图1-5所示。

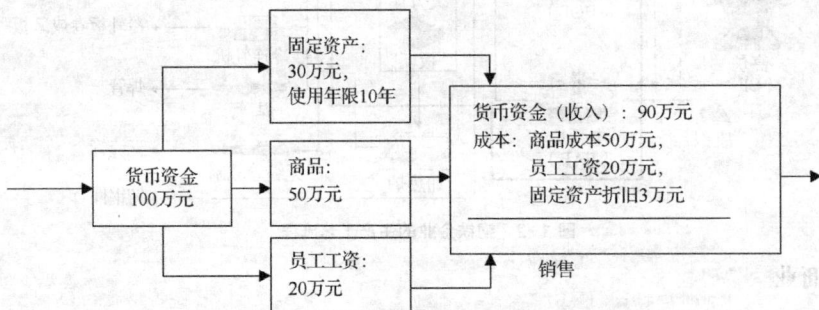

图1-5　价值的转移和增值过程

必须强调的是：物流的效率及效果最终决定价值增值的程度。例如，某一商品周转一次需要60天，毛利率为8%，则年毛利率为48%；而如果周转一次需要120天，毛利率仍为8%，则年毛利率为24%。美国西南航空公司创始人赫伯特·凯勒尔有句名言："飞机只有在天上才能赚钱。"因此，该公司的飞机从搭上登机桥开始，到飞机升空的两班飞机起降仅用了21分钟（值得注意的是，该公司的计划停场时间为19分钟），然而这个记录却遭到了西南航空公司总部的批评，因为经西南航空公司测算，如果每个航班节约地面时间5分钟，则每架飞机每天增加一个飞行小时数。

1.1.4　管理会计

管理会计是以使用价值管理为基础的价值管理活动，它运用一系列专门的概念和方法，通过确认、计量、估值，为管理和决策提供信息，并参与企业经营管理。

从根本上讲，管理会计的对象是以使用价值管理为基础的价值管理，原因如下。

1. 从本质上讲

管理会计的对象是企业的生产经营活动。虽然生产经营活动是管理学各门课程的共同研究对象，但它们之所以能够相互区分是因为它们是基于不同目的、从不同角度、采用不同方法以及在不同层面上的研究。例如，财务会计主要是从外部报表使用人的角度出发，通过凭证、账簿、报表，以及记账、算账、报账等会计循环工作，对已经发生或已经完成的生产经营活动进行核算，以提供其所需的会计信息。财务管理则是从内部使用人的角度出发，通过筹资、投资、营运和分配等工作，对现在和未来生产经营活动产生的现金流动进行规划和控制，以提高资金的使用效率。

2. 从管理体现经济效益上讲

管理会计的对象是企业生产经营活动中的价值运动。在商品经济条件下，企业的生产经营活动表现为两个方面：一方面表现为使用价值的生产和交换过程；另一方面表现为价值创造和价值增值过程。管理会计是以生产经营活动中价值创造和价值增值过程为对象，通过对使用价值的生产和交换过程的优化，提供信息并参与决策，以实现价值最大增值的目的。

3. 从实践角度上讲

管理会计的对象具有复合性的特点，具体表现在以下两个方面。一方面，致力于使用价值生产和交换过程的优化，强调加强作业管理，其目的在于提高生产和工作效率。因此，作业管理强调有用作业和无用作业的区分，并致力于消除无用作业。同时，按生产经营的内在联系，设计作业环节和作业链，为作业管理和管理会计的实施奠定基础。另一方面，在价值创造和价值增值过程中，强调加强价值管理，其目的在于实现价值的最大增值。因此，价值管理强调价值转移、价值增值与价值损耗之间的关系：价值转移是价值增值的前提，减少价值损耗是增加价值增值的手段。因而，我们必须按照价值转移和增值的过程，设计价值环节和价值链。

正是因为管理会计对象具有的复合性，才使得作业管理和价值管理得以统一，构成完整的管理会计对象，并使得管理会计课程与其他课程区别开来。

1.2 管理会计学的形成和发展

管理会计学的形成和发展受社会实践以及经济理论的双重影响：一方面，社会经济的发展要求加强企业管理；另一方面，经济理论的形成又使这种要求得以实现。

1.2.1 以成本计算为基本特征的成本会计阶段

19世纪的英国工业革命促使企业生产规模迅速扩大，合伙经营、股份公司等企业组织形式相继出现，企业的所有者逐渐将企业经营权委托给专门的管理阶层。为适应所有权与经营权的分离，满足各有关方面（如股东、债权人、经营者等）了解公司财务状况和经营成果的需求，形成了从填制和审核凭证、登记账簿到编制会计报表的近代会计。

这一时期的经济理论认为：企业的盈利增长点在于增加产量，只要价格高于成本，生产出来的产品就能销售出去，从而获得利润。因此，企业管理着重考虑企业的收入是否能够弥补支出，产生盈利。

为了满足企业管理上的需要，英国会计人员起初是在会计账簿之外利用统计方法单独计算成本，后来将成本计算融入财务会计，从而形成了成本会计。这一阶段的成本管理的内容仅限于对生产过程中的生产消耗进行系统的汇集和计算，用于确定产品成本和销售成本；而成本控制的目的也仅在于利用会计方法计算企业盈亏和评估资产价值。

1.2.2 以成本控制为基本特征的标准成本管理阶段

20 世纪初期，随着竞争愈演愈烈，所有者和经营者意识到：企业的生存和发展不仅取决于产量的增长，更取决于成本的高低。因此，企业必须加强内部管理，提高生产效率，降低成本、费用，以获取最大限度的利润。

此时，古典组织理论特别是科学管理理论的出现，促使近代会计分化为财务会计和管理会计，并在 20 世纪初形成了以成本控制为基本特征，以提高生产效率和工作效率为目的的管理会计的雏形，其主要内容包括以下几个方面。

科学管理理论

1. 标准成本

标准成本是指按照科学的方法，制定在一定客观条件下能够实现的人工、材料等消耗标准，并以此为基础形成产品标准成本中的标准人工成本、标准材料成本、标准制造费用等标准。标准成本的制定，使成本计算由事后的计算和利用转为事前的计算和利用，是现代会计管理职能的一大体现。

2. 预算控制

预算控制是指按照人工、材料消耗标准及费用分配率标准，将标准材料成本、标准人工成本、标准制造费用通过预算的形式表现出来，并据以控制料、工、费的发生，使之符合预算的要求。

3. 差异分析

差异分析即在一定期间终了时，对料、工、费脱离标准的差异进行计算和分析，查明差异形成的原因和责任，借以评价和考核各有关方面的工作业绩，促使其改进工作。

1.2.3 以预测、决策为基本特征的管理会计阶段

第二次世界大战以后，科学技术的日新月异，促使社会生产力得到迅速发展，而企业的获利能力由于竞争和技术的进步普遍下降。此时，若企业简单地依靠提高生产效率、工作效率及内部标准化管理来提高收益，则其会力不从心。于是，企业将管理的重心转移到提高经济效益上。

行为科学理论

在该期间，以标准成本制度为主要内容的管理控制继续得到强化并有了新的发展（如作业成本法和作业成本管理的产生）。而责任会计的产生将行为科学的理论与管理控制的理论结合起来，不仅进一步加强了对企业经营的全面控制（不仅是成本控制），而且将责任者的责、权、利结合起来，考核、评价责任者的工作业绩，从而极大地激发了责任者的积极性和主动性。管理会计在强化控制职能的同时，开始行使预测、决策职能，并逐步形成了以预测、决策为主要特征并与管理现代化要求相适应的会计信息管理体系。

其主要内容如下。

（1）预测，即运用科学的方法，根据历史资料和现实情况，预计和推测经济活动未来趋势

和变化程度的过程，包括销售预测、成本预测、利润预测、资金需要量预测等。

（2）决策，即按照既定的目标，通过预测、分析、比较和判断，从两个或两个以上的备选方案中选择最优方案的过程，包括经营决策（如产品品种决策、产品组合决策、生产组织决策、定价决策）、投资决策等。

（3）预算，即用货币度量和非货币度量反映企业一定期间内收入、成本、利润、对资产的要求及对资金的需求，反映经营目标和结果的计划，包括业务预算、专门决策预算和财务预算等。

（4）控制，即按照预算要求，控制经济活动使之与预算相符，包括标准成本法和责任会计等。

（5）考核和评价，即通过实际与预算的比较，确定差异，分析差异形成的原因，并据以对责任者的业绩进行评价和对生产经营进行调整。这往往在标准成本法和责任会计的实施中表现出来。

1.2.4 以重视竞争优势为基本特征的战略管理会计阶段

进入 20 世纪 70 年代，由于市场竞争的日趋激烈，企业必须以外部环境的变化为基础，以获得竞争优势为目的，更加密切关注竞争对手。与此相适应，战略管理的理论有了长足的发展，并形成了以以下内容为主体的战略管理会计。

战略管理理论

1. 价值链分析

迈克尔·波特于 1985 年将一个企业的经营活动分解为若干与战略性相关的价值活动，每一种价值活动都会对企业的相对成本地位产生影响，进而成为企业采取差异化战略的基础。供应商通过向企业出售产品对企业价值链产生影响，而企业通过向顾客销售产品来影响买方的价值链。

（1）纵向价值链分析

纵向价值链从产业角度描述企业与供应商、顾客之间的价值联系。这种联系通过采购活动、生产活动、销售活动的连接得以实现，向上可以延伸至原材料的最初生产者（或供应者），向下可以延伸到使用产成品的最终用户，从而形成一条从原材料投入到产成品供给的纵向价值链。

纵向价值链将最终产品看作一系列价值活动的集合体，企业是整个价值链中的一环或几环。这样，企业可以在整个价值链上分析产品的成本和收益，从合理分享利润的角度进行战略规划。

纵向价值链分析旨在确定企业在哪一个或哪几个价值链节中参与竞争，具体包括两个方面。

① 产业进入和产业退出的决策。企业可以通过对某一产业（可能包括若干价值链节）在整个纵向价值链利润共享情况的分析，以及对该产业未来发展趋势的合理预期做出进入或者退出该产业的战略决策。

② 纵向整合的决策。企业可以在某一产业范围内对企业现有生产过程进行扩张或收缩。

研究纵向价值链有助于企业进行市场定位，并且考虑更广泛的有关整合和利用市场之间的战略问题，使投资决策有了新内容。

（2）横向价值链分析

横向价值链从竞争的角度描述企业与企业之间的价值联系，是产业内部的企业之间形成的一种相互影响、相互作用的内在联系。这种横向价值联系的结果决定了产业内部各企业之间的相对竞争地位，并对企业价值最大化的实现产生重要影响。

横向价值链分析就是对一个产业内部的各个企业之间的相互作用的分析。企业通过对横向价值链的分析，可以确定企业与竞争对手之间的差异，从而确定能够为企业取得相对竞争优势的战略。

研究横向价值链能保证企业准确确定竞争定位，因此，功能成本分析、质量成本管理及竞争博弈分析等都可纳入横向价值链分析的范畴。

（3）内部价值链分析

在内部价值链的分析中，厘清企业内部价值活动是重点。企业内部价值活动是企业在经济和技术上有明确界限的各项活动，是创造对顾客有价值的产品的基础。

企业内部价值活动的类型如下。

① 基本职能活动，即企业履行基本管理职能的各种活动，包括企业的总体管理、计划、财务与会计、法律管理等诸多方面的活动。基本职能活动是通过整个企业内部价值链而不是单个价值活动对企业的生产经营起辅助作用的。

② 人力资源管理活动，包括各类人员的招聘、雇用、培训、开发、报酬和激励等多方面的活动。人力资源管理活动不仅支持企业各个具体的价值活动，而且支撑整个企业内部价值链。

③ 生产经营活动，即从原材料投入到最终生产出满足顾客需要的产品的生产过程，又可分解为供应、生产、销售三大价值活动，而每一价值活动又可以根据具体的行业和企业特点进一步分解为若干子价值活动。

纵向价值链分析的结果在于确定企业应该生产什么，横向价值链分析则指出企业生产该种产品的竞争优势和相关的限制条件。上述分析的结果要通过企业内部价值链的优化去落实。

2．SWOT 分析

SWOT 是英文 Strength（强势）、Weakness（弱势）、Opportunity（机会）、Threat（威胁）的首写字母，即首先确认企业各项业务经营面临的强势与弱势、机会与威胁，并据此选择企业战略。

强势是企业相对竞争对手而言所具有的资源、技术以及其他方面的优势，反映了企业能在市场上具有竞争力的特殊实力；弱势是严重影响企业经营效率的资源、技术和能力限制，企业的设施、资金、管理能力、营销技术等都可以成为造成企业弱势的原因；机会是企业业务环境中的重大有利因素，如环境发展的趋势和政府控制的变化、技术变化、买方及供应关系的改善等因素都可视为机会；威胁是环境中的重大不利因素，是企业发展的障碍。

SWOT 分析将企业面临的外部机会和威胁与企业内部具有的强势和弱势进行对比，得出四种组合方式，分别以四个区域表示，如图 1-6 所示。

3．战略成本管理

战略成本管理是为提高和保持企业持久的竞争优势而建立的成本管理系统，主要由价值链分析、战略定位分析、成本动因分析三个部分构成。价值链分析是通过行业价值链分析，明确企业价值链位置，讨论利用上下游管理成本的可能性。战略定位分析的基本观点是企业在不同时期采取的战略可能不同，不同产品采取的战略也可能不同；对于不同的战略，企业应采取的成本管理系统也不同。成本动因分析就是帮助企业选择有利于自身的成本动因作为成本竞争的突破口，以控制企业日常经营中存在的大量潜在的成本问题。

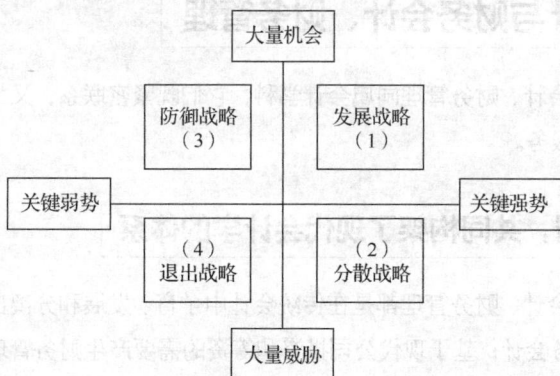

图 1-6　SWOT 分析

以日本的战略成本管理为例。由于竞争十分激烈，顾客对众多供应厂家变得越来越挑剔，品牌的忠实程度明显下降，从而使企业面对越来越复杂的顾客群体。企业生产战略的制定需要以产品价格、性能、质量三个方面为坐标进行综合考虑，确立自己的产品生存空间，并注意顾客对这三方面的接受程度，即在适当的价位，生产出适当性能与质量的产品。因此，企业必须制定一套质量、性能、成本的综合管理体系，使企业能够对顾客群的变化迅速做出反应。

4．人力资源管理

在当今社会，技术已成为经济发展的首要和关键因素，所以必须注重发挥人的价值和知识创新能力。人力资源既是重要的产权要素，又是战略管理会计的重要内容，其核心是以人为本，通过一定的方法和技能来激励员工以获取最大的人力资源价值，并采用一定的方法来确认和计量人力资源的成本、价值、收益，进行人力资源的投资分析，帮助企业构建人力资源战略。人力资源管理的内容包括人的行为问题研究；人力资源的价值、成本的确定以及为提高企业和个人绩效而进行的人事战略规划；日常人事管理和一年一度的员工绩效评价等。

5．战略性绩效评价

随着企业的生产组织方式向"顾客化生产"转变，管理者的目光开始从企业内部转向企业外部，扩大市场份额、提高企业竞争优势已成为企业关注的重点。在这种情况下，以衡量企业内部经营管理效率的财务指标作为管理会计业绩评价的依据，显然已经不能满足管理者的要求。而引入与战略决策相关性高的其他非财务指标作为业绩评价指标，已成为一种必然趋势。

战略管理会计中的业绩评价被称为整体业绩评价。它是指获取成本和其他信息，并在战略管理的每一步应用的过程中，强调业绩评价必须满足管理者的信息需求，以利于企业寻找战略优势。例如，在战略形成过程中，管理者需要获取多方面的信息，整体业绩评价通过对相关顾客需求状况的评价来帮助管理者实现决策。意大利的贝瑞特公司是一家军火制造商，20 世纪80 年代该公司采用了全面质量管理，但是收效不大。当该公司的整体业绩评价转向评价顾客对质量的看法时，该公司发现顾客重视的只是猎枪的防锈能力和随身武器百分之百的可靠性。这些直接的战略评价最终使该公司提高了利润率，并取得了向美国军方出售手枪的订单。因此，战略管理会计认为，有效的评价并不在于使用财务指标还是非财务指标，而在于它能够发现企业存在的问题。从战略层面来讲，非财务指标往往比财务指标更能说明问题。

1.3 管理会计与财务会计、财务管理

管理会计与财务会计、财务管理同属会计学科，它们既紧密联系，又相互区别，为企业的内部管理和外部决策服务。

1.3.1 起源相同，共同构架了现代会计学的体系

管理会计与财务会计、财务管理都是在传统会计中孕育、发展和分离出来的：基于现代公司核算的需要产生财务会计；基于现代公司投资和筹资的需要产生财务管理；基于现代公司内部成本管理与控制的需要产生管理会计。作为现代公司会计管理体系的重要组成部分，财务会计、财会管理和管理会计共同构成了现代会计学的三大分支（见图 1-7），标志着现代会计学理论和实践的发展和完善。

图 1-7　现代会计学的基本架构

管理会计与财务会计、财务管理最终都反映企业的生产经营过程和结果，但却以不同角度、通过不同手段和方式向企业内部和外部管理者提供信息，促使企业实现价值的最大增值。可以说，三者之间有着本质的区别。

1.3.2 虽然同出一源，但本质不同

1. 财务会计的本质

财务会计的本质在于：以货币为统一计量单位；以资产、负债、所有者权益、收入、成本、利润为核算对象；以记账、算账、报账为基本方法；以凭证、账簿、报表为基本载体；通过确认和计量，反映企业的财务状况、经营成果和现金流动情况。

例如，甲企业 1 月 1 日实现销售收入 10 000 万元，但是这笔款项可以在三个时点（1 月 1 日之前、1 月 1 日当天、1 月 1 日之后）实现现金流入，其处理结果是不同的：按照权责发生制的要求，1 月 1 日之前现金流入时尚未实现销售因而做预收款处理，而在 1 月 1 日实现销售时转销售收入；1 月 1 日当天实现销售并且现金流入时做销售收入处理；1 月 1 日当天实现销售但在 1 月 1 日之后现金流入时则形成应收账款。

通过财务会计的确认和计量，会计报表会发生以下变化。

（1）利润表中实现销售收入 10 000 万元，销售成本 7 000 万元，在所得税税率为 25%时，该笔销售使得企业税后利润增加 2 250 万元，从而满足管理者的业绩考核需要。

（2）资产负债表的资产方现金或应收账款增加 10 000 万元，存货减少 7 000 万元，权益方所有者权益增加 2 250 万元，应交税金增加 750 万元。

（3）该笔销售如在 1 月 1 日当天收现流入，将导致现金流量表中营业现金流入量增加，而（1）、（2）所述的情况不会导致本期现金流量表变动。

2．财务管理的本质

财务管理的本质是：以货币为统一计量单位，以资金运动为管理对象，通过对现金流入、现金流出、现金结存进行确认和计量，运作资金，提高资金的使用效益。

如果上例中甲企业 1 月 1 日实现销售收入 1 亿元，而这笔钱在 12 月 31 日才收到，由于权责发生制和收付实现制的差异，就会因账面利益而遭受损害（见图 1-8）。

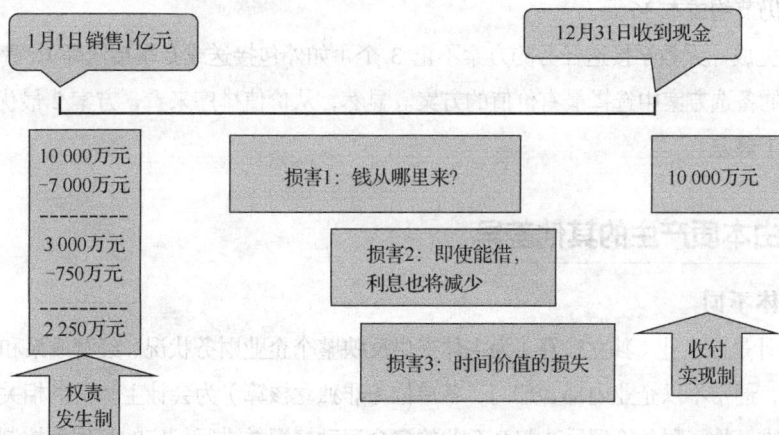

图 1-8　账面利益时的损害示意图

通过财务管理的确认和计量，这种损害一般包括 3 个部分。

（1）账面损失：如果借贷利率为 7%，为维持简单再生产及缴纳税款需借贷 7 750 万元，则账面可计量损失为 542.5 万元。

（2）显性损失：如果该期间平均收益率为 10%，则时间价值损失 910 万元，于是可计量的显性损失为 1 452.5（542.5+910）万元。

（3）隐性损失：如果资金链断裂导致企业破产，则该项损失为隐性损失，既无法预先计量且无处反映，影响更大。

3．管理会计的本质

管理会计的本质是：以货币为基本计量单位（辅以非货币计量单位）；以使用价值生产和交换过程的优化为手段；以价值转移和增值过程为管理对象；通过确认、计量和估值，实现价值最大化目标。

下面以一个案例来具体阐释管理会计的本质。

例如，某单位请孙教授上课，由于上课地点离孙教授家较远（走高速公路约 100 千米，需要支付过路费每次 30 元），因而需要派车接送。

从财务会计核算角度来看，完成一天的教学接送任务，其总成本等于车辆折旧、司机工资、燃油费用及过路费的总和。

从财务管理角度来看，完成一天的教学接送任务将导致现金流出，其金额等于燃油费用和过路费用。

但从管理会计角度来看，完成一天教学接送任务可以有多个实施方案。

方案 1：公司派车接送，则相关成本为 376 元（燃油费用=400 千米×8 升/百千米×8 元/升=256 元，过路费=30 元/次×4 次=120 元）。

方案 2：孙教授自驾（公司给予补贴 250 元），则相关成本为 250 元，该方案相对于方案 1 节约成本 126 元。

方案 3：由于早上接、晚上送，一般公路上没有太多车，此时司机如果选择不走高速公路，则决策相关成本为 316 元（燃油费用 256 元，过路费=30 元/次×2 次=60 元），该方案相对方案 1 节约成本 60 元。如果公司规定在完成任务的情况下将节约的费用 40%奖励个人，则该方案相对于方案 1 仍节约成本 36 元。

当然，完成一天教学接送任务的方案不止 3 个（如外包接送或专车接送等），管理会计就是要在拟定的备选方案中选择最有价值的方案。显然，从价值排序来看，方案 2 最优，方案 3 次之，方案 1 最差。

1.3.3 由本质产生的其他差异

1. 主体不同

财务会计是以企业（独立核算）为主体提供反映整个企业财务状况、经营成果和资金变动的会计信息，通常不以企业内部各部门、各单位（非独立核算）为会计主体提供相关资料，会计主体具有唯一性；财务管理反映整个企业的资金运动情况并进行相应的管理和控制，在某些情况下（如资金归口分级管理）也以企业内部各部门、各单位为主体进行管理和控制，这时，主体既是企业（必须是）也是企业内部的部门或单位（可以是）；管理会计既要提供反映企业整体情况的资料，又要提供反映企业内部各责任单位经营活动情况的资料，因而其会计主体是多层次（如集团公司、子公司、分公司、车间、班组）、多维度（如职能部门、责任单位）的。

2. 需求方不同

财务会计主要向企业外部各利益关系人（如股东、潜在投资人、债权人、税务机关、证券监管机关等）提供反映企业财务状况、经营成果和现金流动情况的信息，主要为企业外部管理服务；而财务管理和管理会计主要为企业内部各管理层次提供有效经营和最优化决策所需的管理信息，主要为企业内部管理服务。

虽然财务管理、管理会计与财务会计都有内外之分，但它们的服务对象并不是绝对的和唯一的：在许多情况下，财务管理和管理会计的信息可以为外部利益集团所利用（如盈利预测），而财务会计信息对企业内部决策也至关重要。

3. 反映的直接对象不同

如果从企业运营角度看，则运营会导致物流、资金流、信息流和价值流的产生（见图 1-9）。其中，物流是企业业务部门业务管理的直接对象；资金流是企业财务部门财务管理的直接对象；信息流主要是企业会计部门会计核算的直接对象；价值流是企业所有部门在管理活动中利用信息创造价值的直接对象。

例如，企业在购买环节产生的预付、应付，以及在销售环节产生的预收、应收，作为会计信息反映了物流和资金流在方向和时间上的不一致。显然，应付和预收会增加企业价值，而预付和应收却会减少企业价值。因此，企业应该利用一切机会（如价值链竞争优势地位、质量优势、品牌优势等）去增加企业价值，采取一切可能的方法（如预算管理、成本控制、技术和产品的研发等）去减少价值损害。

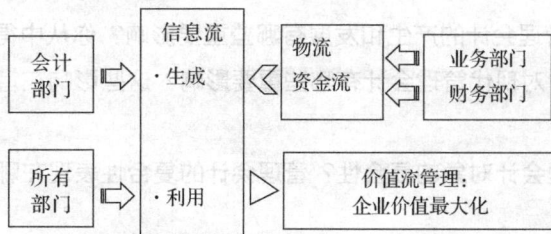

图1-9 企业在运营中产生物流、资金流、信息流和价值流

可见，财务管理是规划资金运动的会计分支，其职能侧重于对资金运动的预测、决策、控制、考核和评价，是企业经营职能的重要组成部分；财务会计是反映过去的会计，其职能侧重于核算和监督，属于报账型会计；管理会计是规划未来的会计，其职能侧重于对未来的预测、决策和规划，对现在的控制、考核和评价，属于经营管理型会计。

4. 约束条件不同

财务管理和管理会计不受会计准则、会计制度的制约，其处理方法可以根据企业管理的实际情况和需要确定，具有很大的灵活性；而财务会计进行会计核算和监督，受到会计准则、会计制度及其他法规的制约，其处理方法只能在允许的范围内选用，灵活性较差。

例如，财务管理和管理会计面向未来进行预测、决策，其报告的编制不受固定会计期间（如月、季、年）的限制，而是根据管理需要，编制反映不同影响期间经济活动的各种报告，只要需要，它可以按小时、天、月、年甚至若干年编制报告；财务会计面向过去进行核算和监督，反映一定期间的财务状况、经营成果和资金变动情况，应按会计准则规定的会计期间（如月、季、年）编制报告。

现在有人以网络经济的快速性和短暂性（如在网络经济中，某一企业可以因一项业务的发生而设立，又因该业务的完成而清盘）来否定会计分期假设。其实，该种观点是从传统财务会计角度理解的，因为业务活动的连续性导致人为的会计分期（月、季、年），以便进行业绩的计算与考核，但却没有否定财务管理和管理会计的分期，因为它们是为了管理活动的需要而分期的，分期又是适应活动特点而确定的，长则是一年甚至是数年，短则是几天甚至是数秒。

5. 计算方法和计量尺度不同

由于管理目的和要求的不同，财务管理和管理会计的基本信息虽然大多来源于财务会计，但它们也有自己的信息来源，因而在计算方法和计量尺度上还是有所不同的。

（1）计算方法不同。财务会计多采用一般的数学方法（如加、减、乘、除）进行会计核算。而由于未来经济活动的复杂性和不确定性，财务管理和管理会计主要应用现代数学方法（如微积分、线性规划、概率论等）和计算机技术进行预测和决策。

（2）计量尺度不同。为适应不同的管理活动的需要，管理会计虽然主要使用货币量度，但也大量采用非货币量度，如实物量度、劳动量度、关系量度（如市场占有率、销售增长率）等。为了综合反映企业的经济活动，财务管理和财务会计几乎全部使用货币量度。

思考题

1. 经济理论对管理会计的产生和发展有哪些重要影响？你从中得到了什么启示？

2. 科学管理理论对现代管理会计有哪些重要影响？这些影响在管理会计的不同发展阶段是如何表现的？

3. 如何理解管理会计对象的复合性？管理会计的复合性表现在哪些内容和方法上？请举例说明。

4. 如何理解"飞机只有在天上才能赚钱"这句话？请列举事例予以说明。

5. 有人说："东西在我手里，就没有损失。例如，10元钱在钱包里，永远是10元钱，怎么会有损失呢？"你怎么看？

第2章
变动成本法

📍 学习目标

1. 理解经营决策中的成本的概念。
2. 掌握成本按性态分类的特点和混合成本的分解。
3. 理解变动成本法与完全成本法核算的差异及其原因。
4. 掌握变动成本法与完全成本法的特点，并思考对未来成本核算的影响。

📋 引导案例

某家具公司生产某种类型的桌子的全部制造成本是200元，其中，生产一张桌子消耗原材料80元，直接人工60元，固定成本60元（包括固定资产折旧在内的所有固定制造费用）。现有一名客户愿出180元来购买一批该型桌子。关于卖或不卖该型桌子，公司管理层有两种不同意见：一种意见是不卖，理由是价格低于成本，每张桌子要亏损20元；另一种意见是卖，理由是价格超过了变动成本，卖出一张桌子的可获得贡献毛益40（180-140）元，而固定成本60元，无论是否生产出售，都是已经发生的，可以不必考虑。

请问：你赞成哪个意见，理由是什么？

2.1 成本及其分类

2.1.1 成本的概念

广义上讲，成本是一种耗费。成本是对实现某一特定目标而做出的牺牲。这种牺牲可以通过付出的资源来计量。在西方，人们往往把成本描述为用以取得收益的全部支出，或为实现某一目标而付出的（包括可能付出的）代价。

传统意义上的成本或者说财务会计中的成本，专指按某种产品或商品所归集的与其有某种关联的费用。马克思的价值学说从耗费和补偿两方面揭示了产品成本的经济内涵：从耗费角度看，成本是商品生产中所消耗的物化劳动 C 和活劳动中必要劳动的价值 V，即 $C+V$ 部分，它是成本最基本的经济内涵；从补偿角度看，成本是补偿商品生产中使资本家自身耗费的东西，它是成本最直接的表现形式（指成本价格）。

我国财政部于 2013 年 8 月 16 日发布的《企业产品成本核算制度（试行）》第三条规定：本制度所称的产品成本，是指企业在生产产品过程中所发生的材料费用、职工薪酬等，以及不能直接计入而是按一定标准分配计入的各种间接费用。

产品成本的本质属性是"对象性"或"归属性"，其归集的方法和过程以制造业企业最为典型。

随着经济的不断发展，会计业务不断延伸和拓展，成本内涵也在不断丰富。在会计专业书刊中，除了针对财务会计中关于产品成本的计算外，人们对"成本"和"费用"这两个术语的使用也不严格区分。

管理会计的出现使成本概念多样化，人们在各种场合，以许多不同的方式使用成本这个概念。管理会计被西方某些会计学家称为"用于企业决策的会计"或直接称为"决策会计"。不同的决策决定了不同的信息需求，而任何与会计相关的决策都离不开相应的成本信息。也就是说，企业管理当局决策的多样化直接导致了成本信息的多样化，即所谓"不同目标，不同成本"。这样，出现了一些新的成本概念，而人们按照决策的不同需要也有了一些对成本的非传统的分类。

2.1.2 成本的分类

成本可以按各种不同的标准进行分类，以适应企业经营管理的不同需要。

1. 成本按经济用途分类

成本按经济用途可以分为制造成本和非制造成本两大类，其分类结果主要用来确定存货成本和期间损益，满足对外财务报告的需要。

（1）制造成本

制造成本也称为生产成本或生产经营成本，是指为制造（生产）产品或提供劳务而发生的支出。就制造企业而言，制造成本可根据其具体经济用途分为直接材料、直接人工、燃料和动力以及制造费用等成本项目。

① 直接材料是指在制造过程中直接用以构成产品主要实体的各种材料成本。这里所说的材料，是指构成其产品的各种物资，当然也包括外购半成品，而不仅指各种天然的、初级的原材料。

② 直接人工是指在制造过程中直接对制造对象施加影响以改变其性质或形态所耗费的人工成本，其在核算上表现为从事产品生产的工人的职工薪酬。

③ 燃料和动力是指直接用于产品生产的燃料和动力。

直接人工、直接材料、燃料和动力的共同特征是都可以将其成本准确、直接地归属于某一种产品，最能体现成本"对象性"这一传统的本质属性。

④ 制造费用是指企业为生产产品和提供劳务而发生的各项间接费用。从核算的角度讲，制造费用包括直接人工、直接材料以外的为制造产品或提供劳务而发生的全部支出。这部分支出在一般情况下需分别计入不同产品。制造费用所包含内容比较复杂，人们通常将其细分为以下几种。

a. 间接人工，是指为生产提供劳务而不直接进行产品制造的人工成本，如设备养护、维修人员的工资。

b. 间接材料，是指在产品制造过程中被耗用，但不容易归入某一特定产品的材料成本，或者是需要单独选择分配标准以确定其归属某一特定产品份额的材料成本，如各种工具、物料的消耗成本。

c．其他制造费用，是指不属于直接人工和直接材料的其他各种间接费用，如固定资产的折旧费、维修费、保险费，车间用的动力费、照明费等。

当制造费用按一定的标准在各受益对象即产品中分配完毕后，制造成本也就演化成为"产品成本"，即以产品品种来识别的成本。

（2）非制造成本

非制造成本也称为期间成本或期间费用，通常可分为销售成本、管理成本和财务成本。销售成本是指为销售产品而发生的各项成本，如专职销售人员的工资、津贴和差旅费，专门销售机构固定资产的折旧费、保险费、广告费、运输费等。管理成本是指在制造成本和销售成本以外的所有办公和管理费用，如董事经费，行政管理人员的工资、差旅费、办公费，行政管理部门固定资产的折旧费及相应的保险费和财产税等。财务成本则是指在企业理财过程中发生的各种成本，如借款的利息支出。

销售成本与管理成本的共同点是其成本支出可以使企业整体受益，但难以描述这项支出与特定产品之间的关系。因此，销售成本和管理成本在会计上被处理为期间成本，直接计入了当期损益，我国《企业会计准则》也对此做出了明确规定。

2．成本按性态分类

成本性态也称为成本习性，是指在一定条件下成本总额对业务总量（产量或销售量）的依存关系。

我们对成本性态可从以下 3 个方面理解：（1）一定条件是指一定的时间范围或产量范围，又称相关范围；（2）成本总额是指为取得营业收入而发生的成本费用，包括制造成本和非制造成本；（3）业务总量是指企业在一定生产经营期内投入或完成的经营工作量的总称，可以表现为实物量、价值量、时间量等。

成本按性态可以分为固定成本、变动成本和混合成本三类。

（1）固定成本

① 固定成本的定义。固定成本是指其总额在一定期间和一定产量范围内，不受业务量变动的影响而保持固定不变的成本。例如，行政管理人员的工资、办公费、财产保险费、不动产税、按直线法计提的固定资产折旧费、职工教育培训费等。

② 固定成本的性态。在一定时间范围和产量范围内，固定成本有两种性态：一是固定成本总额的不变性，即不论产量是否变动，成本总额都不会发生任何变化；二是单位额的反比例变动性，即当产量变动时，单位产品的固定成本将随产量的变动而呈反比例变动。

例2-1 甲企业只生产一种A产品，一个月的最大生产能力是800件，其专用生产设备的月折旧额为15 000元。当产量分别为200件、400件、600件和800件时，单位产品负担的折旧额如表2-1所示。

表 2-1　　　　　　　　　　单位产品所负担的固定成本

产量（件）	固定成本（元）	单位产品负担的固定成本（元）
200	15 000	75
400	15 000	37.5

产量（件）	固定成本（元）	单位产品负担的固定成本（元）
600	15 000	25
800	15 000	18.75

我们若以 F 来表示固定成本总额，x 表示产量，a 表示单位产量所负担的固定成本，并将表2-1的有关数据绘入坐标图中，则固定成本的性态模型如图2-1所示。

从表2-1和图2-1中可以看出，单位产品所负担的固定成本与产量呈反比关系，即产量的增加会导致单位产品负担的固定成本下降，反之亦然。

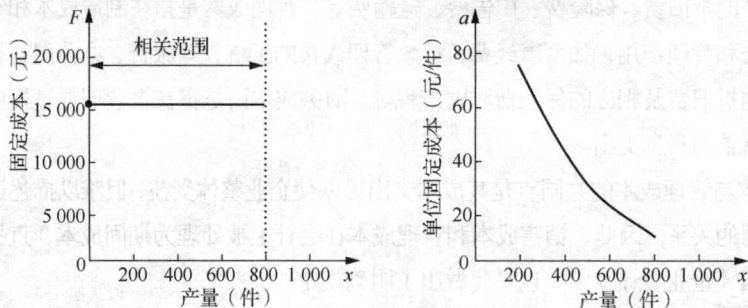

图 2-1 固定成本的性态模型

③ 固定成本的分类。固定成本按其支出数额是否受企业管理层决策行为的影响，又被细分为酌量性固定成本和约束性固定成本。

酌量性固定成本也称为选择性固定成本，是指企业管理当局的决策可以在不同时期改变其支出数额的固定成本，如新产品开发费、广告费、职工培训费等，其特点是：每一预算期的数额，通常由企业管理当局在每一会计年度开始前根据企业的经营状况加以确定，预算期通常为一年，预算数只在预算期内有效。酌量性固定成本不是可有可无的，它关系到企业未来的竞争能力，因此，要想降低酌量性固定成本，就需精打细算、厉行节约、杜绝浪费。

约束性固定成本是企业维持正常生产的经营能力而必须负担的最低固定成本，企业管理当局的决策无法改变其支出数额，因而也称为承诺性固定成本。例如，厂房及机器设备按直线法计提的折旧费、房屋及设备租金、不动产税、财产保险费、照明费、行政管理人员的薪金等。这类成本与维持企业的经营能力相关联，支出数额的大小只取决于企业生产经营的规模与质量，成本的数额一经确定，不能轻易改变，因而具有约束性，也称为经营能力成本。这类成本的性质决定了该项成本的预算期通常比较长，如果说酌量性固定成本的降低可以通过预算进行控制，那么，约束性固定成本的降低，就只有从经济合理地利用企业的生产能力、提高产品的产量方面着手。

随着企业资本密集化程度的提高，约束性固定成本的比重不断增加，这就要求企业更加经济合理地利用生产经营能力，取得更大的经济效益。

酌量性固定成本及约束性固定成本与企业的业务量水平均无直接关系。从短期决策的角度看，这一点更为突出。

例2-2 表2-2中的项目哪些属于酌量性固定成本，哪些属于约束性固定成本？

表 2-2 固定成本分类

1	研究开发费	（酌量性固定成本）
2	社会保险费	（约束性固定成本）
3	直接人工	
4	能源费（按千瓦小时计费）	（约束性固定成本）
5	直接材料	
6	外请顾问咨询费	（酌量性固定成本）
7	设备折旧费	（约束性固定成本）
8	注册会计师审计费	（酌量性固定成本）
9	广告宣传费	（酌量性固定成本）
10	销售佣金	
11	雇员教育培养	（酌量性固定成本）
12	公司房屋租金	（约束性固定成本）

④ 固定成本的相关范围。固定成本的"固定性"是有限定条件的，在管理会计中称为"相关范围"，具体表现为一定的时间范围和一定的空间范围。

当原有的相关范围被打破时，固定成本是否还表现为某种固定性？答案是肯定的。原有的相关范围被打破，自然就有了新的相关范围；原有的固定成本总额发生变化，自然就会有新的固定成本总额，只不过其"固定性"体现在新的相关范围内罢了。

例2-3 沿用【例2-1】的条件，假定甲企业的生产设备增加了1倍时，A产品最大加工能力达到1 600件，月折旧费用由15 000元增加到30 000元，那么折旧费用（固定成本）的变化如图2-2所示。

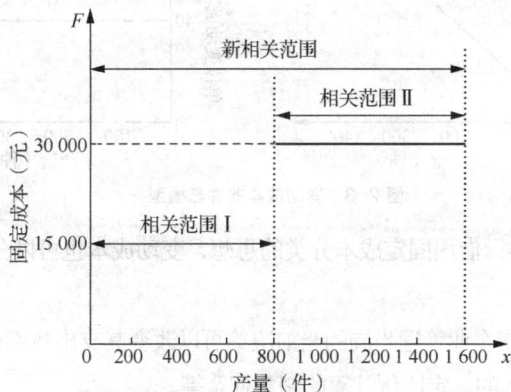

图 2-2 固定成本的相关范围

从图2-2可以看出，甲企业设备折旧费用有两个相关范围。相关范围Ⅰ是每月产量为0~800件，每月固定折旧费用为15 000元；相关范围Ⅱ是每月产量为800~1 600件，每月固定折旧费用为30 000元。

（2）变动成本

① 变动成本的定义。变动成本是指在一定期间和

一定要精确吗　变动成本法的贡献

一定产量范围内，其总额随着产量的变动而呈正比例变动的成本。例如，直接材料费、产品包装费、按件计酬的工人薪金、推销佣金以及按加工量计算的固定资产折旧费等。

② 变动成本的性态。在相关范围内，变动成本具有两种性态：一是变动成本总额的正比例变动性，即变动成本总额随着业务量的增减而呈正比例变动；二是单位变动成本的不变性，即单位变动成本是一个定量。

若以 y 表示成本总额、x 表示产量、b 表示单位变动成本，则变动成本的性态可用以下数学模型表达：

$$y = b \times x$$

例2-4 已知某产品的产量和材料的总成本如表2-3所示，其成本性态如何表现？

表 2-3　　　　　　　　　　　　　　产品的产量和材料总成本

产量（件）	材料总成本（元）	单位产品材料成本（元）
125	5 000	40
250	10 000	40
500	20 000	40
1 000	40 000	40

我们若以 y 表示变动成本总额，x 表示产量，b 表示单位变动成本，并将上例有关数据绘入坐标图中，则变动成本的性态模型如图2-3所示。从表2-3和图2-3中可以看出，虽然单位产品材料成本不变，但材料总成本随产量的增加而呈正比例增加。

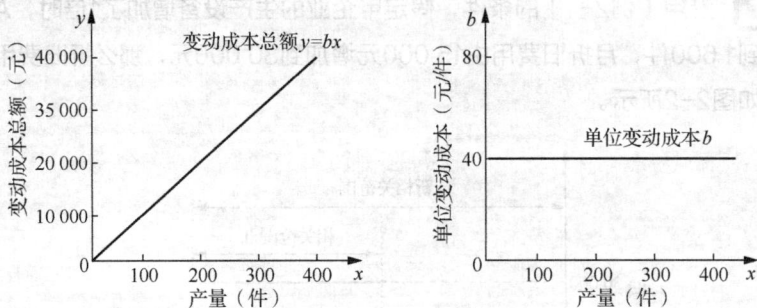

图 2-3　变动成本的性态模型

③ 变动成本的分类。借用固定成本分类的思想，变动成本也可以分为酌量性变动成本和约束性变动成本。

酌量性变动成本是指企业管理当局的当前决策可以改变其支出数额的成本，如按产量计酬的工人薪金、按销售收入的一定比例计算的销售佣金等。

约束性变动成本是指企业管理当局的当前决策无法改变其支出数额的变动成本。这类成本通常表现为企业所生产产品的直接物耗成本，以直接材料成本最为典型。当企业所生产的产品定型（包括外形、大小、色彩、重量、性能等方面）后，上述成本就不能随意改动，因此有很强的约束性。这些成本一旦改变，往往意味着企业产品的改型。

对特定产品而言，酌量性变动成本和约束性变动成本的单位量是确定的，其总量均随着产品产量（或销量）的变动而呈正比例变动。

④ 变动成本的相关范围。变动成本同样也存在相关范围的问题。超过相关范围，变动成

本将不再表现为完全的线性关系，而是非线性的关系。

图 2-4 表明，当产量开始上升时，即产量由 0 件到 x_1 时，变动成本总额不一定总是与产量的变动呈正比例变化，而通常是变动成本总额的增长幅度小于产量的增长幅度，表现在图中就是变动成本总额曲线呈现一种上凸的趋势，即其斜率随着产量的上升而变小；当产量继续上升时，即产量由 x_2 件继续增加时，变动成本总额的增长幅度又会大于产量的增长幅度，表现在图中就是变动成本总额曲线呈现一种下凹的趋势，即其斜率随着产量的上升而变大；而在产量上升的中间阶段，即产量由 x_1 件到 x_2 件时，变动成本总额线弯曲程度平缓，基本呈直线状态（即线性关系）。变动成本的相关范围指的就是这个中间阶段。

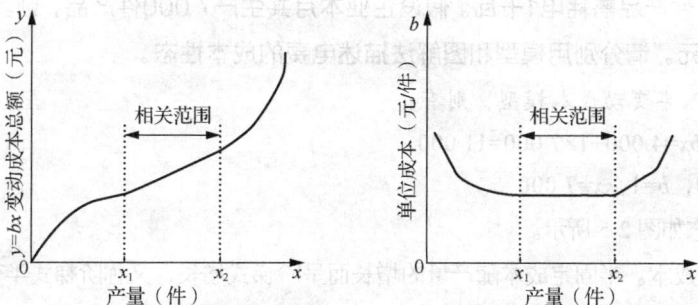

图 2-4　变动成本的相关范围

对于单位变动成本来说，当产量开始上升时，即产量由 0 件到 x_1 时，随着操作人员工作的熟练、工艺技术的进步，成本开始下降，到一定产量后，即产量由 x_1 件到 x_2 件时，单位变动成本固定下来。当产量继续增加到一定程度后，即产量由 x_2 件继续增加时，由于各种原因，如设备陈旧导致生产效率降低，单位变动成本呈现增加趋势。

需要说明的是，现实经济生活中几乎不存在可以将变动成本总额与产量的关系描述为绝对线性关系的例子，但这并不妨碍我们在一定的产量范围内假设它们之间存在这种线性关系，并依此进行成本性态分析。另外，如果我们能够合理地确定上述相关范围，即使将变动成本总额与业务量之间的非线性关系描述为线性关系，也不妨碍为相关的预测和决策行为提供数据支持。这样一来，成本性态分析方法的适用范围变得更广。

此外，变动成本原有的相关范围被打破，也就有了新的相关范围。需要指出的是，与固定成本相比，相关范围改变后的固定成本总额呈现跳跃性变化，相关范围之间的界限相对来说容易划分，而变动成本由于呈现渐进性变化，划分起来比较困难。

（3）混合成本

混合成本是指同时具有固定成本和变动成本两种不同性态的成本，其特征是成本项目发生额的高低虽然直接受业务量大小的影响，但不存在严格的比例关系。在现实经济生活中，许多成本项目更多地表现为混合成本性态，其中，企业的总成本就是一项最大的混合成本。

混合成本根据其发生的具体情况，通常可以分为以下三类。

① 半变动成本。半变动成本是指总成本虽然受产量变动的影响，但是其变动的幅度并不同产量的变化保持严格的比例关系。这类成本的特征是当产量为零时，成本为一个初始量，类似于固定成本；当业务发生时，成本以初始量为起点，随产量的变化而呈比例变化，类似于变动成本，如机器设备的维护保养费、电镀费、电话费等。

半变动成本可以用下面的模型来表示：

$$y=a+bx$$

式中：

a 表示固定成本总额；

b 表示单位变动成本；

x 表示产量；

y 表示总成本。

例2-5 假设企业每月电费支出的初始量为4 000元，超过初始量的电费用为1元/千瓦，每生产1件产品需耗电1千瓦。假设企业本月共生产7 000件产品，则其支付的电费总额为11 000元。请分别用模型和图解法描述电费的成本性态。

将数据代入半变动成本模型，则有：

$$y=a+bx=4\,000+1×7\,000=11\,000，$$

其中：$a=4\,000$，$b=1$，$x=7\,000$

电费的性态如图 2-5 所示。

② 半固定成本。半固定成本随产量的增长而呈阶梯式增长，又称阶梯式半变动成本，其特点是：产量在一定范围内增长，成本总额不变；当产量增长超过一定限度时，成本总额会突然跳跃上升，然后在产量增长的一定限度内又保持不变，如企业的货运员、检验员的工资等。

半固定成本的性态如图 2-6 所示。

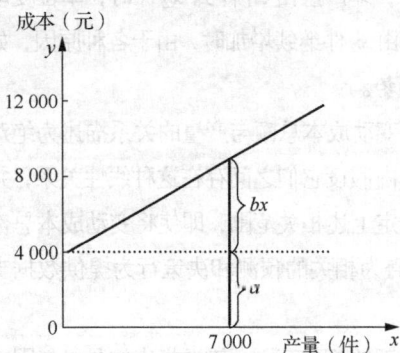

图 2-5 电费的性态

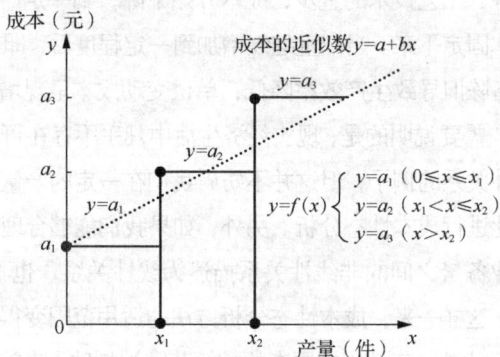

图 2-6 半固定成本的性态

例2-6 假设某企业的产品生产下线之后，需经专门的质检员检查方能入成品库，每个质检员最多检验200件产品。也就是说，产量每增加200件就必须增加一名质检员，而且是在产量一旦突破200件的倍数时就必须增加。假设质检员的工资标准为3 000元，请对企业质检员工资的成本性态进行描述。

企业质检员工资的成本性态可用图2-7说明，当产量在0到x_1（0～200件）时，成本$y=a_1=3\,000$元；当产量在x_1到x_2（200～400）时，成本$y=a_2=6\,000$元。随着产品产量的增加，企业质检员的工资呈现阶梯式跃升，属于阶梯式混合成本。

③ 延伸变动成本。延伸变动成本是指随着产量的"延伸"，原本固定不变的成本成为变动成本。延伸变动成本的特征是在一定产量范围内其成本总额保持固定不变，一旦突破这个产量限度，其超额部分的成本就相当于变动成本。比较典型的例子是：当企业实行计时工资制时，

其支付给职工的正常工作时间内的工资总额是固定不变的；但当职工的工作时间超过了正常水平，企业按法律规定支付加班工资（加班工资的大小与加班时间的长短存在正比例关系），所有为此而支付的人工成本，则属于延伸变动成本。

延伸变动成本的性态如图2-7所示。

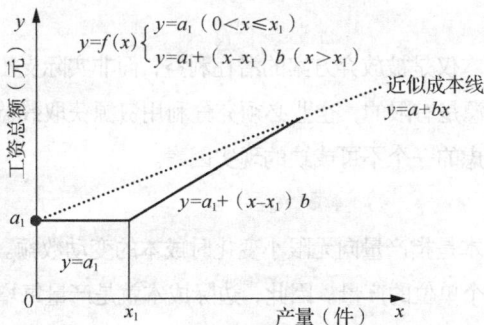

图2-7　延伸变动成本的性态图

例2-7　假设某企业职工的正常工作时间为200小时，正常工资总额为3 000元（即小时工资率为15元），职工加班时按规定需支付双薪。那么，该企业工资总额的成本性态可用图2-7说明。

当职工的工作时间在 x（0，200）小时内，工资总额为3 000元；当职工的工作时间 $x>200$ 小时后，工资总额 $y=3\,000+15x$，原本固定不变的工资总额，随着职工工作时间的"延伸"成为变动成本。

需要说明的是，在现实经济生活中，成本的种类多样、形态各异，但是，不管是哪种形态的混合成本，都可以用统一的数学模型 $y=a+bx$ 来模拟。

3. 其他成本的概念及分类

在经营决策中，需要通过比较不同备选方案的经济效益的大小来进行最优化选择。而影响经济效益大小的一个重要因素就是成本的高低。在某些情况下（如成本型决策中），成本的高低甚至决定了备选方案的优劣。当然，与财务会计相比，管理会计进行决策所应用的成本概念不仅在内涵上而且在外延上都有很大不同。为此，我们必须熟悉这些新的成本概念。

（1）机会成本

企业在进行经营决策时，必须从多个备选方案中选择一个最优方案，而放弃另外的方案。此时，被放弃的次优方案所可能获得的潜在利益被称为已选中的最优方案的机会成本。企业选择方案时，将机会成本的影响考虑进去，有利于对所选方案的最终效益进行全面评价。

例2-8　某企业有一闲置的厂房，其用途有以下两个可选方案。

方案一：用来生产A产品，其收入为40 000元，成本费用为30 000元，可获净利10 000元。

方案二：用于出租，可获租金收入15 000元。

思考：决策选中方案的机会成本是多少？

在决策中，如果选择方案二，则必然要放弃方案一，此时，方案一可能获得的净利为10 000元，就视为方案二的机会成本，由租金负担。因此，方案二的获利为5 000（15 000-10 000）元。据此，可以做出正确的判断：出租厂房比生产A产品多获净利5 000元。

机会成本产生于企业的某项资产的用途选择。具体来讲，如果一项资产只有一项用途，那么就不会产生机会成本。例如，企业购买的一次还本付息债券，只能在到期时获得约定的收益，因而不会产生机会成本。如果一项资产可以有多种用途，就可能产生机会成本。例如，企业购买的可转让债券，既可以到期获得约定收益，又可以在未到期前中途转让以获得转让收益，从而可能产生机会成本。

应注意的是，机会成本仅是被放弃方案的潜在利益，而非实际支出，因而不能据以登记入账。但是，由于企业的资源是有限的，企业必须充分利用资源获取效益，所以，机会成本就成为企业经营决策中予以考虑的一个不可或缺的现实因素。

（2）边际成本

从理论上讲，边际成本是指产量向无限小变化时成本的变动数额。事实上，产量不可能向无限小变化，至少应为1个单位的产量。因此，边际成本就是产量每增加或减少1个单位所引起的成本变动数额。

例2-9 某企业每增加1个单位产量的生产所引起的总成本的变化及追加成本的变化，如表2-4所示。

表2-4 边际成本表

产量（件）	总成本（元）	边际成本（元）
100	1 000	—
101	1 010	10
102	1 020	10
103	1 030	10
104	1 040	10
105	1 150	110
106	1 160	10
107	1 170	10

由表2-4可以看出，当产量从100件向104件递增时，每增加1个单位产量的边际成本为10元；但产量从104件到105件时，增加1个单位产量的边际成本就上升为110元；接着，总成本又以每增加1个单位产量边际成本为10元的趋势变化。这是因为，当产量从100件增加到104件时，是在相关范围内，固定成本不随产量变化，只是变动成本随产量发生变化；而当产量从104件增加到105件时，边际成本上升为110元，这表明第105件产品已超出了原来的相关范围，要达到这个产量需增加固定成本。在这之后，边际成本又以一个固定的数值（10元），在新的相关范围内，随着单位产量的增加而增加。

需要注意的是，边际成本和变动成本是有区别的。变动成本反映的是增加单位产量所追加成本的平均变动，而边际成本是反映每增加1个单位产量所追加的成本的实际数额。所以，只有在相关范围内，增加1个单位产量的单位变动成本才能和边际成本相一致。

另外，如果把不同产量作为不同方案来理解的话，边际成本实际就是不同方案形成的差量成本。

（3）沉没成本与付现成本

按照决策是否导致未来现金流出，成本可以划分为沉没成本与付现成本。

① 沉没成本。沉没成本是企业在以前经营活动中已经支付现金，而在现在或将来经营期

间摊入成本费用的支出，如固定资产、无形资产、递延资产等。

从性质上看，沉没成本是一种历史成本，会在现在或将来经营期间计入成本费用。从决策角度看，沉没成本对现在或将来的任何决策都无影响，是一种决策非相关成本，因此企业在决策时不予考虑。相对地，新增成本（机会成本）却是决策相关成本。企业在项目决策时必须考虑新增成本。

例2-10 中国航空工业第一集团公司与美国麦道公司于1992年签订合同合作生产MD90干线飞机。1997年项目全面展开，1999年双方合作制造的首架飞机成功试飞，2000年第二架飞机再次成功试飞，并且两架飞机很快取得美国联邦航空局颁发的单机适航证。这显示中国在干线飞机制造和总装技术方面已达到20世纪90年代的国际水平，并具备了小批量生产能力。

但是，就在中国航空工业第一集团公司准备批量生产时，情况突变。最初打算生产150架飞机，到1992年首次签约时变更为40架飞机，后又于1994年降至20架飞机，并约定由中方认购。但中国民航只同意购买5架，其余15架的销量一直没有着落。没有销路，就证明公司继续该项目的亏本可能性很大。因此，中国航空工业第一集团公司在2000年8月决定下马MD90干线飞机项目。这一决定立即引起广泛争议。

思考：这一决定是否正确？

MD90飞机干线项目上马、下马之争可以说为"沉没成本"提供了最好案例。从经济角度看，许多人反对干线飞机项目下马的一个重要理由是该项目已经投入大量的人力、物力、财力，在终尝胜果之际下马造成的损失实在太大。但该产品没有销路，足以证明继续该项目将可能给公司造成巨大损失。另外，不管该项目已经投入了多少人力、物力、财力，对于上马、下马的决策而言，其实都是无法挽回的沉没成本。

② 付现成本。付现成本是指由现在或将来的任何决策能够改变其支出数额的成本。付现成本是决策必须考虑的重要影响因素。

例2-11 企业计划进行A产品的生产。现有甲设备一台，原始价值10万元，已提折旧5万元，折余净值5万元，如果出售，其售价为4万元。生产A产品时，企业还需对甲设备进行技术改造，为此需追加支出2万元。市场上有乙设备出售，其性能与改造后的甲设备相同，售价为5万元。

思考：企业应当对甲设备进行改造，还是购置乙设备？

在决策中，如果我们简单地用旧设备的折余净值及追加支出之和 7（5+2）万元与新设备购买价5万元进行比较、选择，就极有可能会做出错误的选择：选择新设备将比改造旧设备节约支出2万元。

旧设备的折余净值属于沉没成本，因此，正确的决策应该是：在决策的时候不考虑旧设备的折余净值，只需比较付现成本即可。具体有两种情况。

一是旧设备不出售，此时，改造旧设备的付现成本为2万元，购买新设备的付现成本为5万元，选择改造旧设备将比购买新设备节约支出3万元。此时，应选择改造旧设备。

二是旧设备出售，即在买新设备的同时，将旧设备以4万元的价格变卖。那么正确的决策应该是：改造旧设备的成本2万元及变卖旧设备的收入4万元（机会成本）之和为6万元，与购买新设备的价款5万元比较，做出正确选择：改造旧设备将比购买新设备多支出1万元，因而应选择购买新设备。

（4）专属成本与联合成本

固定成本按其涉及范围的大小，划分为专属成本和联合成本。

专属成本是指可以明确归属于企业生产的某种产品，或为企业设置的某个部门而发生的固定成本。专属成本的特点是与特定的产品或部门相联系的特定的成本，如果没有这些产品或部门，就不会发生这些成本，如专门生产某种产品的专用设备折旧费、保险费等。

联合成本是指为多种产品的生产或为多个部门的设置而发生的，应由这些产品或这些部门共同负担的成本。例如，在企业生产过程中，几种产品共同的设备折旧费、辅助车间成本等都是联合成本。

在进行方案选择时，专属成本是与决策有关的成本，必须予以考虑；联合成本是与决策无关的成本，可以不予考虑。

（5）相关成本与无关成本

企业在进行经营决策时，在可供选择的多种方案中所涉及的各种成本中，有些成本与方案的选择有关，而有些成本与方案的选择无关。

相关成本是对决策有影响的各种形式的未来成本，如机会成本、边际成本、付现成本、专属成本、差量成本、酌量性成本等。

那些对决策没有影响的成本，称为无关成本。这类成本过去已经发生，或对未来决策没有影响，因此，在决策时不予考虑，如沉没成本、联合成本、约束性成本等。

需要指出的是，某项成本到底属于相关成本还是无关成本，必须结合具体的决策来论，抛开决策内容而讨论成本的相关性是没有意义的。换句话说，成本的无关性是相对的，相关性是绝对的。举例来说，假设一条货船不幸沉入海底，当决策内容是应购买一艘多大吨位、哪里生产、以什么作为燃料的货船时，沉没货船的公允市价当然是无关成本；但当决策内容是可否将沉船打捞上来时，沉没货船的公允市价当然就是相关成本，人们至少会将买新船的支出与打捞费用进行比较。

2.2 混合成本的分解

在实际工作中，成本大都是以混合成本的形式存在的，因此需要将其进一步分解为固定部分和变动部分，以支持管理和决策。混合成本的分解程序如图 2-8 所示。

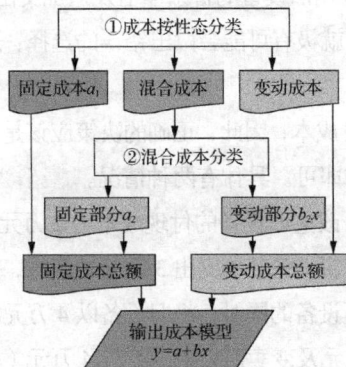

图 2-8 混合成本的分解程序

混合成本分解后，成本总额 y 最终由固定成本（a）和变动成本（b）、产量（x）构成，其计算公式如下：

$$y=a+bx$$

混合成本的分解方法很多，通常有历史成本法、账户分析法和工程分析法。

2.2.1 历史成本法

历史成本法是根据以往若干时期的数据所表现出来的实际成本与产量之间的依存关系来描述成本的性态，并以此来确定决策所需要的未来成本数据。

历史成本法的基本原理是：在既定的生产流程和工艺设计条件下，历史数据可以比较准确地表达成本与产量之间的依存关系，而且只要生产流程和工艺不变，这种相互变动关系还可以应用到现在或将来的决策当中。

历史成本法通常又分为高低点法、散布图法和回归直线法三种。

1. 高低点法

高低点法是指以某一时期内的最高产量（即高点）的混合成本与最低产量（即低点）的混合成本的差数，除以最高产量与最低产量的差数，计算出单位变动成本的值；然后，再将混合成本中的变动部分和固定部分分解出来的一种方法。

高低点法的原理是：在一定的相关范围内，混合成本可用模型 $y=a+bx$ 近似地描述。在这个相关范围内，固定成本（a）不变，总成本随产量的变动而产生的变量就全部为变动成本。$y=a+bx$ 在数学上是直线方程，根据"二点决定一条直线"，可从历史数据中找出两个点来确定此方程，这两点即为在某一期间内的最高产量（即高点）与最低产量（即低点）。此方法是历史成本法中最简单的一种。

高低点法分解混合成本的运算过程如下：

设：高点的成本性态为：$y_1=a+bx_1$ （2-1）

低点的成本性态为：$y_2=a+bx_2$ （2-2）

$$b=\frac{\Delta y}{\Delta x}=\frac{高低点混合成本之差}{高低点产量之差}=\frac{y_高-y_低}{x_高-x_低} \qquad （2-3）$$

将式（2-3）代入式（2-1），则有 $a=y_1-bx_1$

将式（2-3）代入式（2-2），则有 $a=y_2-bx_2$

例2-12   M公司某年度的电费及直接人工小时如表2-5所示。

表 2-5　　　　　　　　　　产量和电费支出的有关数据

月份	直接人工（小时）	电费（元）
1	350	1 085
2	420	1 100
3	500	1 500
4	440	1 205
5	430	1 205
6	380	1 100
7	330	1 090

月份	直接人工（小时）	电费（元）
8	410	1 280
9	470	1 400
10	380	1 210
11	300	1 080
12	400	1 230

要求：试用高低点法对混合成本进行分解。（假设业务与成本基本正相关）

由表2-5可知，该公司3月的直接人工最高，为500小时，电费总额为1 500元；而11月的直接人工最低，为300小时，电费总额为1 080元，所以：

	直接人工（小时）	电费总额（元）
高点	500	1 500
低点	300	1 080
差额	200	420

变动电费用率：

$b=\Delta y/\Delta x=420/200=2.1$（元/小时）

$a=y-bx=1\ 500-2.1\times500=450$（元）

该企业电费为混合成本，以数学模型描述如下：

$y=450+2.1x$

假如下一年度1月需用工为1 000小时，依据该模型，则得出应支付的电费为：

$y=450+2.1\times1\ 000=2\ 550$（元）

运用高低点法分解混合成本应注意：当高点或低点产量不止一个，即有多个期间的产量相同且同属高点或低点而成本又不同时，高点应取成本数大者，低点应取成本数小者。

2. 散布图法

散布图法的基本做法为：在坐标图中以横轴代表产量 x，以纵轴代表混合成本 y，将各种产量水平下的混合成本逐一标在坐标图上，然后通过目测，在各成本点之间画出一条反映成本变动平均趋势的直线。理论上，这条直线距各成本点之间的离差平方和最小。这条直线与纵轴的交点就是固定成本，斜率则是单位变动成本。

例2-13 某企业2017年12个月的产量和电费支出的有关数据如表2-6所示。

根据有关数据，采用散布图法对该企业的电费进行分解。

表 2-6 产量和电费支出的有关数据

月份	产量（件）	电费（元）
1	800	2 000
2	600	1 700
3	900	2 250
4	1 000	2 550
5	800	2 150
6	1 100	2 750
7	1 000	2 460

月份	产量（件）	电费（元）
8	1 000	2 520
9	900	2 320
10	700	1 950
11	1 100	2 650
12	1 200	2 900

第一步，在平面直角坐标系中标出电费成本的散布点。以横轴代表产量、以纵轴代表电费成本，标出该企业在12个月中的不同产量下的电费成本点。

第二步，通过目测，在坐标图中画出一条能反映电费成本平均变动趋势的直线。这样，电费这项混合成本的性态就可以通过坐标图的方式来表达（见图2-9）。

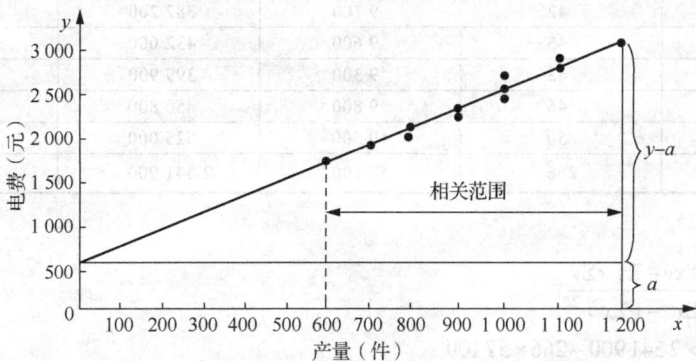

图 2-9　电费散布图

第三步，确定固定成本a，即所画直线与纵轴的交点（在图2-9中为600元）。

第四步，计算单位变动成本，即所画直线的斜率。根据所画直线，选择相关范围内任意一产量，即可得出相应的电费成本，反之亦然。若选产量为800件，电费成本按坐标图查得为2 180元，则单位变动成本为：

$$b = \frac{y-a}{x} = \frac{2180-600}{800} = 1.975 \text{（元/件）}$$

根据散布图法得到a和b的值后，电费这项混合成本可用数学模型表示为：

$$y = 600 + 1.975x$$

散布图法考虑了全部历史成本数据且直观、形象；比较高低点法，散布图法可能得到较为精确的结果，但根据目测结果往往因人而异。

3. 回归直线法

回归直线法也称最小二乘法，是根据若干期产量和成本的历史资料，运用最小二乘法公式，将某项混合成本分解为变动成本和固定成本的方法。

采用回归直线法分解混合成本可按以下公式进行（推导过程略）：

$$b = \frac{n\Sigma xy - \Sigma x \times \Sigma y}{n\Sigma x^2 - (\Sigma x)^2} \tag{2-4}$$

$$a = \frac{\Sigma y - b\Sigma x}{n} \tag{2-5}$$

例2-14 某企业生产的甲产品7～12月的产量及成本资料如表2-7所示。

表 2-7   甲产品 7～12 月的产量及成本

月份	7	8	9	10	11	12
产量（件）	40	42	45	43	46	50
总成本（元）	8 800	9 100	9 600	9 300	9 800	10 500

要求：采用回归直线法进行成本性态分析。

根据表2-7计算Σx、Σxy、Σy、Σx^2，相关结果如表2-8所示。

表 2-8   回归直线法数据计算表

月份 n	产量 X	混合成本 Y	XY	X^2
7	40	8 800	352 000	1 600
8	42	9 100	382 200	1 764
9	45	9 600	432 000	2 025
10	43	9 300	399 900	1 849
11	46	9 800	450 800	2 116
12	50	10 500	525 000	2 500
Σ	266	57 100	2 541 900	11 854

根据：

$$b = \frac{n\Sigma xy - \Sigma x \times \Sigma y}{n\Sigma x^2 - (\Sigma x)^2}$$

$$= \frac{6 \times 2\,541\,900 - 266 \times 57\,100}{6 \times 11\,854 - 70\,756}$$

$$\approx 170.65（元）$$

代入式（2-5）可求解a：

$$a = \frac{\Sigma y - b\Sigma x}{n}$$

$$= \frac{57\,100 - 170.65 \times 266}{6}$$

$$\approx 1\,951.19（元）$$

则成本性态模型为：$y = 1\,951.19 + 170.65x$

回归直线法利用的是"回归直线的误差平方和最小"的原理，因此所得到的结果是比较准确的。

2.2.2 账户分析法

账户分析法是根据各个成本、费用账户包括明细账户的内容，直接判断其与业务量之间的相互变动关系，从而确定其成本性态的一种成本分解方法。

账户分析法的基本做法：根据各成本、费用账户的具体内容判断其特征是更接近于固定成本，还是更接近于变动成本，进而直接将其确定为固定成本或变动成本。例如，"管理费用"的某个明细项目发生额的大小在正常产量范围内与产量变动没有关系，或没有明显关系，那么就将管理费用全部视为固定成本；"制造费用"账户中的车间管理部门办公费、按折旧年限计算的设备折旧费等，虽与产量的关系较管理费用密切一些，但基本特征仍属"固定"，所以也应被视为固定成本；"制造费用"账户内的燃料动力费、维修费等，虽然不似直接材料费用那样与产量呈正比例变动，但其发生额的大小与产量变动的关系很明显，因而可以将其视为变动成本。

例2-15 假设将某企业的某一生产车间作为分析对象。该车间该月产量1 000件，相关成本数据如表2-9所示。

表 2-9 某生产车间×月的成本费用表 单位：元

账户	总成本
生产成本——材料	40 000
——工资	30 000
制造费用——燃料、动力	10 000
——修理费	4 000
——工资	10 000
——折旧费	20 000
——办公费	6 000
合计	120 000

要求：将表2-9中的混合成本进行分解。

混合成本的分解过程如下："生产成本"账户中的直接材料和直接人工通常为变动成本；"制造费用"账户中的燃料动力费、修理费、间接人工费虽然不与产量的变动呈正比例变动关系，但有明显的变动关系，所以也确定为变动成本；"制造费用"账户中的折旧费和办公费与产量变动没有明显关系，因而确定为固定成本。分解后的成本如表2-10所示。

表 2-10 车间混合成本分解表 单位：元

账户	总成本	固定成本	变动成本
生产成本——材料	40 000		40 000
——工资	30 000		30 000
制造费用——燃料、动力	10 000		10 000
——修理费	4 000		4 000
——工资	10 000		10 000
——折旧费	20 000	20 000	
——办公费	6 000	6 000	
合计	120 000	26 000	94 000

根据表2-10可得：$a = 26\,000$（元）

已知该车间当月产量为1 000件，则：

$b = 94\,000 \div 1\,000 = 94$（元/件）

以数学模型来描述该车间的总成本，即：

$y = 26\,000 + 94x$

需要指出的是，上述分解是在一定的假设条件下进行的：如果实行计件工资制，那么直接人工就是变动成本；如果按直线法计算生产设备的折旧，则折旧费属于固定成本。当然，对于一些常见的成本费用如直接材料、直接人工等，可以直接将其确定为固定成本或变动成本。

2.2.3 工程分析法

工程分析法是运用工业工程的研究方法来研究影响各有关成本项目数额大小的每个因素，并在此基础上直接估算出固定成本和单位变动成本的一种成本分解方法。

工程分析法分解成本的基本步骤是：（1）确定研究的成本项目；（2）对形成成本的生产过程进行观察和分析；（3）确定生产过程的最佳操作方法；（4）以最佳操作方法为标准方法，测定标准方法下成本项目的每一构成内容，并按成本性态分别确定为固定成本和变动成本。

例2-16 设某粉末冶金车间对精密金属零件采取一次模压成型、电磁炉烧结的方式加工。选择电费作为成本研究对象。经观察，电费成本开支与电磁炉的预热和烧结两个过程的操作有关。按照最佳的操作方法，电磁炉从开始预热至达到可烧结的温度需耗电1 500千瓦时，烧结每千克零件耗电500千瓦时。每个工作日加工一班，每班电磁炉预热一次，全月共22个工作日。电费价格为0.7元/千瓦时。要求对电费成本进行分解。

设每月电费总成本为y，每月固定电费成本为a，单位电费成本为b，x为烧结零件重量，则有：

$$a=22×1 500×0.7=23 100（元）$$

$$b=500×0.7=350（元）$$

该车间电费总成本分解的数学模型即为：

$$y=23 100+350x$$

工程分析法适用于任何可以从客观立场上进行观察、分析和测定的投入产出过程，可用于直接材料、直接人工等制造成本的测定；也可以用于仓储、运输等非制造成本的测定。

工程分析法有以下优点。

（1）历史成本法和账户分析法只适用于有历史成本数据可供分析的情况，而工程分析法即使在缺乏历史成本数据的情况下也可以采用。

（2）工程分析法从投入与产出之间的关系入手，通过观察和分析，直接测定在一定的生产流程、工艺水平和管理水平条件下应该达到的各种消耗标准，是一种较为理想的投入与产出关系，是企业的各种经济资源利用最优化的结果。

（3）企业在制定标准成本和编制预算时，采用工程分析法，分析结果更具有客观性、科学性和先进性，分析过程也大为简化。

工程分析法的缺点是，分析成本较高，因为对投入产出过程进行观察、分析和测定往往要耗费较多的人力、物力、财力和时间。

2.3 变动成本法与完全成本法

2.3.1 变动成本法与完全成本法的区别

完全成本法是指在产品成本的计算中，不仅包括产品生产过程中所消耗的直接材料、直接人工，还包括全部的制造费用，如变动性的制造费用和固定性的制造费用。由于完全成本法是将所有的制造成本，不论是固定的还是变动的，都"吸收"到了单位产品上，因而也称为"成本吸收法"。

变动成本法是指在产品成本的计算中，只包括产品生产过程中所消耗的直接材料、直接人工和变动制造费用，不包括制造费用中的固定性部分。制造费用中的固定性部分被视为期间成本而从相应期间的收入中全部扣除。

完全成本法按经济用途进行分类，变动成本法按成本习性进行分类，两者的根本区别在于：是将固定制造费用视为一种可以在将来换取收益的资产，还是看作为取得收益而已然丧失资产性质的费用，即产品成本中是否包括固定制造费用。这一区别也决定了两种不同成本计算方法在多个方面有所不同。

1. 产品成本及期间成本的划分标准、构成内容不同

表 2-11   完全成本法和变动成本法的区别

区别	变动成本法	完全成本法
产品成本构成不同	直接材料 直接人工 变动制造费用	直接材料 直接人工 制造费用
期间成本构成不同	固定制造费用 管理费用 销售费用	管理费用 销售费用

表 2-11 集中反映了完全成本法和变动成本法的区别。

从表 2-11 中可以看出，在变动成本法下，制造费用按成本性态划分为固定和变动两部分，变动制造费用计入产品成本，固定制造费用计入期间成本。完全成本法下，制造费用不按成本性态划分，全部计入产品成本，销售的产品所负担的制造费用计入销售成本，没有销售出去的产品形成存货，其所负担的制造费用计入企业的资产中。

2. 期末存货成本的计算不同

在变动成本法下，本期发生的固定制造费用被作为期间成本，在计算当期损益时被全部扣除，因而期末存货中不包括固定制造费用。这时，期末存货成本应按下式计算：

$$期末存货成本=单位期末存货成本×期末存货量$$

$$=期末变动成本×期末存货量$$

在完全成本法下，产品成本中包括固定制造费用，所以当本期存在期末存货时，本期发生的固定制造费用要在期末存货和本期销售存货之间分配，因此在完全成本法下，有一部分固定制造费用随着期末存货成本递延到下期，因而期末存货成本按下式计算：

$$期末存货成本=单位期末存货成本×期末存货量$$

两种方法下的计算期末存货成本的公式看似相同，但其内涵是不同的，因而计算出来的结果也不同。

需要注意的是，产品成本构成内容上的区别是变动成本法与完全成本法的主要区别。两种方法在其他方面的区别均由此而生。

3．销售成本的计算方法不同

无论是完全成本法，还是变动成本法，本期销售成本的计算通用公式都为：

本期销售成本=期初存货成本+本期发生的生产成本-期末存货成本

在变动成本法下，由于单位变动成本是固定不变的，本期销售成本仅和销售量有关，因此：

本期销售成本=单位变动成本×销售量

在完全成本法下，本期销售成本应按照下式计算：

本期销售成本=期初存货成本+本期发生的生产成本-期末存货成本

因为，完全成本法下的单位产品成本既包括单位变动成本也包括单位固定成本；而单位固定成本与业务量呈反比例变动，因而，当前后各期的生产量不相同时，其单位固定成本就会改变，从而使得本期销售成本既与销售量有关又与生产量有关。

4．两种方法下计算损益的过程不同

（1）变动成本法下损益的计算过程是：先计算贡献毛益，然后计算税前利润。

贡献毛益=销售收入-变动成本

税前利润=贡献毛益-固定成本

其中，

变动成本=变动生产成本+变动非生产成本

=（直接材料+直接人工+变动制造费用）+变动销售和管理费用

固定成本=固定生产成本+固定非生产成本

=固定制造费用+固定销售管理费用

（2）完全成本法下的损益的计算过程是首先计算销售毛利，然后计算税前利润。

销售毛利=销售收入-销售成本

税前利润=销售毛利-期间成本

其中，

销售成本=单位产品成本×销售量

=期初存货成本+本期生产产品成本-期末存货成本

期间成本=销售费用+管理费用

例2-17 设某企业月初没有在产品和产成品存货。当月甲产品共生产50件，销售40件，月末结存10件。每件产品的售价为500元，销售费用中的变动性费用为每件20元。甲产品的制造成本资料和企业的非制造成本资料如表2-12所示。

表 2-12 　　　　　　　　　　　　成本费用表　　　　　　　　　　　单位：元

成本项目	单位产品项目成本	项目总成本
直接材料	200	10 000
直接人工	60	3 000
变动制造费用		1 000
固定制造费用		2 000
管理费用		4 000
变动销售费用	20	800

续表

成本项目	单位产品项目成本	项目总成本
固定销售费用		2 200
合计		23 000

要求：采用完全成本法和变动成本法计算出产品成本、期末存货成本、销售成本、期间成本和损益，并比较它们之间的差异。

两种方法下的利润计算过程如表2-13所示。

表 2-13　　　　　　　　　两种成本计算法下的利润计算过程　　　　　　　　单位：元

损益计算过程	变动成本法	完全成本法
销售收入　40 件×500	20 000	20 000
销售成本		
期初存货成本	0	0
当期产品成本		
50 件×280	14 000	
50 件×320		16 000
期末存货成本		
10 件×280	2 800	
10 件×320		3 200
销售成本		
40 件×280	11 200	
40 件×320		12 800
贡献毛益（生产阶段）或毛利	8 800	7 200
管理费用		4 000
销售费用		3 000
变动销售费用　40 件×20	800	
贡献毛益（全部）	8 000	
固定成本		
固定制造费用	2 000	
管理费用和固定销售费用	6 200	
小计	8 200	
税前利润	-200	200

结合表2-12和表2-13，编制表2-14，比较两种方法下的各项差异。

表 2-14　　　　　　　　　　两种方法下的差异比较　　　　　　　　　　单位：元

项目	变动成本法	完全成本法	差异
单位产品成本	200+60+20=280	200+60+20+2 000÷50=320	-40
期末存货成本	280×10=2 800	320×10=3 200	-400
销售成本	280×40=11 200	320×40=12 800	-1 600
期间成本	2 000+4 000+3 000=9 000	4 000+800+2 200=7 000	2 000
税前利润	-200	200	400

由于两种方法对这一期间发生的固定制造费用（2 000元）的处理方式不同（变动成本法将其全部处理为期间成本，不计入产品成本，完全成本法将其全部计入产品成本），所以，导致出现多种差异。完全成本法将固定制造费用计入产品成本，比变动成本法下的单位产品成本多40（2 000÷50）元。这也导致完全成本法的期末存货成本比变动成本法的高400（40×10）元；同样，导致变动成本法下的期间成本比完全成本法下的期间成本高1 600（40×40）元。上述差异共同导致两种方法下的损益差异为400元。

2.3.2 两种方法下损益差异的进一步比较

产销越均衡，两种成本法下所计算的损益相差就越小，产销越不均衡则差异就越大。只有当实现所谓的"零存货"即产销绝对均衡时，损益计算上的差异才会消失。事实上，产销绝对均衡只是个别的、相对的和理想化的，不均衡才是普遍的、绝对的和现实化的，这也是研究本问题的意义所在。

就产品的整个寿命周期而言，销售总量最多等于生产总量，但就某个或某些会计期间而言，可能出现销量大于产量的情况，即本期销售了以前会计期间生产而未销售的产品；也可能出现本期产量大于销量的情况，即本期产量没有完全销售出去。下面分三种情况讨论"当产量与销量不同配比时，两种成本计算法下的当期利润的差异"。

（1）当期产量大于销量

当企业存货发生以下两种情况时，企业存货的当期产量大于当期销量：一是企业期初没有存货，二是期初有存货，但期初存货小于期末存货。无论企业是否存在期初存货，只要是当期产量大于当期销量，两种成本计算法下的当期利润就是不同的。

在【例2-17】中，假设企业期初没有存货，且当期产量大于销量，按变动成本法计算的损益就小于按完全成本法所计算的损益。这时，变动成本法下为亏损200元，完全成本法下则盈利200元，两种方法相差400元。这400（2 000÷50×10）元正是完全成本法所确认的应由期末存货成本负担的固定制造费用部分。在变动成本法下，这400元全部作为期间成本进入了当期损益。换句话说，这400元在完全成本法下被视为"一种可以在将来换取收益的资产"列入了资产负债表，而在变动成本法下则被视为"为取得收益而已然丧失资产性质的费用"列入了损益表。企业即使期初有存货，只要是当期产量大于当期销量，那么按变动成本法计算的损益就会小于按完全成本法所计算的损益。

（2）连续各期产量相同而销量不同

例2-18 假设某企业从事单一产品生产，连续3年的产量均为600件，而3年的销售量分别为600件、500件和700件。单位产品售价为150元。管理费用与销售费用年度总额为20 000元，且全部为固定成本。与产品成本计算有关的数据：单位产品变动成本，包括直接材料、直接人工和变动制造费，为80元；固定制造费用为12 000元[完全成本法下每件产品分摊20（12 000÷600）元]。

要求：根据上述资料，分别采用变动成本法和完全成本法计算当期的税前利润。

两种方法计算的当期的税前利润如表2-15所示。

表 2-15　　　　　　　　　　　　用两种方法计算当期的税前利润　　　　　　　　　　　单位：元

年度损益计算	第1年	第2年	第3年	合计
变动成本法下				
销售收入	90 000	75 000	105 000	270 000
销售成本	48 000	40 000	56 000	144 000
贡献毛益	42 000	35 000	49 000	126 000
固定成本				
固定制造费用	12 000	12 000	12 000	36 000
管理费用和销售费用	20 000	20 000	20 000	60 000
小计	32 000	32 000	32 000	96 000
税前利润	10 000	3 000	17 000	30 000
完全成本法下				
销售收入	90 000	75 000	105 000	270 000
销售成本				
期初存货成本	0	0	10 000	
当期产品成本	60 000	60 000	60 000	180 000
可供销售产品成本	60 000	60 000	70 000	
期末存货成本	0	10 000	0	
销售成本	60 000	50 000	70 000	180 000
毛利	30 000	25 000	35 000	90 000
管理费用和销售费用	20 000	20 000	20 000	60 000
税前利润	10 000	5 000	15 000	30 000

第1年，产量等于销量，均为600件，所以，两种成本计算法下的税前利润均为10 000元。这是因为固定制造费用不论在变动成本法下作为固定成本处理，还是在完全成本法下作为产品成本处理，都计入了当年损益。

第2年，由于产量600件大于销量500件，所以，变动成本法下的税前利润比完全成本法下的税前利润少了2 000元。这是因为在变动成本法下，全部固定制造费用（12 000元）均计入了当年损益；在完全成本法下，只有已实现销售的产品所负担的固定制造费用10 000（12 000÷600×500）元计入了当年损益，余下的2 000元的固定制造费用则作为存货成本列入了资产负债表。

第3年的情况与第2年正好相反，产量600件小于销量700件，变动成本法下的税前利润比完全成本法下的税前利润大了2 000元。这是因为变动成本法下计入第3年损益的固定制造费用仍为12 000元；在完全成本法下，第2年年末存货成本中的2 000元的固定制造费用随着存货的销售计入了第3年的销售成本中，从而导致税前利润少了2 000元。

从表2-15中可以看出，由产量与销量的相互关系所导致的两种成本法下税前利润的变化规律为：两种成本法下的税前利润的3年合计数是相同的。也就是说，从较长时期来看，由各期产量与销量之间的关系所决定的两种成本法下的税前利润的差异可以相互抵销，这也从另一个角度说明，变动成本法主要适用于短期决策。

（3）连续各期销量相同而产量不同

例2-19 仍假设某企业从事单一产品生产，连续3年的销量均为600件，而3年的产量分别为600件、700件和500件。其他条件与前例相同。

要求：按两种方法计算各期的税前利润。

根据以上资料，采用变动成本法和完全成本法计算出的税前利润如表2-16所示。

表 2-16   两种方法计算的各期税前利润   单位：元

年度损益计算	第 1 年	第 2 年	第 3 年	合计
变动成本法下				
销售收入	90 000	90 000	90 000	270 000
销售成本	48 000	48 000	48 000	144 000
贡献毛益	42 000	42 000	42 000	126 000
固定成本				
固定制造费用	12 000	12 000	12 000	36 000
管理费用和销售费用	20 000	20 000	20 000	60 000
小计	32 000	32 000	32 000	96 000
税前利润	10 000	10 000	10 000	30 000
完全成本法下				
销售收入	90 000	90 000	90 000	270 000
销售成本				
期初存货成本	0	0	9 715	
当期产品成本	60 000	68 000	52 000	180 000
可供销售产品成本	60 000	68 000	61 715	
期末存货成本	0	9 715	0	
销售成本	60 000	58 285	61 745	180 000
毛利	30 000	31 716	28 286	90 002
管理费用和销售费用	20 000	20 000	20 000	60 000
税前利润	10 000	11 716	8 286	30 002

在变动成本法下，单位产品成本仍为80元。但在完全成本法下，由于各期产量变了，所以单位产品所负担的固定制造费用的份额也就变了。具体如下：

第1年的单位产品成本为100（80+12 000÷600）元；

第2年的单位产品成本为97.14（80+12 000÷700）元；

第3年的单位产品成本则为104（80+12 000÷500）元。

从表2-16中可以看出以下内容。

① 由于各年的销量相同，按变动成本法计算的各年的税前利润相等，均为10 000元。这是因为尽管各年的产量不同，但由于各年的固定制造费用全部作为固定成本进入了当期损益，所以当其他条件未变时，税前利润当然也不会变。

② 由于各年的产量发生了变化，按完全成本法所计算的各年的税前利润完全不同，其原因是固定制造费用需要在所生产的产品中进行分摊。在本例中，第2年的税前利润最大，这是因为第2年的产量700件大于当年的销量600件，期末产成品存货100件的成本中

负担了相应份额的固定制造费用1 715元，从而使当期的销售成本减少了1 715元，税前利润较之第1年也就增加了1 715元。第3年的情况则正好相反：由于第3年的销售成本不仅包括了当年产品所负担的固定制造费用，还包括了伴随着年初存货销售而"递延"到本期的固定制造费用，所以第3年的税前利润较之第1年减少了1 715元。

③ 如果将第3年的税前利润与第2年进行比较，则两者相差3 430元。也就是说，在产销不平衡的情况下，相邻年度税前利润的差量是它们与产销平衡年度税前利润差量的2倍。这是因为，当产销不平衡时，产量大于销量对于税前利润的影响与销量大于产量对于税前利润的影响是数额相同而方向相反的。

综上所述，变动成本法与完全成本法对各期损益计算的影响，依照产量与销量之间的相互关系，可以归纳为表 2-17 所示的三种情况。

表 2-17 两种方法下的损益比较

条件：某一会计期间的产销量关系	该期间的税前利润
产量＝销量（期初存货＝期末存货）	变动成本法＝完全成本法
产量＜销量（期初存货＞期末存货）	变动成本法＞完全成本法
产量＞销量（期初存货＜期末存货）	变动成本法＜完全成本法

① 当产量等于销量时，两种成本法下计算的损益完全相同。表 2-15 与表 2-16 中的第 1 年就属于这种情况。在这种情况下，固定制造费用是作为固定成本还是作为产品成本，对损益计算来说并不重要，重要的是它已全额作为收入的减项计入了当期损益。

② 当产量小于销量时，按变动成本法计算出的损益大于按完全成本法计算出的损益。表2-15与表2-16中的第3年就属于这种情况。

③ 当产量大于销量时，按变动成本法计算出的损益小于按完全成本法计算出的损益。这是因为固定制造费用在变动成本法下被列作了当年的成本；而在完全成本法下，相应份额的固定制造费用被列作了当年的资产（即期末存货成本的一部分）。表 2-15 与表 2-16 中的第 2 年就属于这种情况。

2.3.3 对变动成本法和完全成本法的评价

完全成本法和变动成本法的根本区别在于如何对待固定制造费用，这也决定了两种成本计算方法各自的特点。以此为线索，我们可以进一步认识这两种方法的优点和不足。

1. 变动成本法的特点及利弊

变动成本法从无到有再到被人们普遍重视并且被广泛应用，一个关键的因素是其以成本性态的分解为基础，而这恰恰是传统的成本计算方法所不具备的。由此，我们可以总结出变动成本法的如下特点。

（1）以成本性态分析为基础计算产品成本。在变动成本法下，只有变动制造费用才构成产品成本，而固定制造费用应作为期间成本处理。换句话说，在变动成本法下，固定制造费用转销的时间选择十分重要，它应该属于为取得收益而已然丧失资产性质的费用。

（2）强调不同的制造成本在补偿方式上存在差异。在变动成本法下，产品的成本应该在其销售的收入中获得补偿，而固定制造费用与产品的销量无关，只与企业是否经营有关，因此其不应该被纳入产品成本，而应在发生的当期确认为费用。

（3）强调销售环节对企业利润的贡献。促进产品销售从而增加企业利润是一种常识，但是在完全成本法下，却会出现"销售量下降或不变而只是由于产量大幅度增加导致利润不减反增"这样一种极端不正常的现象，从而导致企业盲目生产，其结果是造成产品积压。而产品积压不仅会导致资金长期占压和保管成本增加，还可能会导致产品的永久损失，如折价、毁损、报废等。

采用变动成本法后，由于产量的高低、存货的增减对利润均无影响，所以当销售品种构成、销售价格、单位变动成本不变时，利润将只随销售数量的变化而变化，销售量大则利润高。这种信息必然会使管理当局更加重视销售环节，把注意力更多地集中在分析市场动态、开拓销售渠道、搞好售后服务这些方面，从而防止盲目生产这一情况的出现。

（4）变动成本法是开展本—量—利分析的基础。产品销售收入与产品变动成本的差量对应着管理会计的一个重要概念——贡献毛益（将在第3章中介绍）。以贡献毛益减去期间成本（包括固定制造费用和其他固定性费用）就是利润。由贡献毛益不难看出，变动成本法强调的是变动成本对企业利润的影响。因此采用变动成本法获得的信息可以直接应用于企业的经营决策分析，促使企业关注成本性态背后的成本变化规律对利润的影响。

变动成本法将固定制造费用全部作为期间成本从贡献毛益中扣除，省却了固定制造费用的分摊工作，避免了固定制造费用分摊中的主观随意性。

当然，变动成本法也有一定局限性，主要表现在以下几个方面。

（1）按变动成本法计算的产品成本不合乎会计准则和税法的有关要求。

（2）按成本性态确定产品成本构成，在很大程度上依赖成本按性态分解的合理性与可靠性。

2．完全成本法的特点与利弊

与变动成本法相比，完全成本法最主要的特点是：不区分成本的性态，产品成本既包含变动成本部分，也包含固定制造费用。具体来讲，完全成本法有以下特点。

（1）强调固定制造费用和变动制造费用在成本补偿方式上的一致性。在完全成本法下，只要是与产品生产有关的耗费，均应从产品销售收入中得到补偿，固定制造费用不应被人为地区别对待，应与直接材料、直接人工和变动制造费用一起共同构成产品的成本。

（2）强调生产环节对企业利润的贡献。由于完全成本法下的固定制造费用也被归集于产品而随产品流动，因此本期已销产品和期末未销产品在成本构成上是完全一致的。在一定销售量的条件下，产量大则利润高，所以，客观上完全成本法有刺激生产的作用。这也就是说，从一定意义上讲，完全成本法强调了固定制造费用对企业利润的影响。

可以说，完全成本法符合公认会计准则的要求，即成本核算应当反映企业全部的资源耗费。固定制造费用作为制造环节的关键消耗，应该按照相关性原则以及权责发生制完整、及时、准确地计入产品成本。所以，完全成本法核算的成本，可以直接用于对外报告，避免了变动成本法只能满足对内决策需要的不足。

在评价和应用完全成本法和变动成本法时，应注意和强调成本信息的决策有用性的差异（比如在不同市场环境下，管理的目的不同；不同利益主体，其考核角度不同），不能简单处理。完全成本法的优缺点是相对于变动成本法而言的，正如变动成本法的优缺点是相对于完全成本法而言一样。例如，变动成本法下的产品成本不符合传统的成本概念，而完全成本法下的产品成本就符合传统的成本概念。但变动成本法与完全成本法之间也并不是一种简单的"此是彼非"和"此非彼是"的关系。例如，变动成本法使人们更加重视销售环节，这当然是优点；完全成本法有刺激生产的作用，因而使人们重视生产环节，在一定情况下，这不一定就是缺点，如当产品供不应求时，生产就是第一位的。

思考题

1. 按成本性态划分，企业全部成本可分为几类？各自的含义、构成和相关范围是什么？

2. 混合成本的分解方法有哪几种？相互之间的区别和各自的优缺点是什么？

3. 什么是付现成本和沉没成本？该分类有什么作用？

4. 什么是机会成本？它的意义是什么？

5. 请阐述变动成本法和完全成本法的内涵及其本质特征。

6. 变动成本法和完全成本法的根本区别是什么？它是如何影响信息决策有用性的？

练习题

1. 某商业银行在日常的经营过程中发生了如下成本。

房屋租赁费、存款负债的利息支出、钞币运送费、手续费支出、安全保卫费、审计咨询费、水电费、信贷管理人员的工资。

要求： 区分上述成本中哪些是变动成本、半变动成本、固定成本？

2. 某企业有一闲置设备，既可以用于甲产品的生产，又可用于出租。如果用于生产甲产品，则其收入为 50 000 元，成本费用为 30 000 元；如果用于出租，则可获得租金收入 15 000 元。

要求： 分别计算将设备用于生产和用于出租的机会成本。

3. A 企业为只生产单一产品的企业，2018 年各月的电费支出与产量的有关数据如表 2-18 所示。

表 2-18   基础数据表

月份	产量（件）	电费（元）
1	1 200	5 000
2	900	4 250
3	1 350	5 625
4	1 500	5 625
5	1 200	5 375
6	1 650	6 875
7	1 500	6 150
8	1 500	6 300
9	1 350	5 800
10	1 050	4 875
11	1 800	7 200
12	1 800	7 250

要求： 试采用高低点法对电费这一混合成本进行分解。

4. 南方公司生产 A 产品，年生产能力为 40 000 单位，固定成本为 24 000 元。2017 年度生产并销售 10 000 单位，单位变动成本为 1 元，销售单价 3 元，每年发生的 5 000 元销售及管理费用均为固定费用，该年度既没有期初存货也没有期末存货，经营成果如表 2-19 所示。

表 2-19　　　　　　　　　　　南方公司 2017 年度利润表

项目	金额
销售收入（3×10 000）	30 000
减：变动成本（1×10 000）	10 000
固定成本（24 000）	24 000
销售毛利	−4 000
减：销售及管理费用	5 000
税前利润	−9 000

南方公司董事会十分重视这笔亏损，专门召开会议研究如何扭亏为盈。会上，公司高级顾问刘弘自荐，愿意出任总经理并承担扭转此困境的责任。但他提出：不领取固定工资，要求领取税前利润的 10% 作为其报酬。董事会经过研究讨论同意了他的要求，并与他签订了聘任合同。

2018 年度，刘弘上任后立即抓生产，提高劳动生产率，使公司的年产量上升到 30 000 单位，而销售量仍然保持在 2017 年度的水平上。这样，在其他条件不变的情况下，南方公司 2018 年度利润表上显示税前利润为 7 000 万元（见表 2-20）。

表 2-20　　　　　　　　　　　南方公司 2018 年利润表　　　　　　　　　　　单位：万元

项目	金额
销售收入（3×10 000）	30 000
减：变动成本（1×10 000）	10 000
固定成本（24 000÷3）	8 000
销售毛利	12 000
减：销售及管理费用	5 000
税前利润	7 000

公司董事会在审核了 2018 年度利润表后，同意按合同规定支付 700 万元给刘弘。

但是，公司有一位监事提出了反对意见，认为刘弘并没有真正做到扭亏为盈，因而不应给予奖励。这位监事的理由如下：产品只有在市场交易后，其价值才能得以实现，企业才能获得利润。刘弘只是通过提高生产量，降低产品分摊的固定制造费用，进而降低单位产品成本，将部分固定制造费用计入存货递延至了以后各期，降低了本期销售成本，从而提高了利润。具体来说，2017 年度单位产品负担的固定成本为 2.4 元，2018 年度单位产品负担的固定成本为 0.8（24 000÷30 000）元。在完全成本法下，固定成本分为两个部分：销售出去的 10 000 单位的产品所负担的固定成本 8 000 万元计入销售成本，没有销售出去的 20 000 单位的产品所负担的固定费用 16 000 万元计入存货成本，使计入销售成本的金额同等减少，因此，税前利润由 2017 年度的亏损 9 000 万元，变为 2018 年度的利润 7 000 万元。也就是说，7 000 万元的利润源于因产量增加而计入存货中的固定制造费用。

2018 年度的利润应采用变动成本法计算，计算结果是亏损 9 000 万元，计算过程如表 2-21 所示。

表 2-21 　　　　　　　　　　　　南方公司 2018 年度利润表　　　　　　　　　　　　单位：万元

项目	金额
销售收入	30 000
减：变动成本	10 000
变动生产成本	10 000
变动非生产成本	0
变动成本合计：	10 000
贡献毛益	20 000
减：固定成本	
固定制造费用	24 000
固定非生产成本	5 000
固定成本合计：	29 000
税前利润	-9 000

两种计算方法的分歧在于对固定制造费用的处理不同：在完全成本法下，一部分计入销售成本，另一部分计入存货；在变动成本法下，全部计入当期损益。

请问： 哪种方法计算的利润更加合理？

第3章
本—量—利分析

⭐ 学习目标

1. 理解本—量—利分析的基本假设。
2. 掌握本—量—利分析的基本原理和分析方法。
3. 能够灵活运用本—量—利分析的方法解决企业经营预测、决策中的实际问题。

📋 引导案例

多年来，安妮的朋友和家人一直很喜欢她自制的沙拉和果冻，有一次，朋友们说："你应该拿这些东西来卖。"因此，安妮决定试一试。首先，她决定只生产一种产品——绿色仙人掌沙拉，她找到罐子、盖子、标签的货源，了解了许多有关食物销售的法律，并且请了当地的职业食品化学分析师分析沙拉的成分及含量。安妮拜访了本地的一些食品杂货店及礼品店，有几家杂货店愿意寄售她的产品，把沙拉放在现金收款机旁，其他商店则愿意陈列她的产品，但要求她支付商品陈列费。安妮预计要花大约一天的时间来送货、检查销售及库存和拜访潜在的顾客。

安妮在开始生产之前，向其家庭会计师鲍勃·赖恩咨询。为了开拓市场，安妮打算以每罐3.50美元的低价出售，但是鲍勃看过安妮列示的成本之后，估计产品的变动成本超过价格，觉得是亏本的买卖。

安妮不知道如何对产品进行定价，希望通过增加销售量来解决亏本，达到盈利。她错在哪里？有什么更好的办法来解决这个问题？

3.1 本—量—利分析的基本模型及相关概念

本—量—利分析（Cost-Volume-Profit Analysis，CVP）是在成本性态分类基础上发展起来的，对成本、产量（或销量）、利润之间相互关系进行分析的方法。

3.1.1 本—量—利分析的基本模型

本—量—利分析以成本性态分析和变动成本法为基础，其基本模型是变动成本法下计算利润的公式，即：

$$税前利润=销售收入-总成本=销售价格×销售量-（变动成本+固定成本）$$

$$=销售单价×销售量-单位变动成本×销售量-固定成本$$

为满足本章后面内容的需要，统一设置如下：

P 为税前利润；

TR 为销售收入；

TC 为总成本；

VC 为单位变动成本；

FC 为固定成本；

SP 为销售单价；

V 为销售量。

则有：$P = TR-VC×V-FC$

$$= (SP-VC)×V-FC$$

该模型反映了价格、成本、业务量和利润各因素之间的相互关系，是本—量—利分析的基本出发点，所有本—量—利分析都是在该公式基础上进行的。

3.1.2 本—量—利分析的相关概念

进行本—量—利分析，需要了解以下相关概念，如贡献毛益、变动成本率、加权平均贡献毛益率等。

1. 贡献毛益

贡献毛益，又称贡献边际、创利额，是指产品销售收入扣除变动成本后的余额。由于贡献毛益在扣除固定成本后才能成为企业真正的贡献（即利润），因此，用它来衡量产品盈利能力或许较为妥当。

为什么管理会计在决策中使用贡献毛益而不是利润？

为适应不同的管理需要，贡献毛益可以具体分为制造贡献毛益和营业贡献毛益。制造贡献毛益是指产品销售收入减去产品自身的变动成本后为企业带来的盈利贡献。营业贡献毛益是指企业全部收入减去产品的变动成本以及期间变动成本后为企业带来的盈利贡献。在本章中，如非特别申明，贡献毛益是指营业贡献毛益，也就是已经扣除了全部变动成本的贡献毛益。

贡献毛益有单位贡献毛益、贡献毛益总额和贡献毛益率三种表示形式。

（1）单位贡献毛益，是指单位产品售价与单位变动成本的差额。用公式表示为：

$$单位贡献毛益=销售单价-单位变动成本$$

可写为：$UCM=SP-VC$

（2）贡献毛益总额，是指产品销售收入总额与变动成本总额之间的差额。用公式表示为：

$$贡献毛益总额=销售收入总额-变动成本总额$$

可写为：

$$TCM=TR-VC×V$$
$$=SP×V-VC×V$$
$$=(SP-VC)×V$$
$$=UCM×V$$

即：贡献毛益总额=单位贡献毛益×销售量

由于：税前利润=销售收入总额-变动成本总额-固定成本

=贡献毛益总额-固定成本

即： $P=TCM-FC$

因而：贡献毛益总额=税前利润+固定成本

即： $TCM=P+FC$

（3）贡献毛益率，是指贡献毛益总额占销售收入总额的百分比，或单位贡献毛益占销售单价的百分比，反映每百元销售收入所创造的贡献毛益。用公式表示为：

$$贡献毛益率=\frac{贡献毛益总额}{销售收入总额}\times100\%=\frac{单位贡献毛益}{销售单价}\times100\%$$

即： $$CMR=\frac{TCM}{TR}=\frac{UCM}{SP}$$

或： $$CMR=\frac{TR-V\times VC}{TR}=\frac{SP\times V-V\times VC}{SP\times V}=\frac{SP-VC}{SP}$$

2. 变动成本率

变动成本率是指变动成本总额占销售收入总额的百分比或单位变动成本占单价的百分比，是与贡献毛益率相关的另一个指标。用公式表示为：

变动成本率=变动成本总额÷销售收入总额×100%

=单位变动成本÷单价×100%

将变动成本率与贡献毛益率两个指标联系起来，可以得出：

贡献毛益率+变动成本率=1

由此可以推出：

贡献毛益率=1-变动成本率

或： 变动成本率=1-贡献毛益率

可见，变动成本率与贡献毛益率两者是互补的。企业变动成本率越高，贡献毛益率就越低；变动成本率越低，其贡献毛益率必然越高。

3. 加权平均贡献毛益率

加权平均贡献毛益率又称为综合贡献毛益率，其大小反映了企业全部产品整体盈利能力的高低，企业若要提高全部产品的整体盈利水平，则可以调整各种产品的销售比重，或者提高各种产品自身的贡献毛益率。

加权平均贡献毛益率=∑（各种产品贡献毛益率×该种产品的销售比重）

或： 加权平均贡献毛益率=各种产品贡献毛益额之和÷销售收入总额

3.2 盈亏临界点分析

盈亏临界点又称为保本点、盈亏平衡点等，是指利润为零时的销售量或销售额。处于盈亏临界点时，企业的销售收入恰好弥补全部成本，企业的利润等于零。

盈亏临界点分析就是根据成本、销售收入、利润等因素之间的函数关系，预测企业在怎样的情况下达到不盈不亏的状态。这些信息对于企业合理计划和有效控制经营过程极为有用，在企业规划目标利润、控制利润完成情况、估计经营风险时都会发挥作用。

3.2.1 盈亏临界点的计算模型

盈亏临界点就是使利润等于零的销售量，根据本—量—利基本模型：

$$P=TR-VC\times V-FC=（SP-VC）\times V-FC$$

令 $P=0$，可得盈亏临界点的基本计算模型：

$$TR=V\times VC+FC$$

或：

$$V\times SP=V\times VC+FC$$

在其他因素既定的条件下，盈亏临界点的计算可以采取实物量和金额两种方式。

1．按实物量计算盈亏临界点

按实物量计算的盈亏临界点是指销售量，也称为保本量。

$$盈亏临界点销量=\frac{固定成本}{单价-单位变动成本}$$

或：

$$V=\frac{FC}{SP-VC}$$

2．按金额计算盈亏临界点

按金额计算的盈亏临界点也称保本额。

$$盈亏临界点销售额=\frac{固定成本}{（销售单价-单位变动成本）\div销售单价}$$
$$=\frac{固定成本}{贡献毛益率}$$

或：

$$V\times SP=\frac{FC}{\frac{SP-VC}{SP}}=FC\times\frac{SP}{SP-VC}$$

例3-1 设某企业生产和销售单一产品，该产品的单位售价为50元，单位变动成本为30元，固定成本为50 000元。根据这些资料计算盈亏临界点。

（1）盈亏临界点的销售量

$$V=\frac{50\,000}{50-30}=2\,500（件）$$

（2）盈亏临界点销售额

$$贡献毛益率=\frac{50-30}{50}\times100\%=40\%$$

$$盈亏临界点的销售金额=\frac{50\,000}{40\%}=125\,000（元）$$

3.2.2 多品种企业总体盈亏临界点销售额

在多种产品生产并且在品种结构不变的情况下，企业总体盈亏临界点用销售额表示。计算多品种企业盈亏临界点的方法有加权平均贡献毛益率法、联合单位法、主要品种法和分算法等。

1. 加权平均贡献毛益率法

加权平均贡献毛益率法是指将各种产品的贡献毛益率按照其各自的销售比重这一权数进行加权平均，得出综合贡献毛益率，然后再据此计算企业的盈亏临界点销售额和每种产品的盈亏临界点的方法。具体计算步骤如下。

（1）计算各种产品的销售比重

某种产品的销售比重=该种产品的销售额÷全部产品的销售总额×100%

需要注意的是，销售比重是销售额的比重而不是销售量的比重。

（2）计算综合贡献毛益率

加权平均贡献毛益率=∑（各种产品贡献毛益率×该种产品的销售比重）

（3）多品种下企业总体的盈亏临界点销售额

$$多品种生产时企业总体的盈亏临界点销售额=\frac{固定成本}{加权平均贡献毛益率}$$

（4）计算各种产品盈亏临界点

计算各种产品盈亏临界点，实际是将企业盈亏临界点销售额分解为各种产品的盈亏临界点销售额和销售量。

某种产品的盈亏临界点销售额=企业盈亏临界点销售额×该种产品的销售比重

某种产品的盈亏临界点销售量=该产品盈亏临界点销售额÷该种产品销售单价

例3-2 某企业销售甲、乙、丙三种产品，全年预计固定成本总额为210 000元，预计销售量分别为8 000件、5 000台和10 000件，预计销售单价分别为25元、80元、40元，单位变动成本分别为15元、50元、28元，则该企业的盈亏临界点是多少？

（1）计算每种产品的销售比重：

全部产品销售总额=8 000×25+5 000×80+10 000×40=1 000 000（元）

甲产品的销售比重=8 000×25÷1 000 000×100%=20%

乙产品的销售比重=5 000×80÷1 000 000×100%=40%

丙产品的销售比重=10 000×40÷1 000 000×100%=40%

（2）计算加权平均的贡献毛益率

甲产品的贡献毛益率=（25-15）÷25×100%=40%

乙产品的贡献毛益率=（80-50）÷80×100%=37.5%

丙产品的贡献毛益率=（40-28）÷40×100%=30%

加权平均的贡献毛益率=40%×20%+37.5%×40%+30%×40%=35%

（3）计算企业盈亏临界点销售额

企业盈亏临界点销售额=企业固定成本总额÷综合贡献毛益率

=210 000÷35%=600 000（元）

（4）计算各种产品的盈亏临界点销售额和销售量

甲产品的盈亏临界点销售额=600 000×20%=120 000（元）

乙产品的盈亏临界点销售额=600 000×40%=240 000（元）

丙产品的盈亏临界点销售额=600 000×40%=240 000（元）

相应地，可以计算出每种产品的盈亏临界点销售量

甲产品的盈亏临界点销售量=120 000÷25=4 800（件）

乙产品的盈亏临界点销售量=240 000÷80=3 000（台）

丙产品的盈亏临界点销售量=240 000÷40=6 000（件）

2．联合单位法

企业各种产品之间存在相对稳定的产销量比例关系。可以将具有这一比例关系的产品的组合视作一个联合单位，然后确定每一联合单位的售价和单位变动成本，以进行多品种的盈亏临界点分析。如企业 A、B、C 三种产品，其销量比为 1∶2∶3，则这三种产品的组合就构成一个联合单位。然后按照这种销量比来计算各种产品共同构成的联合单价和联合单位变动成本。即：

联合销售单价=A产品单价×1+B产品单价×2+C产品单价×3

联合单位变动成本=A产品单位变动成本×1+B产品单位变动成本×2

+C产品单位变动成本×3

然后就可以计算出联合保本量，即：

联合保本量=固定成本÷（联合单价−联合单位变动成本）

某产品保本量=联合保本量×该产品销量比

这种方法主要适用于有严格产出规律的联产品生产企业。

3．主要品种法

如果企业生产经营的多种产品中，有一种产品给企业提供的贡献毛益占企业全部贡献毛益总额的比重很大，而其他产品给企业提供的贡献毛益占比较小，则可以将这种产品认定为主要品种。此时，企业的固定成本几乎由主要产品来负担，所以，可以根据这种产品的贡献毛益率计算企业的盈亏临界点。当然，用这种方法计算出来的企业的盈亏临界点可能不十分准确。如果企业产品品种主次分明，则可以采用这种方法。

4．分算法

分算法是指在一定条件下，企业可以将全部固定成本按一定标准在各种产品之间进行分配，然后再对每一个品种分别进行盈亏临界点分析的方法。全部固定成本中的专属固定成本直接划归某种产品负担，而共同固定成本则要按照一定标准（如产品重量、体积、长度、工时、销售额等）分配给各种产品。这种方法要求企业能够客观分配固定成本，如果不能做到客观，则可能使计算结果出现误差。这种方法可以给企业管理当局提供各产品计划和控制所需要的资料。

3.2.3　与盈亏临界点相关的概念及计算

1．盈亏临界点作业率

所谓盈亏临界点作业率，是指盈亏临界点的销售量占企业正常销售量的百分比。所谓正常销售量，是指在正常市场环境和企业正常开工的情况下的产品的销售数量。

盈亏临界点作业率的计算如下：

$$盈亏临界点作业率=\frac{盈亏临界点销售量}{正常销售量}\times100\%$$

该比率表明企业实现保本的业务量占正常业务量的比重。由于企业通常按照正常的销售量来安排产品的生产，在合理库存的条件下，产品产量与正常的销售量应该大体相同。所以，盈亏临界点作业率可以表明企业在保本状态下生产能力的利用程度。

假定在前例中企业的正常销售量为 4 500 件，则盈亏临界点的作业率为 56%（即 2 500÷4 500×100%）。也就是说，该企业的作业率只有达到 56% 以上，才能取得盈利，否则就会发生亏损。

2. 安全边际及安全边际率

与盈亏临界点密切相关的还有一个概念，即安全边际。所谓安全边际，是指正常销售量或者现有销售量超过盈亏临界点销售量的差额。这一差额表明企业的销售量在超越了保本点的销售量之后，到底有多大的盈利空间；或者说，现有的销售量降低多少，就会发生亏损。安全边际可以用实物量表示，也可以用金额表示。

安全边际销售量=现有或预计销售量-盈亏临界点销售量

安全边际销售额=现有或预计销售额-盈亏临界点销售额

盈亏临界点状态意味着该点销售量下的贡献毛益刚好全部被固定成本所抵销，只有当销售量超过盈亏临界点销售量，其超出部分即安全边际所提供的贡献毛益才能形成企业的利润。显然，超出部分越大，企业实现的利润也就越多，经营也就越安全。

安全边际还可以用相对数来表示，即安全边际率：

$$安全边际率 = \frac{安全边际销售量}{现有销售量或预计销售量} \times 100\%$$

或：

$$安全边际率 = \frac{安全边际销售额}{现有销售额或预计销售额} \times 100\%$$

安全边际率和盈亏临界点作业率存在以下关系：

安全边际率=1-盈亏临界点作业率

例3-3 设企业盈亏临界点的销售量为2 500件，预计正常销售量为4 000件，销售单价为50元。

要求：计算该企业的安全边际和安全边际率。

安全边际销售量=4 000-2 500=1 500（件）

或： 安全边际销售额=4 000×50-2 500×50=75 000（元）

$$安全边际率 = \frac{1\ 500}{4\ 000} \times 100\% = 37.5\%$$

或：

$$安全边际率 = \frac{75\ 000}{4\ 000 \times 50} \times 100\% = 37.5\%$$

计算结果说明：销售量减少超过37.5%，该企业将出现亏损。

那么安全边际率为37.5%是否安全呢？按国际惯例，安全边际率可用于经营安全性的测试：

0～10%	非常危险
10%～20%	危险
20%～30%	值得注意

| 30%～40% | 安全 |
| >40% | 非常安全 |

由于该产品安全边际率为37.5%，因而从经营角度讲是安全的。

如前所述，只有安全边际才能为企业提供利润，而盈亏临界点的销售量只能为企业收回固定成本，所以企业利润的金额可以借助安全边际这一概念计算得出，即

$$利润=安全边际销售数量×单位产品贡献毛益$$

或：$$利润=安全边际销售数量×销售单价×\frac{单位产品贡献毛益}{销售单价}×100\%$$

$$=安全边际销售收入×贡献毛益率$$

将上式的左右两边均除以产品销售收入，则有：

$$销售利润率=安全边际率×贡献毛益率$$

安全边际概念和上述有关计算公式在以后的预测和决策分析中有着广泛的应用。

3.2.4 相关因素变动对盈亏临界点的影响

当我们将成本、业务量、销售单价之间的关系反映在平面直角坐标系中，就形成了盈亏临界图。

例3-4 设某企业生产和销售单一产品，销售单价为60元，正常销售量为3 000件，固定成本总额为50 000元，单位变动成本为35元。于是，该企业的盈亏临界图如图3-1所示。

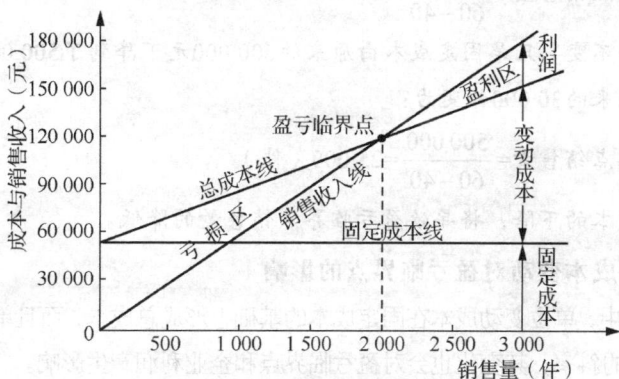

图 3-1 盈亏临界图

从图3-1中看出，固定成本、单位变动成本、销售单价和销售量这几个因素，直接决定了盈亏临界点和企业利润的高低，并且直观、形象而又动态地反映了这些因素之间的关系。例如，超过盈亏临界点的销售量，在销售单价高于单位变动成本的条件下，在图3-1中的区域为盈利区，表示企业的固定成本可以获得补偿，从而获得利润。

在计算盈亏临界点时，我们曾假设固定成本、单位变动成本、销售价格以及产品品种构成等因素不变。而事实上，上述因素在企业经营过程中是经常变动的，并由此引起盈亏临界点的升降变动。下面分别对各个因素变动如何引起盈亏临界点变动的进行具体说明。

1. 固定成本变动对盈亏临界点的影响

在盈亏临界图（见图 3-1）中，固定成本是总成本线的起点，在单位变动成本即总成本线的斜率不变的情况下，固定成本的高低就直接决定了总成本线，其变化当然会对盈亏临界点和企业利润产生影响。

从图 3-2 中可以看出，由于固定成本的下降，导致总成本线的下移和盈亏临界点的左移，亏损区域变小而盈利区域扩大；相反，如果固定成本提高，则盈亏临界点销售量提高，盈利区域缩小。

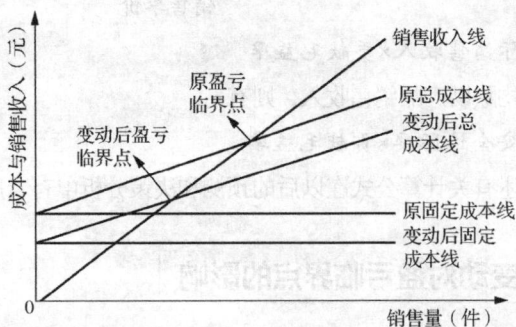

图 3-2　固定成本变动的盈亏临界图

这一点，也可以通过计算加以验证。

例3-5　设某企业生产和销售单一产品，产品的售价为60元，单位变动成本为40元，全年固定成本为600 000元，则有：

$$盈亏临界点销售量=\frac{600\ 000}{60-40}=30\ 000（件）$$

假定其他条件不变，只是固定成本由原来的600 000元下降到了500 000元，则盈亏临界点的销售量由原来的30 000件变为：

$$盈亏临界点销售量=\frac{500\ 000}{60-40}=25\ 000（件）$$

可见，固定成本的下降，将导致盈亏临界点销售量的降低。

2. 单位变动成本变动对盈亏临界点的影响

在盈亏临界图中，单位变动成本在固定成本的基础上形成总成本，而且单位变动成本的高低决定了总成本线的斜率，其变化也会对盈亏临界点和企业利润产生影响。

从图 3-3 中可以看出，单位变动成本的下降，导致总成本线的斜率减小，盈亏临界点左移，同样亏损区域减小而利润区域扩大。反之，如果变动成本提高，则盈亏临界点提高，利润区域缩小。

如果【例3-5】中的其他条件不变，只是单位变动成本由原来的40元下降到了35元，则盈亏临界点销售量由原来的30 000件变为：

$$盈亏临界点销售量=\frac{600\ 000}{60-35}=24\ 000（件）$$

单位变动成本的下降，将导致盈亏临界点销售量降低，从而降低亏损风险，增加利润。

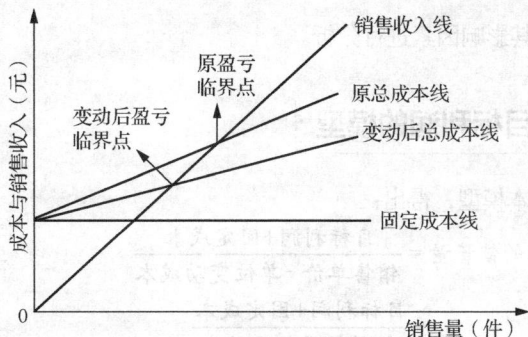

图 3-3 单位变动成本变动的盈亏临界图

3. 销售价格变动对盈亏临界点的影响

产品销售价格的变动对盈亏临界点的影响最为直接和明显。在一定的成本水平下，单位产品的销售价格越高，则盈亏临界点越小，在同样销售量的情况下实现的利润也就越高；反之，销售价格降低，则盈亏临界点提高，利润区域变小。产品销售价格变动对盈亏临界点的影响如图 3-4 所示。产品销售价格的提高在图 3-4 中表现为销售收入线的斜率变大，从而导致盈亏临界点左移，由 V_1 至 V_2 这一段也由原来的亏损区域变成了盈利区域。

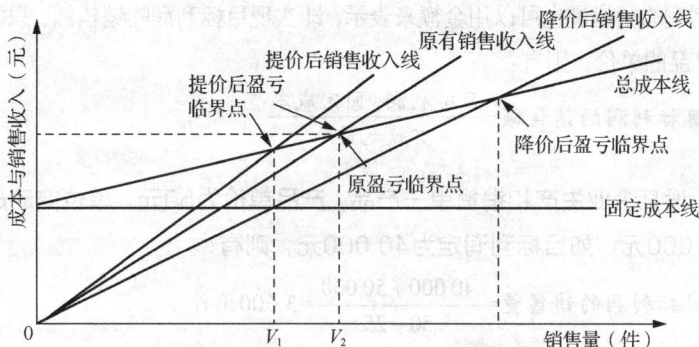

图 3-4 不同销售价格变动时的盈亏临界图

如果【例 3-5】中的其他条件不变，而销售价格由原来的 60 元提高到 70 元，则盈亏临界点销售量由原来的 30 000 件变为：

$$盈亏临界点销售量 = \frac{600\,000}{70-40} = 20\,000（件）$$

4. 产品品种构成变动对盈亏临界点的影响

企业生产和销售多种产品，各种产品的获利能力会存在差异，有时差异还比较大。当产品品种构成发生变化时，盈亏临界点的临界值势必发生变化。假定其他条件不变，盈亏临界点变动的幅度大小取决于以各种产品的销售收入比例为权数的加权平均贡献毛益率的变化情况。如果增加高贡献毛益率产品的销售比重，而低贡献毛益率产品销售量不变或降低，则企业加权平均贡献毛益率就提高，从而使盈亏临界点降低，进而增加利润。

3.3 实现目标利润分析

实现目标利润分析是盈亏临界点分析的延伸和拓展。借助本一量一利分析基本模型，可以对企业目标利润实现及其影响因素进行分析。

3.3.1 实现税前目标利润的模型

根据本—量—利基本模型，得出：

$$\text{实现目标利润的销售量} = \frac{\text{目标利润} + \text{固定成本}}{\text{销售单价} - \text{单位变动成本}}$$

$$= \frac{\text{目标利润} + \text{固定成本}}{\text{单位贡献毛益}}$$

设：P_t 为目标利润；

V_t 为实现目标利润的销售量。

则有：$P_t = V_t (SP - VC) - FC$

$$V_t = \frac{P_t + FC}{SP - VC}$$

上述模型表明，企业产品销售达到盈亏临界点，补偿了固定成本后，需要怎样的销售量才能实现目标利润。

实现目标利润的销售量也可以用金额来表示，即实现目标利润的销售额，只需将上式的等号左右都乘以产品的单价，则有：

$$\text{实现目标利润的销售额} = \frac{\text{目标利润} + \text{固定成本}}{\text{贡献毛益率}}$$

例3-6 设某企业生产和销售单一产品，产品单价为50元，单位变动成本为25元，固定成本为50 000元。如目标利润定为40 000元，则有：

$$\text{实现目标利润的销售量} = \frac{40\,000 + 50\,000}{50 - 25} = 3\,600\,（件）$$

$$\text{实现目标利润的销售额} = \frac{40\,000 + 50\,000}{50\%} = 180\,000\,（元）$$

3.3.2 实现税后目标利润的模型

所得税费用对于实现了利润的企业来说，是一项必然的支出，所以，从税后利润的角度进行目标利润的分析与预测，对企业而言或许更为适用。税后利润与税前利润的关系可以用下列公式表示：

$$\text{税后利润} = \text{税前利润} \times （1 - \text{所得税税率}）$$

$$\text{税前利润} = \frac{\text{税后利润}}{1 - \text{所得税税率}}$$

则：

$$\text{实现目标利润的销售量} = \frac{\dfrac{\text{税后目标利润}}{1 - \text{所得税税率}} + \text{固定成本}}{\text{单位产品贡献毛益}}$$

或：

$$\text{实现目标利润的销售额} = \frac{\dfrac{\text{税后目标利润}}{1 - \text{所得税税率}} + \text{固定成本}}{\text{贡献毛益率}}$$

假定在【例3-6】中，其他条件不变，税后目标利润为37 500元，所得税税率为25%，则有：

$$实现目标利润的销售量=\frac{\dfrac{37\,500}{1-25\%}+50\,000}{25}=4\,000（件）$$

$$实现目标利润的销售额=\frac{\dfrac{37\,500}{1-25\%}+50\,000}{50\%}=200\,000（元）$$

所得税费用是企业的一项特殊支出，这项支出在企业处于亏损状态时不会发生，而当销售量超过盈亏临界点时，该项支出随利润的变动而变动，或者说随超盈亏临界点销售量的变动而变动，其计算公式为：

所得税=利润×所得税税率

=超盈亏临界点销售量（或安全边际）×单位产品贡献毛益×所得税税率

3.3.3 单一因素变动对实现目标利润的影响

实现目标利润的模型是盈亏临界点模型的拓展与延伸。导致盈亏临界点变化的各个因素都可能对实现目标利润产生影响。

例3-7 设某企业生产和销售单一产品。该企业计划年度内全年固定成本预计为50 000元。该产品单价为50元，单位变动成本为25元。

请问：（1）如果全年预计销售产品3 600件，则计划年度的目标利润是多少？（2）如果计划年度的目标利润为40 000元，则实现目标利润的销售量是多少？

根据所给资料，计算如下。

（1）计划年度的目标利润为：

3 600×（50-25）-50 000=40 000（元）

（2）实现目标利润的销售量为：

$$\frac{40\,000+50\,000}{50-25}=3\,600（件）$$

下面进一步讨论在其他因素不变时，某一因素的变动对实现目标利润的影响。

（1）固定成本变动对实现目标利润的影响。如果其他条件既定，则固定成本与目标利润之间是此消彼长的关系。固定成本降低，则预计实现的利润增大，或者使实现原定目标利润的销售量降低。

假定【例3-7】中的其他条件不变，只是固定成本总额降低了10 000元。则有：

预计实现的利润=3 600×（50-25）-40 000=50 000（元）

$$实现目标利润的销售量=\frac{30\,000+50\,000}{50-25}=3\,200（件）$$

固定成本减少了10 000元，预计实现的目标超过原定目标利润10 000元；实现原定目标利润的销量降低了400件。

（2）单位变动成本变动对实现目标利润的影响。

设【例3-7】中的其他条件不变，只是单位变动成本由25元降为20元。则有：

预计实现的利润=3 600×（50-20）-50 000=58 000（元）

$$实现原定目标利润的销售量=\frac{40\,000+50\,000}{50-25}=3\,000（件）$$

变动成本降低了，预计实现利润比原定目标多 18 000 元，实现原定目标利润的销售量降低了 600 件。

（3）单位售价变动对实现目标利润的影响。设【例 3-7】中的产品单价由 50 元下降到 45 元，其他条件不变。则有：

$$预计可实现的利润=3\,600×（45-25）-50\,000=22\,000（元）$$

$$实现原定目标利润的销售量=\frac{40\,000+50\,000}{45-25}=4\,500（件）$$

销售价格的降低，使预计实现的利润比目标利润减少 18 000 元，说明不能实现原定目标利润；实现原定目标利润的销售量变为 4 500 件，超过预计的 3 600 件，如果实际销售量不能达到 4 500 件，则目标利润无法实现。

3.3.4 多种因素同时变动对实现目标利润的影响

在现实经济生活中，除了所得税税率这一因素外，上述影响利润的诸因素之间存在着或强或弱的关联性。例如，为了提高产品的产量，往往需要增加生产设备，这就会使折旧费用这项固定成本增加；为了使产品顺利地销售出去，可能会增加广告费这项固定成本。企业可能采取降低固定成本、单位变动成本，同时提高单价的综合措施以实现目标利润。多种因素的同时变动，就需要运用本—量—利模型对目标利润的实现进行反复测算。下面举例说明。

例3-8 设某企业生产和销售单一产品。计划年度的目标利润定为40 000元。计划年度销售产品3 000件，产品单价50元，单位变动成本25元，固定成本50 000元。根据这些资料，可得下列信息。

$$现有销量预计实现的利润=3\,000×（50-25）-50\,000=25\,000（元）$$

如其他条件均可保持不变，则：

$$实现目标利润的销售量=\frac{40\,000+50\,000}{50-25}=3\,600（件）$$

但是，根据企业相关部门的预测，产量、销售价格和成本在计划年度都有变化，为此，需要依据本—量—利模型进行反复测算，以求实现目标利润。我们假设企业采取了以下步骤。

（1）经生产部门分析研究，企业的生产能力最高也只能达到 3 500 件。为确保这些产品能顺利销售出去，销售部门提出销售价格至少应下降 4%。在上述条件下，计划年度的可实现利润为：

$$3\,500×[50×（1-4\%）-25]-50\,000=30\,500（元）$$

由此增加利润 5 500（30 500-25 000）元，方案可取。但是，尚不能实现目标利润，差额为 9 500（40 000-30 500）元。

（2）采取降低成本措施。首先考虑降低单位变动成本。

根据本—量—利基本模型，可得实现目标利润的单位变动成本为：

$$单位变动成本=\frac{单价\times销售量-固定成本-利润}{销售量}$$

$$=\frac{48\times3\ 500-50\ 000-40\ 000}{3\ 500}$$

$$=22.29（元/件）$$

也就是说，如果单位变动成本能从25元降至22.29元，则目标利润可以实现。

如果生产部门认为通过降低直接材料、直接人工和其他直接成本，单位变动成本可以降至22.29元，则实现目标利润的分析也就可以到此为止了。

（3）生产部门经过分析研究，认为单位变动成本最低只能降至23元。此时，就要在降低固定成本方面进行分析研究。

首先，根据本—量—利基本模型，计算在上述条件下，可使目标利润实现的固定成本总额。

$$固定成本=销售量\times单位贡献毛益-目标利润$$

$$=3\ 500\times[50\times（1-4\%）-23]-40\ 000$$

$$=47\ 500（元）$$

也就是说，在产销量增至3 500件、降价4%和单位变动成本降至23元的同时，固定成本尚需压缩2 500（50 000-47 500）元，目标利润才可以实现。

需要说明的是，上述分析不是唯一的顺序。企业应该结合自身的情况，从对实现目标利润影响较大的因素开始，由大到小顺序分析，而且这种分析往往要反复进行。此外，还需考虑产品品种构成变动对实现目标利润的影响问题。

3.3.5 敏感性分析

本—量—利关系中的敏感性分析，主要是研究销售单价、单位变动成本、固定成本和销售量这些因素变动对盈亏临界点和目标利润的影响程度。具体有以下两个方面。一是分析由盈利转为亏损时各因素变化的临界值，也就是计算出达到盈亏临界点的销售量、销售单价的最小允许值以及单位变动成本和固定成本的最大允许值。这种方法也称为最大最小法。二是分析利润的敏感性，也就是分析销售量、销售单价、单位变动成本和固定成本各因素变化对利润的影响程度。在这些因素中，有的因素发生微小的变化就会导致利润发生很大的变化，说明利润对该因素很敏感，该因素被称为敏感因素；而有的因素尽管发生的变化很大，但引起的利润变化却不大，说明利润对该因素不敏感，该因素被称为不敏感因素。

1. 有关因素临界值的确定

确定某一相关因素临界值时，通常假定其他因素不变，在此条件下，根据实现目标利润的模型$P=V\times(SP-VC)-FC$可以推导出当P为零时，求取该因素的临界值（最大值或最小值）的有关公式。

销售量的临界值（最小值）：$V=\dfrac{FC}{SP-VC}$

单价的临界值（最小值）：$SP=\dfrac{FC}{V}+VC$

单位变动成本的临界值（最大值）：$VC=SP-\dfrac{FC}{V}$

固定成本的临界值（最大值）：$FC=V\times(SP-VC)$

下面举例说明这些公式的具体应用。

例3-9 设某企业生产和销售单一产品。计划年度内预计有关数据如下：销售量为5 000件，单价为50元，单位变动成本为20元，固定成本为60 000元。目标利润为：

$$P=5\ 000\times（50-20）-60\ 000=90\ 000（元）$$

（1）销售量的临界值（最小值）

$$V=\frac{FC}{SP-VC}=\frac{60\ 000}{50-20}=2\ 000（件）$$

产品销量的最小允许值为2 000件，再低则会发生亏损。

（2）单价的临界值（最小值）

$$SP=\frac{FC}{V}+VC=\frac{60\ 000}{5\ 000}+20=32（元）$$

产品的单价不能低于32元这个最小值，否则便会发生亏损。

（3）单位变动成本的临界值（最大值）

$$VC=SP-\frac{FC}{V}=50-\frac{60\ 000}{5\ 000}=38（元）$$

这意味着，当单位变动成本由20元上升到38元时，企业的利润将由90 000元变为零。38元为企业所能承受的单位变动成本的最大值。

（4）固定成本的临界值（最大值）

$$FC=V\times（SP-VC）=5000\times（50-20）$$
$$=150\ 000（元）$$

固定成本的临界值也可以直接将原固定成本与目标利润相加而得到：

$$FC=60\ 000+90\ 000=150\ 000（元）$$

当固定成本增加到150 000元，即增加150%时，固定成本将目标利润简单"吃掉"，利润为零；固定成本超过这个金额则企业亏损。

2. 有关因素变化对利润变化的影响程度

企业的决策人员需要知道利润对哪些因素的变化比较敏感，对哪些因素的变化不太敏感，以便分清主次，抓住重点，确保目标利润的实现。

反映敏感程度的指标称为敏感系数，其计算公式为：

$$敏感系数=\frac{目标值变动百分比}{因素值变动百分比}$$

敏感系数为正值，表示该因素与利润为同向增减关系；敏感系数为负值，表示该因素与利润为反向增减关系。在进行敏感程度分析时，敏感系数是正值或负值无关紧要，关键是数值的大小，数值越大则敏感程度越高。

例3-10 设【例3-9】中的销售量、单价、单位变动成本和固定成本均分别增长20%，计算各因素的敏感系数。

（1）销售量的敏感系数。销售量增长20%，则有：

$$V=5\ 000\times（1+20\%）=6\ 000（件）$$

$$P=6\ 000\times（50-20）-60\ 000=120\ 000（元）$$

$$利润变化百分比=\frac{120\ 000-90\ 000}{90\ 000}\times100\%\approx33.33\%$$

$$销售量的敏感系数=\frac{33.33\%}{20\%}=1.67$$

（2）单价的敏感系数。单价增长20%，则有：

$$SP=50\times（1+20\%）=60（元）$$

$$P=5\ 000\times（60-20）-60\ 000=140\ 000（元）$$

$$利润变化百分比=\frac{140\ 000-90\ 000}{90\ 000}\times100\%\approx55.56\%$$

$$单价的敏感系数=\frac{55.56\%}{20\%}=2.78$$

（3）单位变动成本的敏感系数。单位变动成本增长20%，则有：

$$VC=20\times（1+20\%）=24（元）$$

$$P=5\ 000\times（50-24）-60\ 000=70\ 000（元）$$

$$利润变化百分比=\frac{70\ 000-90\ 000}{90\ 000}\times100\%\approx-22.22\%$$

$$单位变动成本的敏感系数=\frac{-22.22\%}{20\%}=-1.11$$

（4）固定成本的敏感系数。固定成本增长20%，则有：

$$FC=60\ 000\times（1+20\%）=72\ 000（元）$$

$$P=5\ 000\times（50-20）-72\ 000=78\ 000（元）$$

$$利润变化百分比=\frac{78\ 000-90\ 000}{90\ 000}\times100\%\approx-13.33\%$$

$$固定成本的敏感系数=\frac{-13.33\%}{20\%}=-0.67$$

从上面的计算可以看出，在影响利润的诸因素中，最敏感的是单价，敏感系数2.78，意味着利润将以2.78的速率随单价的变化而变化；其次是销售量，敏感系数1.67；再次是单位变动成本，敏感系数-1.11；最后是固定成本，敏感系数-0.67。

必须说明的是，上述各因素敏感系数的排序是在【例3-10】所设定的条件的基础上得到的，如果条件发生了变化，则各因素敏感系数之间的排列顺序也可能发生变化。

敏感系数提供了利润对有关因素变动而变动的敏感程度，但不能直接反映变动后的利润值。为弥补这种不足，也为了有关决策人员能更直观地了解有关因素的敏感程度，可以编制有关因素变动的敏感分析表，以列示各个因素在一定变动率下的利润值。以下举一简例说明该表的编制。

例3-11 设某企业计划年度的销售量为5 000件，单价为50元，单位变动成本为25元，固定成本为50 000元。则目标利润为：

$$P=V\times（SP-VC）-FC$$

$$=5\ 000\times（50-25）-50\ 000=75\ 000（元）$$

如以各个因素10%的变动幅度为间隔、以30%为限，则有关因素变动的敏感分析表的编制如表3-1所示。例如，销售量降低30%，企业利润降低到37 500元；单价降低30%，利润为0。

表 3-1　　　　　　　　　　　　有关因素变动的敏感分析表　　　　　　　　　　　单位：元

利润因素	因素变动率 -30%	-20%	-10%	0	10%	20%	30%
销售量	37 500	50 000	62 500	75 000	87 500	100 000	112 500
单价	0	25 000	50 000	75 000	100 000	125 000	150 000
单位变动成本	112 500	100 000	87 500	75 000	62 500	50 000	37 500
固定成本	90 000	85 000	80 000	75 000	70 000	65 000	60 000

3.4　本—量—利分析的扩展

当出现收入、成本与业务量之间为不完全线性关系、非线性关系，有关因素在未来期间的状况不能确定等复杂情况时，如何运用本—量—利分析的基本原理和方法分析计算盈亏临界点、确定目标利润等问题，正是本节要讲述的内容。

3.4.1　不完全线性关系下的本—量—利分析

当本—量—利分析中的诸因素表现为完全线性关系时，在坐标图中，收入线和总成本线均呈现为直线，两条直线的交点就是盈亏临界点，亏损区域与盈利区域也在此点分开。但是，如果上述因素表现为不完全的线性关系，那么情况就复杂了，收入线和总成本线就会表现为一条折线，两条折线的交点可能不止一个，即出现多个盈亏临界点，从而亏损区域与盈利区域也可能不止一个，区域界限也会变得模糊。在这种复杂情况下，如何进行本—量—利分析？分析的基本思路是：将收入与业务量、成本与业务量之间在整个业务量范围内呈现的不完全线性关系，通过划分区间、缩小范围的方式，使上述关系在新划分的各个区间内呈现为完全的线性关系，然后，以各个区间为相关范围，建立一个完全线性的本—量—利分析模型，进而进行盈亏临界点和实现目标利润的分析。下面举例说明。

例3-12　东海公司生产和销售单一产品，产销可以做到基本平衡。计划年度相关生产、销售的数据如表3-2所示。

表 3-2　　　　　　　　　　　　计划年度相关生产、销售的数据

生产能力利用率（％）	销售量（件）	单价（元）	销售收入（元）	单位变动成本（元）	变动成本总额（元）	固定成本（元）	总成本（元）
0	0	0	0	0	0	20 000	20 000
10	20	700	14 000	500	10 000	20 000	30 000
20	40	700	28 000	500	20 000	20 000	40 000
30	60	700	42 000	500	30 000	20 000	50 000
40	80	700	56 000	430	34 400	20 000	54 400
↘50	100	700	70 000	410	41 000	20 000	61 000
50↗	100	700	70 000	410	41 000	40 000	81 000
60	120	700	84 000	390	46 800	40 000	86 800

生产能力利用率（%）	销售量（件）	单价（元）	销售收入（元）	单位变动成本（元）	变动成本总额（元）	固定成本（元）	总成本（元）
70	140	700	98 000	380	53 200	40 000	93 200
80	160	700	112 000	360	57 600	40 000	97 600
90	180	700	126 000	360	64 800	40 000	104 800
100	200	650	130 000	350	70 000	40 000	110 000
110	220	650	143 000	430	94 600	40 000	134 600

显然，上述诸因素之间并非完全线性关系，下面通过盈亏临界图来描述这种关系。图3-5中的x轴表示生产能力利用率，y轴表示收入和成本，将各有关数据标入直角坐标系中。

从图3-5中可以看出，固定成本线、变动成本线、收入线以及总成本线都是折线，并且在图中呈现各自的特征。

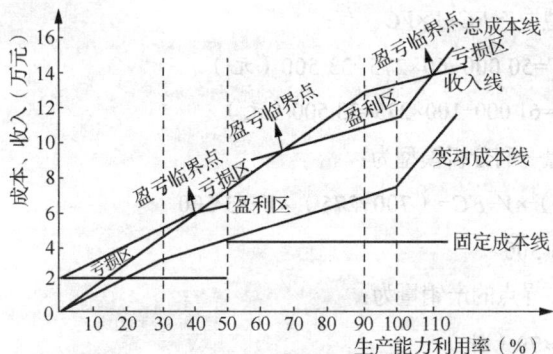

图3-5 产量、收入、成本之间的非完全线性关系

固定成本线的特征：当企业生产能力的利用率达到50%时，它从原来的20 000元跳跃式地增加到了40 000元。

变动成本线的特征：在企业生产能力利用率分别达到30%和100%时，变动成本线发生了较大的转折。单位变动成本发生变化通常有这样一个规律：产量很低时，由于难以获取采购环节和生产环节的批量效益，所以单位变动成本较高；随着产量的逐步提高，批量效益开始显现并不断提高，单位变动成本也逐渐降低，而在产量超出合理的界限后，各种不经济的因素会出现，单位变动成本会增加，而且增加的幅度可能还比较大。

收入线的特征：在企业生产能力利用率达到90%以前，收入线为一条直线，即单位销售价格一直可以保持在700元。在达到90%以后，收入线发生了转折。通常，在不考虑产品质量、性能发生变化的情况下，提高销量有两个途径可以选择：降低价格或增加广告支出。本例中，收入线的转折可能就是降价所致。

图3-5显示，以各条线的转折点作为起点的四条虚线，将企业生产能力利用率的整个范围划分为五个大小不等的区间。每一区间内的收入线及各条成本线，要么是一条直线，要么是一条近似的直线，基本符合本一量一利分析的基本假设。这样一来，就可以通过在每一个区间建立一个完全线性关系下的本一量一利数学模型来进行分析。

以下根据图3-5划分的区间和表3-2的数据，对上述五个区间分别进行本一量一利分析。

1. 生产能力利用率在 30% 以下的区间

在该区间内，收入、成本与产销量之间呈现完全线性关系。其中，SP=700 元，VC=500 元/件，FC=20 000 元，其本—量—利分析模型为：

$$P=(SP-VC)\times V-FC$$
$$=200\times V-20\ 000$$

由于在该区间 V 的值最大为 60 件而小于 100 件，因此该区间全部为亏损区。

2. 生产能力利用率在 30%～50% 的区间

该区间内，SP 仍为 700 元，收入与产销量之间呈完全线性关系，图中的收入线仍为一条直线。而成本与产销量之间已不再是完全线性关系，成本线只能近似地描述为一条直线，其总成本可以视为混合成本。我们运用高低点法对其进行分解。根据表 3-2 中的数据，在该区间内，高点成本为 61 000 元，对应的产销量为 100 件；低点成本为 50 000 元，对应的产销量为 60 件。则有：

$$VC=\frac{61\,000-50\,000}{100-60}=275（元/件）$$

根据混合成本模型：$Y=FC+V\times VC$，有：

$$FC=Y-V\times VC=50\ 000-60\times275=33\ 500（元）$$

或：　$$FC=Y-V\times VC=61\ 000-100\times275=33\ 500（元）$$

则该区间的本—量—利分析模型为：

$$P=(SP-VC)\times V-FC=(700-275)\times V-33\ 500$$
$$=425\times V-33\ 500$$

令 $P=0$，则盈亏临界点的产销量为：

$$V=\frac{33\,500}{425}\approx79（件）$$

也就是说，当企业生产利用率接近 40%（对应的产量是 80 件）时，会第一次出现不盈不亏的状态。

3. 生产能力利用率在 50%～90% 的区间

该区间的 SP 值仍为 700 元，收入线仍为直线，而固定成本从 20 000 元跳升到 40 000 元，成本与产销量之间也不是完全线性关系，但可以近似地认为是一种完全线性关系。仍以高低点法确定 VC 和 FC。

$$VC=\frac{104\,800-81\,000}{180-100}=297.50（元/件）$$

$$FC=104\ 800-180\times297.50=51\ 250（元）$$

该区间的本—量—利分析模型为：

$$P=(SP-VC)\times V-FC=(700-297.50)\times V-51\ 250$$
$$=402.50\times V-51\ 250$$

令 $P=0$，则盈亏临界点的产销量为：

$$V=\frac{51\,250}{402.50}=127（件）$$

这就是说，当生产能力利用率略高于 60%，对应的产销量是 127 件时，企业会第二次出现不盈不亏状态。而当生产能力利用率为 90% 时，企业预计可实现利润 21 200（180×402.50-

51 250）元。

4. 生产能力利用率在 90%～100%的区间

该区间内的收入线在生产能力利用率达到 90%时发生转折，斜率降低，原因是单价下降。表 3-2 中数据显示，单价 700 元降低到 650 元，因此，该区间收入线的延长线不再通过坐标原点。

该区间收入线模型可以通过高低点法来建立。根据表 3-2 中的数据，销售收入高点为 130 000 元，对应的产销量为 200 件，销售收入低点为 126 000 元，对应的产销量为 180 件。

设收入线 $TR=a+bV$，则有

$$b=\frac{130\,000-126\,000}{200-180}=200$$

代入高点数据，得出：

$$a=130\,000-200\times200=90\,000$$

则该区间收入线模型为：

$$TR=90\,000+200V$$

在该区间，固定成本 FC 不变，但是，变动成本 VC 由 360 元降低到 350 元，因此，该区间的总成本是一项混合成本。依据表 3-2 中的数据，运用高低点法分解如下：

$$VC=\frac{110\,000-104\,800}{200-180}=260（元/件）$$

$$FC=110\,000-200\times260=58\,000（元）$$

则该区间的本—量—利分析模型为：

$$\begin{aligned}P&=TR-V\times VC-FC\\&=900\,00+200V-260V-58\,000\\&=32\,000-60V\end{aligned}$$

由于 V 的最大值为 200 件，因而该区间无盈亏临界点，即全部为盈利区。假定 $V=190$ 件，即生产能力利用率为 95%，则预计可实现利润为：

$$P=32\,000-60\times190=20\,600（元）$$

5. 生产能力利用率在 100%以上的区间

该区间内的产销量在 200 件以上，即生产能力利用率在 100%以上时，销售价格可以维持在 650 元，则该区间内的收入线模型为：

$$TR=650V$$

该区间内，固定成本不变，但是，变动成本发生变动，由 350 元提高到 430 元，因此，该区间内的总成本是一项混合成本，运用高低点法分解如下：

$$VC=\frac{134\,600-110\,000}{220-200}=1\,230（元/件）$$

$$FC=134\,600-220\times1\,230=-136\,000（元）$$

该区间本—量—利分析的模型为：

$$\begin{aligned}P&=TR-V\times VC-FC\\&=650V-1\,230V-（-136\,000）\\&=-580V+136\,000\end{aligned}$$

上式中，V 的系数为负值，表明在该区间内，由于企业各项经济资源的效率降低甚至恶化，产销量的增加反而会导致利润的下降或者亏损的加大。

该区间的盈亏临界点产销量为：

$$V = \frac{136\,000}{580} = 234 \text{（件）}$$

这表明当企业的产销量达到大约 234 件时，即生产能力利用率达到约 117% 时，企业将再次出现不盈不亏的状态。此时，人工费、设备维修费等会大幅度升高，设备也会高度磨损，此时的盈亏临界点分析也会变得毫无意义。

通过举例可以看出，不完全线性关系下的本—量—利分析就是将一个复杂的问题分解成若干个较为简单的问题，并以简单的方法进行本—量—利分析。

3.4.2 不确定状况下的本—量—利分析

我们知道，销售价格、销售数量、单位变动成本和固定成本等因素直接影响着利润的高低。这些因素的变动必然引起利润的变动。如果这些因素的未来变动情况可以确定，如销售价格由现在的多少元提高或降低到多少元，单位变动成本将来会提高或降低到多少元等，那么，利润由此增加或减少的数值也就可以确定了。但在实际经济生活中，销售价格、销售数量、单位变动成本和固定成本因素的未来变动情况受多种因素的影响，对它们未来变动情况只能粗略的估计，也就是只能估计它们的变动范围，以及有关数值在这个范围内出现的可能性（概率）。这样，对利润变动的预测值必将有多种可能。此时进行的本—量—利分析就被称为不确定情况下的本—量—利分析。

不确定情况下的本—量—利分析的基本原理是，首先要确定影响利润的各因素的各种可能值，然后计算各因素可能值的每一种组合下的盈亏临界点或目标利润。最后，再以各种组合下的组合概率为权数计算盈亏临界点或目标利润的组合期望值，最终计算出各期望值的合计数，也就是盈亏临界点或目标利润的预测值。

以下分别举例说明不确定状况下的盈亏临界点分析和目标利润预测。

1. 不确定状况下的盈亏临界点分析

例3-13 某企业只生产和销售一种产品。经过对影响售价、单位变动成本和固定成本的各因素的考察分析，估计出未来年度销售单价、单位变动成本和固定成本的数值和相应的概率，如表3-3所示。

表 3-3 基础数据表

销售单价		单位变动成本		固定成本	
估计值（元）	概率	估计值（元）	概率	估计值（元）	概率
200	0.7	120	0.8	40 000	0.9
190	0.3	118	0.2	45 000	0.1

根据该表资料，可以预测出盈亏临界点，相关数据如表3-4所示。

表 3-4   不确定状况下的盈亏临界点预测

销售单价（元）(1)	单位变动成本（元）(2)	固定成本（元）(3)	组合 (4)	盈亏临界点（件）(5)	组合概率 P (6)	期望值（件）(7)=(5)×(6)
200 $P=0.7$	120 $P=0.8$	40 000 $P=0.9$	1	500	0.504	252
		45 000 $P=0.1$	2	563	0.056	32
	118 $P=0.2$	40 000 $P=0.9$	3	488	0.126	61
		45 000 $P=0.1$	4	549	0.014	8
190 $P=0.3$	120 $P=0.8$	40 000 $P=0.9$	5	571	0.216	123
		45 000 $P=0.1$	6	643	0.024	15
	118 $P=0.2$	40 000 $P=0.9$	7	556	0.054	30
		45 000 $P=0.1$	8	625	0.006	4
预计盈亏临界点销售量						525

从表3-4可以看出，单价、单位变动成本和固定成本三个因素都有两种可能出现的结果，这样，盈亏临界点就组合成8种可能出现的结果。

以每一组合的盈亏临界点乘以与这种结果相对应的组合概率，就可以得到该组合下的期望值。下面以组合1为例，说明具体计算过程。

组合1的盈亏临界点产销量=40 000÷（200-120）=500（件）

组合1的组合概率=0.7×0.8×0.9=0.504

组合1的期望值=500×0.504=252（件）

其他组合的计算过程同上。8种组合下期望值的合计数就是盈亏临界点的销售量的预测数525件。

可见，在预测未来的盈亏临界点时，如果能把影响盈亏临界点的各因素未来可能发生的各种结果都考虑进去，则预测值将会更加接近客观实际。

2. 不确定状况下的利润预测

例3-14 假定某企业未来年度的产品产销量可以保证达到20 000件（即概率 $P=1$），其他因素的估计值及相应的概率、未来年度的利润预测过程如表3-5所示。

表3-5 不确定状况下的利润预测过程

销售量（件）	单价（元/件）	单位变动成本（元/件）	固定成本（元）	组合	利润（元）	组合概率P	期望值（元）
①	②	③	④	⑤	⑥=①×（②－③）－④	⑦=①×②×③×④	⑧=⑥×⑦
20 000 P=1	15 P=0.5	10 P=0.7	50 000 P=0.7	1	50 000	0.392	19 600
			60 000 P=0.3	2	40 000	0.168	6 720
		9.5 P=0.2	50 000 P=0.7	3	60 000	0.112	6 720
			60 000 P=0.3	4	50 000	0.048	2 400
		9 P=0.1	50 000 P=0.7	5	70 000	0.056	3 920
			60 000 P=0.3	6	60 000	0.024	1 440
	14 P=0.2	10 P=0.7	50 000 P=0.7	7	30 000	0.098	2 940
			60 000 P=0.3	8	20 000	0.042	840
		9.5 P=0.2	50 000 P=0.7	9	40 000	0.028	1 120
			60 000 P=0.3	10	30 000	0.012	360
		9 P=0.1	50 000 P=0.7	11	50 000	0.014	700
			60 000 P=0.3	12	40 000	0.006	240
预期利润Σ							47 000

从表3-5中可以看出，在不确定状况下运用概率技术进行利润预测，其方法与前面预计盈亏临界点的做法基本相同，也是先计算每一种组合下的利润，再乘以相应的组合概率以计算期望值，各期望值的合计数就是预期利润。所不同的是增加了销售量这一因素（随机事件）。在本例中，销售量的概率定为1，如果销售量有多种可能性，就需要进行概率分析以分别确定各种销售量条件下的概率。此时，各种组合的数量会成倍放大，利润预测也会变得更加复杂，但基本做法仍如表3-5所示。

📁 思考题

1. 盈亏临界点分析在企业经营决策中有什么作用？试结合具体实例进行分析。

2. 什么是安全边际？在管理中有什么作用？

3. 固定成本、变动成本、销售单价、销售量的变化分别对利润的变化有什么影响？

4. 比较利润对有关因素的敏感程度是否一定按销售单价、变动成本、销售量、固定成本排列？为什么？

5. 敏感性分析在企业利润规划时是如何发挥作用的？请具体分析。

练习题

1. 某企业经营某产品，预计该产品单位售价为 21 元，单位变动成本 12.6 元，固定成本总额为 21 000 元。

要求：试计算盈亏平衡点。

2. 假定某企业 2015 年的固定成本总额为 6 600 元，同时生产 A、B、C 三种产品，其有关产销量、售价、单位变动成本资料及其相关指标的计算结果如表 3-6 所示。

要求：计算该企业当年度的综合保本销售额及各产品保本销售额、销售量。

表 3-6　　　　　　　　　　产品的相关数据

项目	A	B	C	合 计
产销量（件）	900	900	600	
售价（元/件）	20	10	5	
单位变动成本（元/件）	15	6	2	
单位贡献毛益（元/件）	5	4	3	
贡献毛益总额（元）	4 500	3 600	1 800	9 900
贡献毛益率	25%	40%	60%	
销售收入（元）	18 000	9 000	3 000	30 000
销售额比重	60%	30%	10%	

3. 假定某企业只经营一种甲产品，该产品售价为 30 元/件。单位变动成本为 18 元/件，固定成本总额为 19 200 元，预计计划期间产销该产品 4 000 件。要求：试计算该企业计划期间经营甲产品的安全边际、安全边际率、保本作业率及销售利润率，并评价企业经营安全程度。

4. 设某企业生产的某产品单位售价为 40 元，单位变动成本为 24 元，相关的固定成本为 16 000 元，预计下一年度的销售量将达到 3 000 件。该企业在计划期的目标利润为 30 000 元。

要求：

（1）计算实现目标利润的销售量和销售额。

（2）假定该企业适用的所得税税率为 25%，目标利润为税后 30 000 元，计算实现目标利润的销售量和销售额。

5. 设某产品售价为 10 元/件，单位变动成本为 6 元/件，相关固定成本为 4 000 元。

要求：

（1）计算贡献毛益率、盈亏临界点。

（2）目标利润分别为 4 000 元、6 000 元时的销售量（额）。

（3）利润为 4 000 元和 6 000 元时的安全边际、销售利润率。

6. 设某企业生产和销售单一产品，2017 年的有关数据如下：销售产品 6 000 件，产品单价 80 元，单位变动成本 40 元，固定成本 100 000 元。计划年度的目标利润定为 200 000 元。

要求：

（1）计算计划年度预期实现的利润。

（2）如果其他条件保持不变，实现目标利润的销售量（额）是多少？

（3）经生产部门分析研究，确认虽然尚有增加产品产量的权利，但生产能力最高也只能达到 7 200 件。同时销售部门也提出，为确保 7 200 件产品顺利销售出去，销售价格至少应下降 5%。请问：预期可实现的利润是多少？能否完成目标利润？

（4）请分析变动成本降低到何种程度可以实现目标利润。

（5）如果变动成本最低只能降低 10%，请问固定成本降低多少才能实现目标利润？

第4章

经营预测

⭐ 学习目标

1. 掌握经营预测的各种预测方法和适用条件，重点掌握成本预测的具体步骤。

2. 理解销售预测与成本预测、利润预测、资金需求量预测的关系，着重理解销售预测在经营预测中的作用。

📑 引导案例

春花童装厂以普通童装为主要产品，过去几年的销售量稳定增长。谁料该厂李厂长这几天来却在为产品滞销、资金周转停滞大伤脑筋。原来，年初该厂设计了一批新品种童装，男童的香槟衫、迎春衫，女童的飞燕衫、如意衫等，借鉴成人服装的镶、拼、滚、切等工艺，在色彩和式样上体现了儿童的特点：活泼、雅致、漂亮。新产品的工艺比原来的复杂，成本较高，价格也比原先的老产品高出了80%以上。为了摸清这批新产品的市场吸引力如何，在春节前夕，童装厂与百货商店联合举办了"新颖童装迎春展销"，新产品小批量投放市场十分成功，柜台边顾客拥挤，购买踊跃，一片赞誉声。许多商家主动上门订货。连续几天亲临柜台观察消费者反映的李厂长，看在眼里，喜在心上，不由想到，"现在的父母，为了能把孩子打扮得漂漂亮亮的，谁不舍得花些钱？只要货色好，价格高些看来没问题"。因此，李厂长决心趁热打铁，尽快组织批量生产，及时抢占市场。

为了确定计划生产量，以便安排以后各月的生产，李厂长根据去年普通服装的月销售统计数据，运用加权移动平均法，计算出以后月的销售预测数。考虑到这次展销会的热销场面，他决定将企业生产能力的70%安排新品种，30%安排为老品种。2月的产品很快就被订购完了。然而到4月月初发现，3月的产品还没有落实销路。询问了几家老客商，他们反映有难处，原以为新品种童装十分好销，谁知2月订购的那批货，卖了一个多月还未卖三分之一，他们现在既没有能力也不愿意继续订购这类童装了。对市场上出现的近一百八十度的需求变化，李厂长感到十分纳闷。他弄不明白，这些新品种都经过试销，自己也亲自参加市场查和预测，为什么会事与愿违呢？

试问：春花童装厂的新产品为什么滞销？是什么原因导致市场的实际发展状况与李厂长市场调查与预测的结论大相径庭？

经营预测，是指企业根据现有的经营条件和掌握的历史资料，运用专门的分析方法，对生产经营活动的未来发展趋势和状况做出科学预测的过程。经营预测主要包括销售预测、成本预测、利润预测和资金需要量预测。

4.1 销售预测

销售预测是借助企业销售的历史资料和市场需求的变化情况，运用一定的科学预测方法，对产品在未来一定时期内的销售趋势进行预测和评价。销售预测的基本方法分为定量销售预测和定性销售预测。

4.1.1 定量销售预测

定量销售预测是以数值或比例为基本表现形式，对产品在未来一定时期内的销售趋势进行预测的方法。定量销售预测又分为算术平均法、加权平均法、指数平滑法、回归直线法、购买力指数法等。

1. 算术平均法

算术平均法是把若干历史时期的销售量或销售额作为观察值，求出其简单平均数，并将平均数作为下期销售的预测值。该方法的假设前提是过去怎样，将来也会怎样发展，即将来的发展是过去的延续。其计算公式为：

$$预测期销售量 = \frac{过去各期销售量之和}{期数} = \frac{\sum_{i=1}^{n} X_i}{n}$$

显然，如果产品的销售额或销售量在选定的历史时期中呈现某种上升或下降的趋势，或者各历史时期的销售量呈现增减趋势时，不宜采用算术平均法进行预测销售，因为算术平均法把每个观察值看成同等重要，不能体现增减趋势变化。

2. 加权平均法

加权平均法是将若干历史时期的销售量或销售额作为观察值，将各个观察值与各自的权数相乘之积加总，然后除以权数之和，求出其加权平均数，并将加权平均数作为销售量的预测值。按照各个观察值与预测值不同的相关程度分别规定适当的权数，是运用加权平均法进行销售预测的关键。由于市场变化大，一般来说，离预测期越近的实际资料对其影响越大，离预测期越远的实际资料对其影响越小，故在权数的选取中，各期权数 W 数值的确定必须符合以预测期为基准的"近大远小"的原则。

设：Y 为预测期销量，是一个加权平均数；

W_i 为第 i 个观察值的权数，则 W_i 应该满足下列两个条件。

（1）$\sum W_i = 1$

（2）$W_1 \leq W_2 \leq W_3 \leq \cdots \leq W_n$

X_i 为第 i 个观察值；

n 为观察值个数。

X_n是预测期前一期的观察值。

于是，权数的确定方法有两种。

（1）自然权数法：即按时间序列确定各期的权数，此时，W_i分别为 1，2，3，…，n。计算公式为：

$$Y = \frac{\sum\limits_{i=1}^{n} X_i W_i}{\sum\limits_{i=1}^{n} W_i}$$

（2）饱和权数法：即要求各期权数之和为 1，具体各期的权数视情况而定，如期数为 3 时，权数可定为 0.1，0.3，0.6（0.1+0.3+0.6=1）。计算公式为：

$$Y = \sum_{i=1}^{n} W_i X_i$$

例4-1 江巍公司1～6月的电冰箱的销售量如表4-1所示。假定：n=6，W_1=0.1，W_2=0.1，W_3=0.1，W_4=0.2，W_5=0.2，W_6=0.3。要求：根据资料，用加权平均法预测7月电冰箱销售量。

表 4-1 　　　　　　　　　　　　　　电冰箱的销售量

月份	1	2	3	4	5	6
销售量（台）	650	660	680	700	710	730

7月电冰箱销售量的预测值为：

$$Y_7 = \sum_{i=1}^{n} W_i X_i$$

$$= 0.1 \times 650 + 0.1 \times 660 + 0.1 \times 680 + 0.2 \times 700 + 0.2 \times 710 + 0.3 \times 730$$

$$= 700（台）$$

例4-2 东方企业生产一种产品，2018年1～12月的销售量如表4-2所示。要求：采用自然权数法预测2019年1月的销售量。

表 4-2 　　　　　　　　　　　　　　　销售量 　　　　　　　　　　　　单位：千件

月份	1	2	3	4	5	6	7	8	9	10	11	12
销售量（x）	25	23	26	29	24	28	30	27	25	29	32	32

2019年1月的预计销售量：

$$Y = \frac{\sum\limits_{i=1}^{n} X_i W_i}{\sum\limits_{i=1}^{n} W_i}$$

$$= \frac{25 \times 1 + 23 \times 2 + 26 \times 3 + 29 \times 4 + 24 \times 5 + 28 \times 6 + 30 \times 7 + 27 \times 8 + 25 \times 9 + 29 \times 10 + 32 \times 11 + 32 \times 12}{1 + 2 + 3 + 4 + 5 + 6 + 7 + 8 + 9 + 10 + 11 + 12}$$

$$\approx 28.6（千件）$$

即预计东方公司2019年1月的销售量为28.6千件。

3. 指数平滑法

指数平滑法是加权平均法的一种变化，计算的是指数平滑平均数，其计算公式如下：

$$S_t = aX_{t-1} + (1-a)\ S_{t-1}$$

式中，

S_t 为 t 期的销售预测值；

S_{t-1} 为 t 期上一期的销售预测值；

X_{t-1} 为 t 期上一期的销售实际值；

a 为满足 $0<a<1$ 条件的常数，也称指数平滑系数。

指数平滑系数 a 的取值越大，则近期实际销售量对预测结果的影响越大，常用于短期预测；a 的取值越小，则近期实际销售量对预测结果的影响也越小，常用于长期预测。

例4-3 仁泰公司1~6月的电冰箱的销售量如表4-3所示。

表 4-3　　　　　　　　　　　　　　　电冰箱的销售量

月份 t	实际销售量 X_t（台）	月份 t	实际销售量 X_t（台）
1	1 200	4	1 200
2	1 000	5	1 170
3	1 300	6	1 350

如果假设 a 为0.3，1月销售量的预测值为1 250台，则2~7月的销售量预测值如表4-4所示。

表 4-4　　　　　　　　　　　　　　　1月销售量的预测值

月份	aX_{t-1} ①	$(1-a)\ S_{t-1}$ ②	S_t ③=①+②
1			1 250
2	0.3×1 200	（1-0.3）×1 250	1 235
3	0.3×1 000	（1-0.3）×1 235	1 165
4	0.3×1 300	（1-0.3）×1 165	1 206
5	0.3×1 200	（1-0.3）×1 206	1 204
6	0.3×1 170	（1-0.3）×1 204	1 194
7	0.3×1 350	（1-0.3）×1 194	1 241

与加权平均法相比，指数平滑法有以下两个优点：第一，a 的值可以任意设定，比较灵活方便；第二，在不同程度上考虑了以往所有各期的观察值，比较全面。

4. 回归直线法

回归直线法，也称最小二乘法，它假定影响预测对象的销售量的变量因素只有一个，根据历史的销售量（y）与自变量（x）的函数关系，利用最小二乘法原理建立回归分析模型 $y=a+bx$ 进行的销售预测，其中，a、b 被称为回归系数。

通过前面有关章节的学习，我们知道：

$$a = \frac{\sum y - b\sum x}{n}$$

$$b = \frac{\sum xy - \sum x \sum y}{n\sum x^2 - (\sum x)^2}$$

求出 a 与 b 的值后，结合自变量 x 的预计销售量或预计销售额，代入公式 $y=a+bx$ 中，即可求得预测对象的数据。

例4-4 桦南公司专门生产电冰箱压缩机,而决定电冰箱压缩机销售量的主要因素是电冰箱的销售量。假设近5年全国电冰箱的实际销售量的统计资料和桦南公司电冰箱压缩机的实际销售量资料如表4-5所示。假设预测期2019年全国电冰箱的销售量预测为180万台,要求:采用回归直线法预测2019年桦南公司电冰箱压缩机的销售量。

表 4-5 电冰箱压缩机的实际销售量

年份	2014	2015	2016	2017	2018
压缩机销售量(万只)	20	25	30	36	40
电冰箱销售量(万台)	100	120	140	150	165

建立电冰箱压缩机销售量的预测模型:

$$y=a+bx$$

式中,

y为压缩机销售量;

x为电冰箱销售量;

a为原来拥有的电冰箱对压缩机的每年需要量;

b为每销售万台电冰箱对压缩机的需要量。

根据给定资料编制计算表,如表4-6所示。

表 4-6 回归数据资料

年份	电冰箱销售量(万台)x	压缩机销售量(万只)y	xy	x^2
2014	100	20	2 000	10 000
2015	120	25	3 000	14 400
2016	140	30	4 200	19 600
2017	150	36	5 400	22 500
2018	165	40	6 600	27 225
$n=5$	$\sum x=675$	$\sum y=151$	$\sum xy=21\,200$	$\sum x^2=9\,3725$

计算a与b的值:

$$b=\frac{n\sum xy-\sum x\sum y}{n\sum x^2-(\sum x)^2}=\frac{(5\times 21\,200-675\times 151)}{5\times 93\,725-(675)^2}$$

$$=\frac{4\,075}{13\,000}=0.313$$

$$a=\frac{\sum y-b\sum x}{n}=\frac{151-0.313\times 675}{5}=-12.06$$

将a与b的值代入公式$y=a+bx$,得出预测结果,2019年桦南公司压缩机预计销售量为:

$$y=a+bx=-12.06+0.313\times 180=44.28(万只)$$

5. 购买力指数法

购买力指数是指各地区市场上某类商品的购买力占整个市场购买力的百分比。购买力指数法就是企业按照各地区购买力指数,将自己的销售潜量总额分配给各地区市场的一种方法。

影响商品购买力的因素主要有人口和个人收入等。因此,在预测地区购买力指数时,应根据这些因素对购买力影响的大小,分别为每个因素设定相应的权数或比重,建立数学预测模型。

购买力指数的预测模型如下：

$$B_i = a_i y_i + b_i r_i + c_i p_i$$

式中，

B_i 为 i 地区购买力占全国总购买力的百分比；

y_i 为 i 地区可支配的个人收入占全国的百分比；

r_i 为 i 地区零售额占全国零售额的百分比；

p_i 为 i 地区人口占全国人口的百分比；

a_i、b_i、c_i 上述三个因素相应的权数。

例4-5 康南公司拟将该公司电冰箱的销售潜量4 000 000元分配给甲、乙、丙三个地区。假设 a_i、b_i、c_i 三个权数分别为0.5、0.3和0.2，利用 $B_i = a_i y_i + b_i r_i + c_i p_i$ 的预测模型，计算康南公司在甲、乙、丙三个地区的购买力指数，并以此为依据，分配康南公司在甲、乙、丙三个地区的销售潜量。计算结果如表4-7所示。

表 4-7　　　　　　　　　　　　　　销售潜量计算结果

地区	y_i（%）	$0.5y_i$（%）	r_i（%）	$0.3r_i$（%）	p_i（%）	$0.2p_i$（%）	B_i（%）	公司销售潜量（元）
甲	40	20	50	15	40	8	43	1 720 000
乙	30	15	20	6	35	7	28	1 120 000
丙	30	15	30	9	25	5	29	1 160 000
全国	100	50	100	30	100	20	100	4 000 000

应该指出，购买力指数不管是怎样计算出来的，都只能反映生产同类产品的所有公司的销售机会，而不是某一公司的销售机会。由于各个公司在各地区的推销力度和遇到的竞争强度是不一样的，因而在运用购买力指数时，应该将某些地区的指数，根据具体情况加以调整。对于推销力度较大而遇到的竞争强度较弱的地区，其购买力指数可以调高些；反之，则调低些。但是，各地区的指数之和必须等于100%。

4.1.2　定性销售预测

定性销售预测法是主要依靠预测人员丰富的实践经验和知识以及主观的分析判断能力，在考虑政治经济形势、市场变化、经济政策、消费倾向等各项因素对经营影响的前提下，对事物的性质和发展趋势进行预测和推测的分析方法。

预测者当对预测对象的历史的和现实的数据资料掌握不充分，或影响因素复杂，难以用定量方法加以描述时，可以采用定性预测法。

定性销售预测方法又分为判断分析法和调查分析法两大类。

1. 判断分析法

判断分析法是指聘请具有丰富实践经验的经济专家、教授、推销商或本企业的经理人员、推销人员等，对计划期商品的销售情况进行分析研究，根据直觉判断进行预估，然后由销售经理加以综合，从而得出企业总体销售预测的一种方法。这种方法一般适用于不具备完整、可靠的历史资料、无法进行定量分析的情况，如对新产品的销售预测。

判断分析法可以分为推销人员意见综合判断法、经理人员意见综合判断法、专家判断法三种。

（1）推销人员意见综合判断法。该法是通过征求本企业推销人员和商业部门人员的意见，然后综合汇总做出销售预测。

（2）经理人员意见综合判断法。该法是由企业经理人员、推销主管人员、各地区销售经理，根据实践经验和智慧，广泛交换意见，集思广益进行销售预测。

（3）专家判断法。该法是聘请见识广博、学有专长的专家，根据他们的实践经验、知识和能力做出的销售预测。所谓"专家"，一般包括本企业或同行企业的高级领导人，商业部门、经销商、咨询机构、预测机构及其他方面的专家。

吸收专家意见的方式多种多样，主要有以下三种。

① 个人意见综合判断法，先向各位专家征求意见，要求他们对本企业产品当前的销售状况和未来趋势做出个人判断，然后把各种不同意见加以综合归纳，形成一个销售预测。

② 专家会议综合判断法，将各位专家分成若干小组，分别召开各种形式的会议或座谈会，共同商讨，最后综合各种意见，形成一个销售预测。

③ 特尔菲法，采用函询调查方式，并经多次匿名反馈，最后综合各种意见，形成一个销售预测。具体步骤如下。

第一，明确预测目标。

第二，挑选专家，组成专家组。要求所选专家权威性高，代表面广、人数20人左右为宜。各专家仅与调查人员发生直接联系，专家间不进行横向联系。

第三，设计咨询表。要求简明扼要、明确，问题数量适当。

第四，逐轮咨询和信息反馈。一般2～4轮。

第五，采用统计分析方法，对预测结果进行定量评价和表述。

例4-6 远大公司有三名销售人员、一名经理。每人预计其销售量和概率如表4-8所示，先用概率计算出每个预测者的期望值，然后用加权平均法加以综合。

表4-8 销售预测数据表

	销售量（件）	概率	销售量×概率
甲销售员预测：			
最高	500	0.2	100
最可能	400	0.5	200
最低	300	0.3	90
期望值			390
乙销售员预测：			
最高	600	0.2	120
最可能	500	0.6	300
最低	400	0.2	80
期望值			500
丙销售员预测：			
最高	550	0.2	110
最可能	450	0.5	225
最低	350	0.3	105
期望值			440

	销售量（件）	概率	销售量×概率
经理预测：			
最高	500	0.3	150
最可能	450	0.5	225
最低	300	0.2	60
期望值			435

假设经理的预测更准确、更重要，将其预测的权重确定为2，而将销售人员的预测权重均确定为1，则综合预测结果为：

$$综合的预测销售量 = \frac{390 \times 1 + 500 \times 1 + 440 \times 1 + 435 \times 2}{1+1+1+2} = 440（件）$$

判断分析法一般适用于不便直接向顾客调查的公司。

2. 调查分析法

调查分析法是指通过对某种商品在市场上的供需情况和消费者的消费取向的调查，了解市场需求的变化趋势，据此来预测本企业产品的销售趋势和状态的方法。

一般来说，调查的内容包括对产品的调查、对消费者的调查、对经济发展趋势的调查、对同行业的调查等。

（1）对产品的调查。主要是摸清产品估计的寿命周期以及目前本企业产品所处的阶段。

产品的寿命周期大致可以分为四个阶段：投入期、成长期、成熟期和衰退期。不同的阶段，产品的销售量和销售价格都有较大的差异（见图4-1、图4-2）。

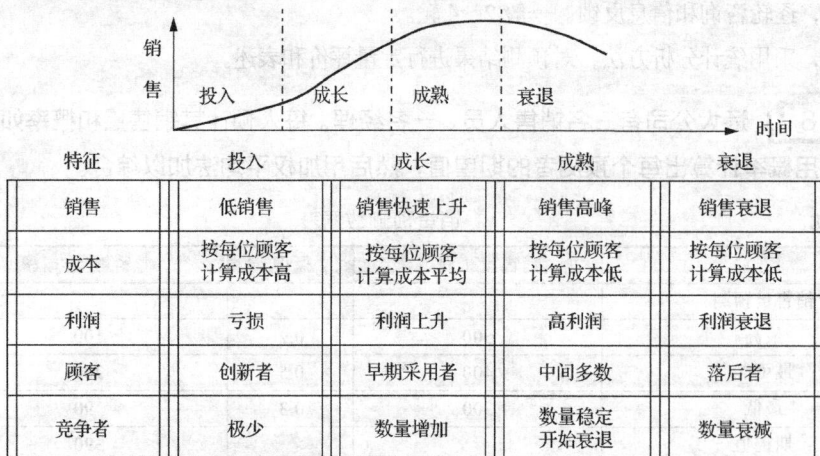

特征	投入	成长	成熟	衰退
销售	低销售	销售快速上升	销售高峰	销售衰退
成本	按每位顾客计算成本高	按每位顾客计算成本平均	按每位顾客计算成本低	按每位顾客计算成本低
利润	亏损	利润上升	高利润	利润衰退
顾客	创新者	早期采用者	中间多数	落后者
竞争者	极少	数量增加	数量稳定开始衰退	数量衰减

图4-1 产品生命周期概念的归纳和评论（1）

一般来说，从投入期到成长期，产品的销售量是快速增长的，销售价格也比较高，到成熟期，产品的销售量趋向稳定，因为市场竞争的加强和技术的成熟，产品的价格也会随之下降，到了衰退期，产品的销售量和销售价格都会有所下降。

随着科学技术的迅速发展，产品更新换代越来越快，其市场寿命周期也越来越短。因此，对产品的寿命周期及其所处阶段进行调查十分必要。这是企业制订经营计划、确定经营战略的基础。

（2）对消费者的调查。主要是了解消费者的消费倾向，如不同消费群体的爱好、风俗、习惯、文化水平以及购买力等。

营销目标	投入期	成长期	成熟期	衰退期
	创造产品知名度和促进试用	最大限度地占有市场份额	保卫市场份额，获取最大利润	对该品牌削减支出和挤取收益
战略				
产品	提供一个基本产品	提供产品的扩展品、服务、担保	品牌和样式的多样性	逐步淘汰疲软品目
价格	采用成本加成	市场渗透价格	较量或击败竞争者的价格	削价
分销	建立分销网	建立密集、广泛的分销网	建立更密集、更广泛的分销网	进行选择：逐步淘汰无盈利的分销网点
广告	在早期采用者和经销商中建立产品知名度	在大量市场中建立知名度和兴趣	强调品牌的区别和利益	减少到保持坚定忠诚者需求的水平
促销	大力加强销售促进以吸引试用	充分利用有大量消费者需求的有利条件，适当减少促销	增加对品牌转换的鼓励	减少到最低水平

图 4-2　产品生命周期概念的归纳和评论（2）

对消费者进行调查，要根据产品的用途和功能，有选择地调查不同的消费群体。通过对不同消费群体的调查，可以促使企业改进产品的品种，提高产品质量，以满足市场的需求。通过对有代表性消费者的消费意向的调查，可以了解市场需求的变化趋势。

公司的销售取决于消费者的购买行为，消费者的消费意向是销售预测中最有价值的信息。如果通过调查，可以了解到消费者明年的购买量，消费者的财务状况和经营成果，消费者的爱好、习惯和购买力的变化，消费者购买本公司产品占其总需要量的比重和选择供应商的标准，那么销售预测将变得更贴合实际。

例4-7　普斯公司是一家电冰箱生产企业，根据调查资料可测算出市场潜量和该公司销售量，如表4-9所示。

表 4-9　　　　　　　　　　　　　销售调查表

家庭组别（按年收入划分）①	家庭数②	每户年均购买额（按调查结果）（元）③	市场潜量（元）④=③×②	本企业最高市场占有率⑤	本企业销售潜量（元）⑥=④×⑤
100 000 元以下	80 000	100	8 000 000	30%	2 400 000
100 000～199 999 元	10 000	200	2 000 000	20%	400 000
200 000～299 999 元	5 000	300	1 500 000	20%	300 000
300 000 元以上	1 000	400	400 000	10%	40 000
合计	96 000	—	11 900 000	—	3 140 000

（3）对经济发展趋势的调查。主要是了解国际、国内及本地区的经济发展趋势，包括国民收入、各行业经济增长情况、社会购买力、消费动向、生产规模等。这些因素都会影响市场的需求。

（4）对同行业的调查。主要是了解竞争对手的产品设计情况、产品功能和质量、生产规模、价格和销售情况、售后服务等，以做到知己知彼，据以调整自己的经营方针，占领更多的市场份额。

凡是顾客数量有限，调查费用不高，每个顾客意向明确又不会轻易改变的，均可以采用调查分析法进行预测。

4.2 成本预测

在汽车行业，一个典型的轿车生产线包括 20 000 个零部件，是否应当给这些零部件都设定目标成本？尼桑汽车股份有限公司采用的目标成本法只对有代表性的零部件进行分解、计算和确定详细的目标成本，其他零部件按照耗用的流程，与这些代表性的零部件目标成本挂钩。

思考：在卖方市场中，目标成本怎样确定？在买方市场中，目标成本怎样确定？

4.2.1 成本预测的概念及步骤

成本预测是在编制成本预算之前，根据企业的经营总目标和在预测期内可能发生的各个影响因素，采用定量分析和定性分析方法，确定目标成本、预计成本水平和变动趋势的一种管理活动。

在进行成本预测时，一般遵循以下步骤。

（1）根据企业的经营总目标，提出初选的目标成本。

（2）初步预测在当前生产经营条件下成本可能达到的水平，并找出与初选目标成本的差距。

（3）提出各种成本降低方案，对比、分析各种成本方案的经济效果。

（4）选择成本最优方案并确定正式目标成本。

成本预测分为可比产品成本预测和不可比产品成本预测。

4.2.2 可比产品成本预测

可比产品是指以往年度正常生产过的产品。这些产品的历史成本资料比较健全。在进行可比产品成本预测时，常采用的方法是历史资料分析法和因素分析法。历史资料分析法是指在掌握有关成本历史资料的基础上，采用一定的方法进行数据处理，建立有关成本模型，并据以预测未来成本水平的一种定量分析方法。常用的有高低点法、加权平均法、回归直线法等，这些方法在前面已经讨论过，这里不再介绍。

因素分析法是通过分析影响可比产品成本的主要因素，测算采取相应措施降低各个因素的成本后对产品成本的影响程度，来预测现有产品未来成本水平的一种定量分析方法。

下面结合成本预测的步骤介绍因素分析法在可比产品成本预测中的应用。

1. 初选目标成本

初选目标成本是根据企业的经营总目标确定未来期间应达到的成本水平。

确定初选目标成本的方法有倒推法和先进成本法。

（1）倒推成本法，即根据本—量—利分析模型，依据企业预测的目标利润倒推出的初选目标成本。确定的目标成本可以是总成本，也可以是单位产品成本。计算公式如下：

$$目标成本=预测销售收入-目标利润$$

$$=预计售价×预计销量-目标利润$$

$$单位产品目标成本=预测单位售价-单位产品销售税金-单位产品目标利润$$

或：

$$单位产品目标成本=预测单位售价×（1-税率）-\frac{目标成本总额}{预测销量}$$

（2）类推成本法，即选择某一先进的成本水平直接作为初选目标成本。可供选择的先进成本水平有：国内外同样产品的先进成本水平、本企业历史最好水平、按本企业平均先进的消耗定额制定的定额成本、计划成本或标准成本。也可以根据上级下达的成本降低率来计算，或按照上年实际水平扣减预计成本降低额后确定。

按上述方式测算的目标成本，仅仅是成本控制的初步要求。这之后还要进一步进行成本初步预测，根据成本可能降低的程度来确定预测期目标成本。

2. 成本初步预测

成本初步预测是指在当前生产条件下，不采取任何新的降低成本措施，确定预测期可比产品能否达到初选目标成本要求的管理活动。

初步预测是根据历史资料来推算的，一般可以采用以下两种方法。

（1）按上年预计平均单位成本测算预测期可比产品成本。具体分为以下两步。

第一步，预测上年平均单位成本。企业的成本计划通常是在上年第4季度编制的，所以上年平均单位成本按下列公式进行预计：

$$上年预计平均单位成本=\frac{\begin{matrix}上年1～3季\\度实际平均\\单位成本\end{matrix}×\begin{matrix}上年1～\\3季度实\\际产量\end{matrix}+\begin{matrix}上年第4季\\度预计单\\位成本\end{matrix}×\begin{matrix}上年第4\\季度预计\\产量\end{matrix}}{\begin{matrix}上年1～3季度\\实际产量\end{matrix}+\begin{matrix}上年第4季\\度预计产量\end{matrix}}$$

式中，上年1～3季度的产量和单位成本实际数，可以从有关核算资料中获得，而第4季度的产量和单位成本预计数，则可以根据原来的预计产量和计划单位成本，并考虑上年1～3季度计划完成的结果分析确定。

第二步，测算预测期可比产品总成本。该成本是测算预测期可比产品成本的降低额和降低率的基础。计算公式如下：

$$\begin{matrix}按上年预计平均单位成本计算的预测期可比产品总成本\end{matrix}$$

$$=\sum\left(\begin{matrix}各种可比产品\\上年预计平均\\单位成本\end{matrix}×\begin{matrix}预测期各种\\可比产品\\预计产量\end{matrix}\right)$$

（2）根据前3年可比产品成本资料，测算预测期可比产品成本。具体方法有简单平均法和加权平均法。

① 简单平均法。该方法适用于前3年销售和成本基本稳定的产品成本预测，其预测公式为：

$$预测期可比产品总成本=\frac{前3年单位变动成本之和}{3}×计划年度生产销售量+\frac{前3年固定成本总额之和}{3}$$

② 加权平均法。在前 3 年销售和成本变动较大的情况下，为了反映接近预测年份的成本变动对预测值的影响，对最接近预测年份的成本资料在计算平均数时须加大其比重，权数可确定为 3，预测期前 2 年的权数为 2，预测期前 3 年的权数为 1。预测公式为：

$$
预测期可比产品总成本 = \left[\frac{\underset{单位变}{前1年} \times 3 + \underset{单位变}{前2年} \times 2 + \underset{单位变}{前3年} \times 1}{6} \right]
$$

$$
\times 计划年度生产销售量
$$

$$
+ \left[\frac{\underset{固定成}{前1年} \times 3 + \underset{固定成}{前2年} \times 2 + \underset{固定成}{前3年} \times 1}{6} \right]
$$

3. 提出各种成本降低的措施和方案

成本降低的措施和方案的提出主要可以从改进产品设计、改善生产经营管理、控制管理费用三个方面着手，这些措施和方案应该既能降低成本，又能保证生产和产品的质量。

（1）改进产品设计，开展价值分析，努力节约原材料、燃料和人力等消耗。产品结构设计是否先进合理，是决定产品设计成本水平的重要环节和先决条件。产品结构设计不先进合理，不仅会影响产品的性能、质量，而且会连锁反应到成本上，造成较大的浪费，因为产品的体积、重量和样式基本上决定了产品投产后的原材料、燃料、动力和人工的消耗程度。可采用功能成本分析的方法对产品结构进行分析。功能成本分析也叫价值分析，其目的是以最低的总成本可靠地实现产品的必要功能，提高产品效益。产品功能与成本预测分析的目的就是以最低的成本实现产品的必要功能。它不是单纯强调功能，也不是盲目追求降低成本，而是辩证地处理两者的关系，力图达成它们之间的合理结合，以提高产品功能与成本的比值，实现价廉物美的要求，提高企业经济效益。

（2）改善生产经营管理，合理组织生产。生产经营管理的好坏，与产品成本的高低有着密切的关系，如劳动力的合理组织、车间的合理设置、工艺方案的选择、零部件的外购或自制决策、新设备增加等都会影响产品成本。因此，企业应积极地从合理组织生产中挖掘降低产品成本的潜力，针对生产经营管理中存在的问题，提出不同的改进方案，并对比分析不同方案的经济效果，从中选择最优的成本降低方案。

（3）严格控制费用开支，努力降低管理费用。管理费用在产品成本中占有相当的比重，因此，控制和节约车间经费和企业管理费，也是降低产品成本不可忽视的重要方面。为了节约管理费用，减少非生产性支出，企业各部门、车间应实行严格的费用控制制度，实际费用支出应与费用预算进行比较，以便确定责任、进行奖罚，进而达到降低成本的目的。

4. 正式确定目标成本

企业的成本降低措施和方案确定后，应进一步测算各项措施对产品成本的影响程度，据以修订初选目标成本，正确确定预测期的目标成本。

在测算各项措施对产品成本的影响程度时，应抓住影响成本的重点因素进行测算。一般可以从节约原材料消耗、提高劳动生产率、合理利用设备、节约管理费用、减少废品损失等方面进行测算。

（1）测算材料费用对成本的影响

原材料费用是构成产品成本的主要项目之一，在产品成本中一般占有较大的比重。在保证产品质量的前提下，合理、节约地使用原材料，降低原材料费用，是不断降低产品成本的主要途径。影响原材料费用变动的因素有材料消耗定额和材料价格。材料消耗定额降低，会使产品单位成本中的材料费用相应地降低，两者的降低幅度是一致的。例如，材料消耗定额降低 1%，材料费用也会相应降低 1%。但是，由于材料费用只是产品成本的一个组成部分，因此，材料费用的降低率，并不等于产品成本的降低率。材料消耗定额降低形成的节约，应按下列公式计算：

$$材料消耗定额降低影响的成本降低率 = 材料费用占成本的百分率 \times 材料消耗定额降低的百分率$$

如果在材料消耗定额发生变动的同时，价格也发生变动，则材料价格变动对成本的影响，可按下列公式计算：

$$材料价格变动影响的成本降低率 = 材料费用占成本的百分率 \times \left(1 - 定额降低\ 材料消耗\ 的百分率\right) \times 材料价格降低的百分率$$

以上两个公式可合并计算如下：

$$材料消耗定额和价格同时降低影响的成本降低率 = 材料费用占成本的百分率 \times \left[1 - \left(1 - 定额降低\ 材料消耗\ 的百分率\right) \times \left(1 - 格降低\ 材料价\ 的百分率\right)\right]$$

在一些工业企业里，提高原材料利用率是节约材料费用的重要途径。在产品重量不变的情况下，原材料利用率的提高就会相应节约原材料的消耗。因此，也可以单独测算提高原材料利用率对产品成本的影响程度。计算公式如下：

$$原材料利用率提高影响的成本降低率 = \left(1 - \frac{上年的原材料利用率}{计划年度的原材料利用率}\right) \times 材料费用占成本的百分率$$

以上公式同样适用于燃料和动力费的测算。

（2）测算工资费用对成本的影响

① 测算在生产工人人数和工资不变的情况下，由于劳动生产率提高而形成的节约。劳动生产率提高，说明单位时间内的产量增加，在其他因素不变的条件下，单位产品所分担的工资费用也减少了。因此，在只有劳动生产率一个因素变动时，它对成本的影响可按下列公式计算：

$$劳动生产率提高影响的成本降低率 = 生产工人工资占成本的百分率 \times \left(1 - \frac{1}{1 + 劳动生产率提高的百分率}\right)$$

② 测算由于劳动生产率提高超过平均工资增长率而形成的节约。劳动生产率的变动，同单位产品中工资费用的变动呈反比例的关系；而平均工资的增长，同单位产品中工资费用的增长呈正比的关系。所以，当劳动生产率的增长速度超过平均工资的增长速度时，就能节约产品成本中的工资费用。计算公式为：

劳动生产率和平均工资相互作用影响的成本降低率

$$= 生产工人工资占成本的百分率 \times \left(1 - \frac{1 + 平均工资增长的百分率}{1 + 劳动生产率增长的百分率} \right)$$

③ 测算生产增长超过管理费用增加而形成的节约。在企业的制造费用、管理费用中，有一部分费用属于固定费用，如管理人员工资、办公费、差旅费、折旧费用等，这些费用一般不随产量的增加而变动；另一部分费用属于变动费用，如消耗性材料、运输费等，这些费用则随产量增长而有所增加，但只要采取适当的节约措施，其增长速度一般也会小于生产增长速度。所以，企业生产的增长，会使单位产品中应分摊的管理费用减少，从而使产品单位成本降低。计算公式为：

生产增长超过管理费用增加影响成本降低率 $= 管理费用占成本的百分率$

$$\times \left(1 - \frac{1 + 管理费用增加的百分率}{1 + 生产增长的百分率} \right)$$

④ 测算废品率降低而形成的节约。生产中发生废品，意味着人力、物力和财力的浪费，合格产品的成本也会随之提高。而降低废品率可以减少废品损失，从而降低产品成本。计算公式为：

废品损失减少影响的成本降低率 $=$ **废品损失占成本的百分率**
$\times$ 废品损失减少的百分率

上述各因素影响成本降低率乘以按上年预计（或实际）平均单位成本计算的预测期可比产品总成本，即可求出各因素变动影响成本的降低额，汇总之后即为预测期可比产品成本总降低额；也可以综合上述计算结果，先求得预测期可比产品成本总降低率，再乘以按上年预计（或实际）平均单位成本计算的预测期可比产品总成本，计算出预测期可比产品成本总降低额。

例4-8 康华公司预测期的目标成本初步测算是可比产品成本降低率为7%，集团下达的降低任务为6%。经过充分论证，确定预测期影响成本的主要因素如表4-10所示。

表 4-10 影响产品成本的主要因素

因素	百分比
可比产品生产增长	25%
原材料消耗定额降低	10%
原材料价格平均上涨	8%
劳动生产率提高	20%

因素	百分比
生产工人工资增加	4%
管理费用增加	4%
废品损失减少	10%

该企业按上年预计平均单位成本计算的预测期可比产品总成本为7 728 000元，可比产品各成本项目的比重如表4-11所示。

表4-11 可比产品成本项目比重

比重	项目
原材料	70%
生产工人工资	15%
管理费用	10%
废品损失	5%
合计	100%

根据上述资料可以分项计算可比产品成本降低率和降低额。

（1）由于原材料消耗定额下降及平均价格上升而形成的节约

成本降低率=70%×[1-（1-10%）（1+8%）]=1.96%

成本降低额=772 800×1.96%=15 147（元）

（2）由于劳动生产率提高超过平均工资增长而形成的节约

$$成本降低率=15\%×\left(1-\frac{1+4\%}{1+20\%}\right)=2\%$$

成本降低额=772 800×2%=15 456（元）

（3）由于生产增长超过管理费用增加而形成的节约

$$成本降低率=10\%×\left(1-\frac{1+4\%}{1+25\%}\right)=1.68\%$$

成本降低额=772 800×1.68%=12 983（元）

（4）由于废品损失减少而形成的节约

成本降低率=5%×10%=0.5%

成本降低额=772 800×0.5%=3 864（元）

综合以上计算结果，预测期可比产品成本总降低率=1.96%+2%+1.68%+0.5%=6.14%

总降低额=15 147+15 456+12 983+3 864=47 450（元）

预测期可比产品成本总降低率为6.14%，接近初步预测的目标成本降低率（7%），并可以实现集团下达的成本降低任务（6%）。因此，可以把6.14%的成本降低率作为正式的目标成本，并据以编制成本计划。

4.2.3 不可比产品成本预测

不可比产品是指企业以往年度没有正式生产过的产品，其成本水平无法与过去进行比较，因而就不能像可比产品那样通过采用下达成本降低指标的方法控制成本支出。但在新技术高速发展、产品更新换代加快的情况下，不可比产品的比重在不断上升，因此，为了全面控制企业费用支出，必须加强对不可比产品成本的预测和管理。不可比产品成本的预测主要采用以下 3 种方法。

1．技术测定法

技术测定法是指在充分挖掘生产潜力的基础上，根据产品设计结构、生产技术条件和工艺方法，对影响人力、物力消耗的各项因素进行技术测试和分析计算，从而确定产品成本的方法。该方法比较科学，但工作量较大。品种少、技术资料比较齐全的产品可以采用这种方法。

2．产值成本法

产值成本法是指按工业总产值的一定比例确定产品成本的方法。产品的生产过程同时也是生产的耗费过程。在这一过程中，产品成本体现的是生产过程中的资金耗费，而产值则以货币形式反映生产过程中的成果。产品成本与产品产值之间客观上存在着一定的比例关系，比例越大说明消耗越大，成本越高；比例越小说明消耗越小，成本越低。这样，企业进行预测时，就可以参照同类企业相似产品的实际产值成本率，加以分析确定。计算公式为：

$$某种不可比产品的预测单位成本=\frac{某产品的总产值×预计产值成本率}{预计产品产量}$$

3．目标成本法

目标成本法是指根据产品的价格构成来制定产品目标成本的方法。产品价格包括产品成本、销售税金和利润三个部分。在企业实行目标管理的过程中，先确定单位产品价格和单位利润目标，然后按下列公式计算单位产品的目标成本：

$$单位产品目标成本=预测单位售价-单位产品销售税金-单位产品目标利润$$

或：

$$单位产品目标成本=预测单位售价×（1-税率）-\frac{目标利润总额}{预测产量}$$

例4-9 某铅笔厂新开发一款铅笔，经过调查分析，运用本一量一利分析法确定了新产品的可接受成本为1.025元，而新产品使用当前设计和生产技术制造的成本为1.225元，比可接受成本高0.2元，因此，新产品的生产成本必须降低0.2元。新产品的成本明细如表4-12所示。

表 4-12　　　　　　　　　　　　　新产品的成本明细　　　　　　　　　　　　　单位：元

部件构成成本		制作工艺成本	
涂料	0.05	制作石墨成本	0.1
木干	0.05	锯削铅笔干	0.105
石墨铅	0.06	铅笔干开槽	0.05
金属环	0.20	制造毛坯笔	0.10
橡皮擦	0.24	涂饰毛坯笔	0.10
		毛坯笔形状修整	0.02
		镶嵌橡皮擦	0.15
小计	0.60	小计	0.625
合计		1.225	

厂长召集有关部门，对表4-12所示的影响新产品成本的因素进行分析后，认为可采取以下措施降低单位产品成本。

（1）通过创新工艺流程来减少成本：采用一种新的涂刷方法，可使"涂饰毛坯笔"的成本降低0.03元；经工程师们长时间的实验和探索，设计出能将橡皮擦镶在笔杆上的塑料环，从而使"镶嵌橡皮擦"的成本降低0.1元。合计降低成本0.13元。

（2）降低部件构成成本：将一些材料成本的压力转移到供应商身上。涂料、木干供应价格降低0.01元；橡皮擦供应价格降低0.06元，合计降低成本0.08元。

两项合计降低成本0.21元。因此，预计采取降低成本措施后，新产品的成本为1.015元，比原来的可接受成本还低0.01元。最后，确定新产品目标成本，如表4-13所示。

表4-13　　　　　　　　　　　　　　新产品目标成本　　　　　　　　　　　　单位：元

部件构成成本		制作工艺成本	
涂料	0.04	制作石墨成本	0.1
木干	0.04	锯削铅笔干	0.105
石墨铅	0.06	铅笔干开槽	0.05
金属环	0.20	制造毛坯笔	0.10
橡皮擦	0.18	涂饰毛坯笔	0.07
		毛坯笔形状修整	0.02
		镶嵌橡皮擦	0.05
小计	0.52	小计	0.495
合计		1.015	

4.3　利润预测

利润预测是按照企业经营目标的要求，通过对影响利润变化的成本、产销量等因素的综合分析，对未来一定时间内可能达到的利润水平和变化趋势所进行的科学预计和推测。利润预测是在销售预测和成本预测的基础上进行的。

对企业利润的预测，可根据利润总额的构成方式分项进行。

利润总额=营业利润+投资净收益+营业外收支净额

预测时可先分别预测营业利润、投资净收益、营业外收支净额，然后将各部分的预测结果相加，得出利润预测数额。

其中，对企业营业利润的预测可采用直接预测法和因素分析法。

4.3.1　直接预测法

直接预测法是指根据利润的构成及相关数据，直接推算出预测期的利润数额的方法。相关计算公式为：

利润总额=营业利润+投资净收益+营业外收支净额

营业利润是由产品销售利润和其他业务利润组成的，这两部分预测利润的公式分别为：

$$预测产品销售利润=预计产品销售收入-预计产品销售成本-预计产品销售税金$$

$$=预计产品销售数量×\left(\begin{matrix}预计产品\\销售单价\end{matrix}-\begin{matrix}预计单位\\产品成本\end{matrix}-\begin{matrix}预计单位产\\品销售税金\end{matrix}\right)$$

预测其他业务利润=预计其他业务收入-预计其他业务成本-预计其他业务税金

预测企业的投资净收益是根据企业预计向外投资收入减去预计投资损失后的数额得出的；预测营业外收支净额是用预计营业外收入减去预计营业外支出后的差额。

最后，将所求出的各项预测数额加总，便可计算出下一期间的预测利润总额。

例4-10 广发公司生产A、B、C三种产品，本期有关销售价格、单位成本及下期产品预计销售量如表4-11所示，预测下期其他业务利润的资料为：其他业务收入为20 000元，其他业务成本为14 000元，其他业务税金为4 000元。

表4-14 广发公司销售预测

产品	销售单价（元）	单位产品		预计下期产品销售量（件）
		销售成本（元）	销售税金（元）	
A	100	50	20	5 000
B	240	170	40	2 000
C	80	50	12	8 000

根据资料，预测下一会计期间的营业利润。

各产品销售利润的预测值为：

A产品：5 000×（100-50-20）=150 000（元）

B产品：2 000×（240-170-40）= 60 000（元）

C产品：8 000×（80-50-12）=144 000（元）

合计　　　　　　　　　　　　354 000（元）

其他业务利润的预测值为：

20 000-14 000-4 000=2 000（元）

所以，预测下一会计期间的营业利润为：

预测营业利润=预测产品销售利润+预测其他业务利润

$$=354\ 000+2\ 000=356\ 000（元）$$

4.3.2 因素分析法

因素分析法是在本期已实现的利润水平的基础上，通过充分估计预测期影响产品销售利润的各因素增减变动的可能，来预测企业下期产品销售利润的数额。影响产品销售利润的主要因素有产品销售数量、产品品种结构、产品销售成本、产品销售价格及产品销售税金等。

在预测企业下一会计期间的产品销售利润额时，应首先计算本期的成本利润率：

$$本期成本利润率=\frac{本期产品销售利润额}{本期产品销售成本}×100\%$$

然后，进一步预测下期各相关因素变动对产品销售利润的影响。

1. 预测产品销售量变动对利润的影响

在其他因素不变的情况下，预测期产品销售数量增加，利润额也会随之增加；反之，预测期产品销售数量减少，利润额也会随之下降。

因为在对下期的产品销售成本进行测算时，已将由于销售量变动而使生产量变动的因素考虑在内了，所以由产品销售数量变动而使利润增加或减少的数额，可用本期的销售成本与下期预测销售成本相比较，再根据本期的成本利润率求得。计算公式为：

$$因销售量变动而增减的利润额=\left(\begin{array}{c}预测下期产\\品销售成本\end{array}-\begin{array}{c}本期产品\\销售成本\end{array}\right)\times 本期成本利润率$$

2. 预测产品品种结构变动对利润的影响

产品品种结构变动对利润的影响是因为各个不同品种的产品利润率是不同的，而预测下期利润是以本期各种产品的平均利润率为依据的。如果预测期不同利润率产品在全部产品中所占的销售比重发生变化，就会引起全部产品平均利润率发生变动，从而影响利润额的增加或减少。所以，应根据预测的下期产品品种结构的变动情况，确定下期平均利润率，然后通过比较本期和下期利润率的差异，计算预测期由于品种结构变动而增加或减少的利润数额。影响可按下列公式计算：

$$由于产品品种结构变动而增减的利润=按本期成本计算的下期成本总额$$
$$\times\left(\begin{array}{c}预测期\\平均利润率\end{array}-\begin{array}{c}本期平均\\利润率\end{array}\right)$$

$$预测期平均利润率=\sum\left(\begin{array}{c}各产品本期\\利润率\end{array}-\begin{array}{c}该产品下期\\销售比重\end{array}\right)$$

3. 预测产品成本降低对利润的影响

在产品价格不变的情况下，降低产品成本会使利润相应地增加。由于成本降低而增加的利润，可根据经预测确定的产品成本降低率求得。计算公式为：

$$由于成本降低而增加的利润=按本期成本计算的预测期成本总额$$
$$\times 产品成本降低率$$

4. 预测产品价格变动对利润的影响

如果在预测期产品销售价格比上期提高，则销售收入也会增多，从而使利润额增加；反之，如果产品销售价格降低，也会导致利润额减少。销售价格提高或降低同样会使销售税金相应地增减，这一因素同样要考虑进去。计算公式为：

$$由于产品销售价格变动而增减的利润=预测期产品销售数量\times 变动前售价$$
$$\times 价格变动率\times(1-税率)$$

5. 预测产品销售税率变动对利润的影响

产品销售税率变动直接影响利润额的增减。如果税率提高，则可使利润额减少；如果税率降低，则使利润额增加。计算公式为：

$$由于产品销售税率变动而增减的利润=预测期产品销售收入$$
$$\times\left(1\pm\begin{array}{c}价格\\变动率\end{array}\right)\times\left(原税率-\begin{array}{c}变动后\\税率\end{array}\right)$$

4.3.3 利润预测的其他方法

1. 量—本—利分析法

根据有关产品的产销数量、销售价格、变动成本和固定成本等因素与利润之间的相互关系预测企业利润。计算公式为：

$$利润 = \begin{matrix} 预计产品 \\ 产销数量 \end{matrix} \times \left(\begin{matrix} 单位产 \\ 品售价 \end{matrix} - \begin{matrix} 单位产品 \\ 变动成本 \end{matrix} \right) - \begin{matrix} 固定 \\ 成本 \end{matrix}$$

2. 相关比率法

企业一定时期所实现的利润，往往与销售收入、资金占用总额等指标密切相关。一般来说，企业的利润总额与销售收入、资金占用总额是正相关的。相关比率法就是根据利润与这些指标之间的内在关系，对计划期的利润进行预测的一种方法。

常用的相关比率主要有销售收入利润率、销售成本利润率、资金利润率等。

（1）销售收入利润率法。该法是根据企业上年度的实际销售收入、年度的预计销售增长率和销售利润率来预测计划期目标利润的方法。计算公式为：

目标利润总额＝上年度实际销售收入×（1＋预计销售增长率）×预计销售利润率

（2）销售成本利润率法。该法是根据企业上年度的实际销售利润与实际销售成本之比求得销售成本利润率，然后乘以计划期的预计产品销售成本，以此来预测计划期目标利润的方法。计算公式为：

销售成本利润率＝（基期实际销售利润÷基期实际销售成本）×100%

目标利润总额＝计划期的预计产品销售成本×销售成本利润率

（3）资金利润率法。该方法是根据企业上年度的实际销售利润与实际资金占用之比求得利润率，然后乘以计划期的预计资金占用额，以此来预测计划期目标利润的方法。计算公式为：

资金利润率＝（基期实际销售利润÷基期实际资金占用）×100%

目标利润总额＝计划期的预计资金占用额×资金利润率

4.4 资金需要量预测

资金需要量的预测，就是以预测期企业生产经营规模的发展和资金利用效果的提高等为依据，在分析有关历史资料、技术经济条件和发展规划的基础上，运用数学方法，对预测期资金需要量进行科学的预计和测算。资金需要量预测包括资金需要总量预测和分项资金预测。

4.4.1 资金需要总量预测

资金需要总量预测是对预测期企业资金需要总量的匡算，常用的方法有资金增长趋势预测法和预计资产负债表法。

1. 资金增长趋势预测法

资金增长趋势预测法是指运用回归分析法原理对过去若干期间的销售收入（或销售量）及资金需要量的历史资料进行分析、计量后，确定反映销售收入与资金需要量之间的回归直线（$y=a+bx$），并据以推算未来期间资金需要量的方法。

虽然影响资金总量变动的因素很多，但从短期经营决策角度看，引起资金发生增减变动的最直接、最重要的因素是销售收入。在其他因素不变的情况下，销售收入的增加，往往意味着企业生产规模的扩大，从而需要更多的资金；相反，销售收入减少，往往意味着企业生产规模缩小，所需要的资金也就随之减少。因此，资金需要量与销售收入之间存在着内在的联系。利用这种相互联系可以建立数学模型，用以预测当销售收入达到一定水平时的资金需要总量。

例4-11 庆南公司近5年的资金总量和销售收入的数据如表4-15所示。

表 4-15 近 5 年的资金总量和销售收入 单位：万元

年份	销售收入	资金总量
2014	396	250
2015	430	270
2016	420	260
2017	445	275
2018	500	290

如果庆南公司2019年销售收入的预测值为580万元，试预测2019年的资金需要总量。

根据回归分析原理，对表4-12中的数据进行加工整理，如表4-16所示。

表 4-16 回归分析数据表

年份 n	销售收入 x（万元）	资金总量 y（万元）	xy（万元）	x^2（万元）
2014	396	250	99 000	156 816
2015	430	270	116 100	184 900
2016	420	260	109 200	176 400
2017	445	275	122 375	198 025
2018	500	290	145 000	250 000
$n=5$	$\sum x=2\,191$	$\sum y=1\,345$	$\sum xy=591\,675$	$\sum x^2=966\,141$

将表4-15的数值代入最小二乘法公式中，计算a与b的值。

$$b=\frac{n\sum xy-\sum x\sum y}{n\sum x^2-(\sum x)^2}=\frac{5\times591\,675-2191\times1345}{5\times966\,141-(2191)^2}\approx0.379\,8$$

$$a=\frac{\sum y-b\sum x}{n}=\frac{1345-(0.379\,8\times2191)}{5}\approx102.57$$

将a、b的值代入公式$y=a+bx$，得到2019年庆南资金需要总量的预测值为：

$$y=a+bx=102.57+0.379\,8\times580=322.854（万元）$$

2. 预计资产负债表法

预计资产负债表法是指通过编制预计资产负债表来预计预测期的资产、负债和留用利润，从而测算外部资金需要量的方法。

资产负债表是反映企业某一时点资金占用（资产）和资金来源（负债和所有者权益之和）平衡状况的会计报表。企业增加的资产，必然是通过增加负债或所有者权益的途径予以解决的。因此，通过预计资产的增减，可以确定需要从外部筹措的资金数额。

运用预计资产负债表法进行资金需要量预测的关键是什么？

由于资产、负债的许多项目随销售收入的增加而增加，随销售收入的减少而减少，呈现一定的比例关系，因此，可以利用基年资产、各项目的负债与销售收入的比例关系，预计预测期

资产、负债各项目的数额。

例4-12 庆南公司2018年12月31日的资产负债如表4-17所示。2018年度实现销售收入300 000元，扣除所得税后可获5%的销售净利润。假设2019年度销售收入增加到400 000元，根据预计资产负债表法预计2019年资金需要总量。

表4-17 资产负债表 单位：元

资产		负债与所有者权益	
现金	15 000	应付账款	30 000
应收账款	30 000	应付费用	30 000
存货	90 000	短期借款	60 000
预付账款	35 000	长期负债	30 000
固定资产	70 000	普通股	60 000
		留用利润	30 000
合计	240 000	合计	240 000

（1）将资产负债表中预计随销售变动而变动的项目分离出来。从资产负债表可以看出，资产方除预付费用外均属于敏感资产，将随销售的增加而增加，因为较多的销售不仅会增加现金、应收账款，占用较多的存货，而且相应会增加一部分固定资产。而负债与所有者权益方只有应付账款、应付费用属于敏感负债，将随销售的增加而增加；短期借款、长期负债、普通股等将不随销售的增加而增加；当企业税后利润不全部分配给投资者时，留用利润也将增加。

（2）计算2018年度各敏感项目的销售百分比。根据基年各敏感项目的数额及基年销售收入额，可按下列公式计算基年销售百分比：

$$某敏感项目的销售百分比=\frac{基年该项目金额}{基年销售收入}\times100\%$$

以应收账款为例，其销售百分比如下：

$$应收账款的销售百分比=\frac{30\,000}{300\,000}\times100\%=10\%$$

其他各敏感项目的销售百分比如表4-18所示。

表4-18 销售百分比表 单位：元

资产	销售百分比（%）	负债与所有者权益	销售百分比（%）
现金	5	应付账款	10
应收账款	10	应付费用	10
存货	30	短期借款	不变动
预付账款	不变动	长期负债	不变动
固定资产	23.33	普通股	不变动
		留用利润	变动
合计	68.33	合计	20

从表4-18可以看出，销售收入每增加100元，将多占用资金68.33元，但同时只增加20元的资金来源（留用部分未考虑在内），尚有48.33元的资金缺口。

（3）编制预计资产负债。根据2018年12月31日的资产负债表及销售百分比，编制2019年预计资产负债表，如表4-19所示。

表 4-19 预计资产负债表 单位：元

项目	2018年年末资产负债表	2018年销售百分比（%）	2019年预计资产负债表
资产			
现金	15 000	5	20 000
应收账款	30 000	10	40 000
存货	90 000	30	120 000
预付账款	35 000	不变动	35 000
固定资产	70 000	23.33	93 320
资产总额	240 000	68.33	308 320
负债与所有者权益			
应付账款	30 000	10	40 000
应付费用	30 000	10	40 000
短期借款	60 000	不变动	60 000
长期负债	30 000	不变动	30 000
负债总额	150 000	20	170 000
普通股	60 000	不变动	60 000
留用利润	30 000	变动	50 000
负债与所有者权益总额	240 000		280 000
可用资金总额			280 000
需筹措的资金			28 320
合计			308 320

表 4-19 中 的 留 用 利 润 为 基 年 留 用 利 润 30 000 元 与 2019 年 预 留 利 润 20 000（400 000×5%）元之和即50 000元。可用资金总额为2019年预计负债170 000元与预计所有者权益110 000元之和即280 000元。用资产预计数308 320元减去可用资金总额，即为企业需要筹措的资金28 320元。

通过以上计算可以看出，庆南公司2019年预计资金需要总量为308 320元，与2018年年底相比需增加资金68 320元，如果考虑资金来源将随销售增长而增加的话，仍需筹措资金28 320元。

4.4.2 固定资金需要量预测

固定资金需要量预测是对未来一定时期内企业进行生产经营活动所需的固定资金进行预计和测算。要预测固定资金需要量，首先要预测固定资产的需要量。固定资产需要量的预测，就是根据企业的生产经营方向、生产经营任务和现有的生产能力，预计和测算企业为完成生产经营任务所需要的固定资产数量。

生产设备是企业进行生产经营活动的主要物质技术基础，是决定生产经营的基本因素，占用资金最多。因此，固定资产需要量的预测应以生产设备为重点。

预测生产设备需要量的基本思路是生产能力和生产经营任务相平衡，也就是在对现有设备的数量、质量和生产能力进行彻底清查的基础上，将现有生产设备全年有效台时总数与完成预测期生产经营任务所需要的定额台时总数进行比较，计算出各类生产设备对完成预计生产经营任务的保证程度以及多余或不足的设备数量，最后决定对多余或不足设备的处理方法。计算公式如下：

$$某项生产设备需要量 = \frac{预计生产经营能力（实物量或台时数）}{单台设备生产能力（实物量或台时数）}$$

式中，预计生产经营能力和单台设备生产能力可以用实物量（预计产量和单台设备年产量）表示，也可以用台时量（全年预计有效工作台时数和单台设备预计工作时数）表示。如果生产单一产品，则可以直接按实物量计算设备需要量；如果生产多种产品，而且有些产品需要经过若干个加工工序才能完成，则应按定额台时数计算。

（1）单台设备生产能力的测算。单台设备生产能力按实物量测算，具体是按单台设备的年产量测算。年产量取决于台班产量、开工班次、全年预计工作日数等因素。台班产量可参照设计、实际产量及最高能力等因素确定。开工班次应根据生产任务、现有人力、设备数量确定。全年预计工作日数等于日历日数减去法定节假日和检修停台日数。计算公式为：

$$单台设备年生产能力（台）= 台班产量 \times 开工班次 \times 全年预计工作日数$$

单台设备年生产能力如果按台时数测算，那么其就是单台设备预计有效工作时数。计算公式为：

$$单台设备预计有效工作时数 = \left(\begin{matrix}全年制度 \\ 工作日数\end{matrix} - \begin{matrix}设备检修 \\ 停台日数\end{matrix}\right) \times 每日开班数 \times 每班工时数$$

（2）预计生产任务的测算。预计生产任务按实物量测算，即预计产量。根据市场需求状况确定的产品品种和数量，是计算固定资产需用量的主要依据。如果企业产品品种不多，可按不同品种的产量分别测算；如果企业产品品种很多，按不同品品种分别测算有困难，则可按产品结构或工艺过程进行适当分类，从中选择一种规格的产品为代表产品，将其他规格的产品按照换算系数换算成代表产品的产量。换算系数的计算公式为：

$$某产品的换算系数 = \frac{该产品单位定额台时数}{代表产品单位定额台时数} \times 100\%$$

预计生产任务按台时数测算，即预计生产任务台时定额总数。各类生产设备需用台时定额是将全年预计生产任务的实物量，按单位产品台时定额换算而成的。计算公式为：

$$预计生产任务台时定额总数 = \sum \left(\begin{matrix}预计 \\ 产量\end{matrix} \times \begin{matrix}单位产品 \\ 台时定额\end{matrix}\right) \times 定额改进系数$$

式中，有关预计产量的计算有以下两种情况：当企业生产一种产品或产品品种不多时，可按生产任务规定的各种产品的预计产量直接计算；如果企业产品品种较多，难以按不同品种计算，则应折合成代表产品的产量，其换算方法与按实物量测算预计生产任务的方法相同。单位产品台时定额，是指企业技术资料所规定的现行台时定额。定额改进系数，是指企业预计新定额占现行定额的百分比。由于现行定额制定后，并不是经常修订的，在执行过程中，由于采用新技术、劳动生产率提高，现行定额被突破，预测年度单位产品台时定额往往较现行定额先进。企业根据基年台时定额的完成情况，在考虑预测年度可能达到的水平的基础上，确定出预测年度改进后的定额，此项定额称为预计新定额。例如，企业现行单位产品台时定额为40台时，预计预测年度可压缩为38台时，则：

$$定额改进系数 = \frac{38}{40} \times 100\% = 95\%$$

（3）对生产能力与预计生产任务的平衡情况的预测。生产能力与预计生产任务的平衡，是测算生产设备需要量的重要一环。通过平衡计算，人们可以掌握企业生产设备能力余缺情况，为调整生产设备、充分利用设备生产能力提供依据。生产设备能力余缺是通过计算设备负荷系数来确定的。计算公式为：

$$某类设备负荷系数=\frac{预计生产经营任务需用台时定额总数}{该种设备全年预计有效工作台时总数}\times100\%$$

4.4.3 流动资金需要量预测

流动资金需要量预测是对未来一定时期内企业进行生产经营活动所需流动资金进行预计和测算。预测流动资金需要量最常见的有资金占用比例法、周转期预测法、因素测算法和余额测算法。

1. 资金占用比例法

资金占用比例法是指企业根据预测期确定的相关指标（如净产值、营业收入、营业成本费用、营业利润等指标），按基年流动资金实际平均占用额与相关指标的比例关系，来预测流动资金需用总量的方法。基本计算公式是：

$$预测期流动资金需要总量=预测期相关指标\times基年相关指标流动资金率$$

$$\times\left(1\pm\frac{预测期流动资金}{周转速度变动率}\right)$$

$$基年相关指标流动资金率=\frac{\begin{matrix}基年流动资金\\实际平均占用额\end{matrix}-\begin{matrix}不合理平\\均占用额\end{matrix}}{基年相关指标实际数额}\times100\%$$

2. 周转期预测法

周转期预测法是根据流动资金完成一次循环所需要的日数（资金定额日数）和每日平均周转额（每日平均资金占用额），来计算流动资金需要量的方法。在制造业，原材料、在产品、产成品等资金项目通常都采用该种方法进行测算。周转期计算法所采用的计算公式为：

$$某项流动资金需要量=该项流动资金每日平均周转额\times该项流动资金周转日数$$

3. 因素测算法

因素测算法是以有关流动资金项目上年度的实际平均需要量为基础，根据预测年度的生产经营任务和加速流动资金周转的要求，进行分析调整，来预测流动资金需要量的方法。采用这种方法时，首先应在上年度流动资金平均占用额的基础上，剔除其中呆滞积压的不合理部分，然后根据预测期的生产经营任务和加速流动资金周转的要求进行测算。因素测算法所采用的计算公式是：

$$流动资金需要=\left(\begin{matrix}上年流动资金\\实际平均占用量\end{matrix}-\begin{matrix}不合理平均\\占用额\end{matrix}\right)\times\left(1\pm\begin{matrix}预测年度生产\\增减的百分比\end{matrix}\right)$$

$$\times\left(1\pm\begin{matrix}预测期流动资金\\周转速度变动率\end{matrix}\right)$$

4. 余额测算法

余额测算法是以上年结转余额为基础，根据预测年度发生数额、摊销数额来测算流动资金需要量的一种方法。该方法适用于流动资金占用数额比较稳定的项目，如待摊费用。计算公式是：

$$流动资金需要量=预测年度期初结余额+预测年度发生额-预测年度摊销额$$

思考题

1. 试述定性销售预测和定量销售预测的优缺点。

2. 试述成本预测的步骤。

3. 可比产品成本预测的基本思路是什么？

4. 采用因素分析法进行利润预测时，应注意的问题有哪些？

5. 固定资产需要量预测需要注意哪些问题？

6. 试述流动资金需要量预测的主要方法及其特点。

练习题

1. 某水泥厂通过调查发现，水泥的销售量与农村居民住房建筑许可证有很大的依存关系。已知本地区连续 6 年的历史数据如表 4-20 所示。

表 4-20　　　　　　　　　水泥销量和居民住房建筑许可证的历史数据

年份	2012	2013	2014	2015	2016	2017
居民住房建筑许可证（万个）	5	4	6	7	9	8
水泥销售量（万吨）	140	120	170	190	230	235

要求：

（1）用算术平均法预测该水泥厂 2018 年的水泥销售量。

（2）假设各年的权数依次是 0.1、0.1、0.1、0.15、0.25、0.3，用加权平均法预测该水泥厂 2018 年水泥的销售量。

（3）假设预计 2018 年发放的农村居民住房建筑许可证为 10 万个，要求用回归直线法预测该水泥厂 2018 年水泥的销售量。

2. 已知：某企业生产一种产品，2017 年 1～12 月的销售量如表 4-21 所示。

表 4-21　　　　　　　　　　　　　　产品销售量

月份	1	2	3	4	5	6	7	8	9	10	11	12
销量（吨）	10	12	13	11	14	16	17	15	12	16	18	19

要求： 按平滑指数法（假设 2017 年 12 月销售量预测数为 16 吨，平滑指数为 0.3）预测 2018 年 1 月销售量。

3. A 公司预测期产品成本的主要资料如表 4-22 所示，要求计算预测期产品成本的降低率。

表 4-22　　　　　　　　　　　　产品成本资料

各项主要技术经济指标的变动情况	基期各成本项目占产品成本的比重
原材料消耗降低 10%	直接材料 40%
原材料价格平均降低 6%	直接工资 20%
产品产量平均增长 20%	变动性制造费用 15%
生产工人平均工资增长 15%	固定制造费用 13%
劳动生产率提高 18%	管理费用 8%
变动性制造费用增加 16%	废品损失 4%
管理费用增加 12%	
废品损失减少 20%	

4. 北方公司生产甲、乙、丙三种产品，2017 年的成本资料如表 4-23 所示。预测期的其他损益数据如表 4-24 所示。

要求：预测 2018 年的利润总额。

表 4-23　　　　　　　　　　　　2017 年成本资料表

产品	销售单价（元）	产品成本（元）		预计明年产品销售量（个）
甲	100	50	20	1 000
乙	200	120	40	2 000
丙	150	80	15	3 000

表 4-24　　　　　　　　　　　　预测期的其他损益数据

预测明年各项损益项目	金额（元）
其他业务收入	500 000
其他业务成本	200 000
其他业务税金	100 000
投资收益	1 000 000
投资损失	150 000
营业外收入	30 000
营业外支出	80 000

5. 南方公司 2017 年产品销售收入为 332 600 元，销售成本为 260 000 元。南方公司共生产 A、B、C 三种产品，成本利润率分别为 50%、27% 和 16%，销售比重分别为 30%、30% 和 40%。通过市场调查和内部强化控制，预计 2018 年公司经营将出现以下变化。

（1）由于销售增长，预计销售成本按上年水平计算将增加 10%。

（2）根据市场状况，该公司将 A、B、C 三种产品的比重进行了调整，调整后为：40%、40% 和 20%。

（3）通过成本挖潜，预计 2018 年产品成本将降低 6%。

（4）B产品2017年销售量为3 000件，同时由于市场的变化，该产品的销售单价由原来的80元调整到100元。销售税率为6%。

（5）国家将于2018年7月1日调低B产品的销售税率，调整后销售税率为3%。

要求： 采用因素分析法确定2018年南方公司的销售利润额。

6. 西发公司近五年的资金总量和销售收入如表4-25所示。

表4-25　　　　　　　　西发公司近五年的资金总量和销售收入　　　　　　　单位：万元

年度	销售收入	资金总量
2013	430	270
2014	420	260
2015	445	275
2016	500	290
2017	520	330

如果西发公司2018年销售收入预测值为600万元，用最小二乘法预测2018年的资金需用总量。

7. 中盛公司2017年的销售额为1 000 000元，这已是公司的最大生产能力。假定税后净利占销售额的4%，即40 000元，已分配利润为税后净利的50%，即20 000元。预计2018年销售量可达1 500 000元，已分配利润仍为税后净利的50%。中盛公司2017年12月31日的资产负债表如表4-26所示。

表4-26　　　　　　　　　　　　中盛公司资产负债表

2017年12月31日　　　　　　　　　　　　　　单位：元

资产		负债及所有者权益	
银行借款	20 000	应付账款	150 000
应收账款	170 000	应付票据	30 000
存货	200 000	长期借款	200 000
固定资产	300 000	实收资本	400 000
无形资产	110 000	未分配利润	20 000
资产合计	800 000	负债及所有者权益合计	800 000

要求： 根据上述所提供的资料，预测中盛公司2018年的资金需要量。

第5章
经营决策

学习目标

1. 了解价值的含义，掌握产品功能成本决策的基本思路和方法。

2. 熟练掌握贡献毛益分析法、差量分析法、成本无差别点分析法的原理和方法，并能够针对性解决经营决策的相关问题。

3. 了解和掌握产品组合决策、生产组织决策的方法，解决相关决策问题。

4. 了解成本与价格的关系，掌握价格制定的基本方法。

引导案例

孙教授讲到产品功能成本决策的相关内容时问同学：一家家具生产企业在设计凳子时，如果考虑以最低的成本实现凳子适当且必要的功能，那么这个凳子是三条腿好呢，还是四条腿好呢？

甲同学说：三条腿好，因为三点确定平面，这样就可以节约一条腿的成本。

乙同学说：具体问题要具体分析。例如，如果是圆形凳子，当然三条腿好；而如果是方形凳子呢？显然四条腿更好。

甲同学说：方形凳子也可以三条腿啊。

你怎么看呢？

5.1 产品功能成本决策

产品功能成本决策是将产品的功能（产品所担负的职能或所起的作用）与成本（为获得产品一定的功能必须支出的费用）进行对比，寻找降低产品成本途径的管理活动。进行产品功能成本决策的目的在于以最低的成本实现产品适当的、必要的功能，提高企业的经济效益。

产品功能与成本之间的比值关系称为价值，可用公式表示为：

$$价值（V）=功能（F）\div 成本（C）$$

从上式可以看出，提高产品价值的途径如下。

（1）在产品成本不变的情况下，功能提高，将会提高产品的价值；

（2）在产品功能不变的情况下，成本降低，将会提高产品的价值；

（3）在产品功能提高的情况下，成本降低，将会提高产品的价值；

（4）在产品成本提高的情况下，功能提高的幅度大于成本提高的幅度，将会提高产品的价值；

（5）在产品功能降低的情况下，成本降低的幅度大于功能降低的幅度，将会提高产品的价值。

企业可以根据实际情况，从上述途径着手，按以下步骤进行功能成本决策。

5.1.1 选择分析对象

若企业进行多品种生产，则应选择重要产品进行功能成本分析。选择的一般原则如下。

（1）从产量大的产品中选，可以有效地积累每一产品的成本降低额。

（2）从结构复杂、零部件多的产品中选，可以简化结构、减少零部件的种类或数量。

（3）从体积大或重量大的产品中选，可以缩小体积、减轻重量。

（4）从投产期长的老产品中选，可以改进产品设计，尽量采用新技术、新工艺、新方法加工。

（5）从畅销产品中选，不仅可以降低成本，而且能使该产品处于更有利的竞争地位。

（6）从原设计问题比较多的产品中选，可以充分挖掘改进设计的潜力。

（7）从工艺复杂、工序繁多的产品中选，可以简化工艺、减少工序。

（8）从成本高的产品中选，可以较大幅度地降低成本。

（9）从零部件消耗量大的产品中选，可以大幅度降低成本，优化结构。

（10）从废品率高、退货多、用户意见大的产品中选，可以提高功能成本分析的效率。

5.1.2 收集资料

分析对象确定后，应深入进行市场调查，收集以下各种资料作为分析研究的依据。

（1）产品的竞争状况。例如，竞争对手的数量、分布、能力，以及竞争对手在产品设计上的特点及推销渠道等。

（2）产品的需求状况。例如，用户对产品性能及成本的要求、销售结构及数量的预期值、价格水平等。

（3）产品设计、工艺加工状况。结合市场需求及竞争对手的优势，分析企业在产品设计、工艺加工技术方面存在的不足等。

（4）经济分析资料。例如，与产品成本构成、成本水平、消耗定额、生产指标等相关的资料。

（5）国内外同类型产品的其他有关资料。

对于收集的各种资料，应进行详细分析，去粗取精，去伪存真，增加分析资料的可靠性。

5.1.3 进行功能评价

有关功能评价的内容，主要包括功能评价的基本步骤和方法。

1. 功能评价的基本步骤

功能评价的基本步骤如下。

（1）以功能评价系数为基准，将功能评价系数与按目前成本计算的成本系数相比，确定价值系数；

（2）将目标成本按价值系数进行分配，并确定目标成本分配额与目前成本的差异值；

（3）选择价值系数低、成本降低潜力大的作为重点分析对象。

2. 功能评价的方法

功能评价的方法很多，现介绍两种常用的方法——评分法和强制确定法。

（1）评分法

该方法按产品或零部件的功能重要程度打分，通过确定不同方案的价值系数来选择最优方案。

例5-1 改进某种手表的方案有三个，现从走时、夜光、防水、防震、外观五个方面采用5分制评分，评分结果如表5-1所示。

表 5-1　　　　　　　　　　　　　　　　功能比较表

项目	走时	夜光	防水	防震	外观	总分	选择
方案1	3	4	5	4	5	21	√
方案2	5	5	3	5	4	22	√
方案3	5	4	4	3	4	20	×

上述3个方案中，方案3的总分最低，初选淘汰。对于方案1和方案2应结合成本资料进行第二轮比较，有关成本资料如表5-2所示。

表 5-2　　　　　　　　　　　　方案估计成本比较表　　　　　　　　　　　　单位：元

项目	预计销售量（件）	直接材料、人工等	制造费用	制造成本
方案1	5 000	280	80 000	296
方案2	5 000	270	50 000	280

然后，进行价值分析。如果方案1的成本系数为100，则方案2的成本系数为：

$$\frac{280}{296} \times 100 \approx 94.59$$

方案1和方案2的价值系数分别为：

$$V_1 = \frac{21}{100} = 0.21$$

$$V_2 = \frac{22}{94.59} \approx 0.23$$

通过对比可知，方案2不仅成本较低，而且功能成本比值（价值系数）高，因而应该选择方案2。

（2）强制确定法

这种方法也称为一对一比较法或"0，1"评分法，就是把组成产品的零件排列起来，一对一地对比，凡功能相对重要的零件得1分，功能相对不重要的零件得0分。然后，将各零件得分总计数被全部零件得分总数除，即可求得零件的功能评价系数。假设甲产品由A、B、C、D、E、F、G七个零件组成，则按强制确定法计算的功能评价系数如表5-3所示。

表 5-3 功能比较表

零件名称	一对一比较结果							得分合计	功能评价系数
	A	B	C	D	E	F	G		
A	×	1	1	0	1	1	1	5	5÷21≈0.238
B	0	×	0	1	1	0	0	2	2÷21≈0.095
C	0	1	×	0	0	1	1	3	3÷21≈0.143
D	1	0	1	×	1	1	0	4	4÷21≈0.191
E	0	0	1	0	×	1	1	3	3÷21≈0.143
F	0	1	0	0	0	×	1	2	2÷21≈0.095
G	0	1	0	1	0	0	×	2	2÷21≈0.095
合计								21	1.000

在表 5-3 中，A 和 D 两个零件的功能评价系数较大，说明其功能较为重要，而 B、F、G三个零件的功能评价系数最小，说明其功能较不重要。

在功能评价系数确定后，应计算各零件的成本系数和价值系数：

$$各零件的成本系数 = \frac{某零件的目前成本}{所有零件目前成本合计}$$

$$各零件的价值系数 = \frac{某零件的功能评价系数}{该零件的成本系数}$$

例5-2 以表5-3中的甲产品的七个零件为例，对价值系数进行相关说明，计算结果如表5-4所示。

表 5-4 零件价值系数计算表 单位：元

零件名称项目	功能评价系数	目前成本	成本系数	价值系数
A	0.238	300	0.250	0.952
B	0.095	500	0.417	0.228
C	0.143	48	0.040	3.575
D	0.191	46	0.038	5.026
E	0.143	100	0.083	1.723
F	0.095	80	0.067	1.418
G	0.095	126	0.105	0.905
合计	1.000	1 200	1.000	—

价值系数表示功能与成本之比，如果价值系数等于1或接近于1（如A、G零件），则说明零件的功能与成本基本相当，因而也就不是降低成本的主要目标；如果价值系数大于1（如C、D、E、F零件），则说明零件的功能过剩或成本偏低，在该零件功能得到满足的情况下，已无必要进一步降低成本或减少过剩功能；如果价值系数小于1（如B零件），则说明与功能相比成本偏高，应作为降低成本的主要目标，进一步寻找提高功能、降低成本的潜力。

那么B零件的成本应降低到什么程度，才能与其功能相匹配呢？

在产品目标成本已定的情况下，可将产品目标成本按功能评价系数分配给各零件，然后与各零件的目前成本比较，即可确定各零件成本降低的数额。假定甲产品的目标成本为1 000元，则各零件预计成本及成本降低额的计算结果如表5-5所示。

表5-5 　　　　　　　　　　　　　　零件预计成本表　　　　　　　　　　　　　　单位：元

零件名称项目	功能评价系数	按功能评价系数分配目标成本	目前成本	成本降低额
A	0.238	238	300	62
B	0.095	95	500	405
C	0.143	143	48	-95
D	0.191	191	46	-145
E	0.143	143	100	-43
F	0.095	95	80	-15
G	0.095	95	126	31
合计	1.000	1 000	1 200	200

从表5-5可以看出，目标成本比目前成本应降低200元，其中，A、B、G零件成本及其功能相比偏高，故应作为降低成本的对象，尤其是B零件更应作为重点对象；C、D、E、F零件（特别是D零件），只有在功能过剩的情况下才考虑减少过剩功能以降低成本，否则应维持原状。

5.1.4 试验与提案

在功能评价的基础上，对过剩功能和不必要成本进行调整，从而提出新的可供试验的方案。然后，按新方案进行试验生产，在征求各方面意见的同时，对新方案的不足加以改进。新方案经进一步调整即可作为正式方案提交有关部门审批，批准后即可组织实施。

5.2 品种决策

品种决策是在产品功能决策的基础上解决生产什么产品的问题：生产何种新产品、亏损产品是否停产、零部件是自制还是外购、半成品（或联产品）是否需要进一步加工等。

5.2.1 新产品生产的决策

如果企业有剩余生产能力可供使用，或者利用过时老产品腾出来的生产能力，则在有几种新产品可供选择时一般采用贡献毛益分析法进行决策。

贡献毛益分析法是通过比较各备选方案贡献毛益（即产品或劳务的收入大于变动成本的部分）的大小来确定最优方案的分析方法。于是，贡献毛益越大，减去不变的固定成本后的余额（即利润）也就越大。也就是说，贡献毛益的大小，反映了备选方案对企业利润目标所做贡献的大小。

在运用贡献毛益法进行备选方案的择优决策时，应注意以下几点。

（1）在不存在专属成本的情况下，通过比较不同备选方案的贡献毛益总额，进行正确的择优决策（见【例5-3】）。

（2）在存在专属成本的情况下，首先应计算备选方案的剩余贡献毛益（贡献毛益总额减专属成本后的余额），然后通过比较不同备选方案的剩余贡献毛益（或贡献毛益）总额，进行正确的择优决策（见【例5-4】）。

（3）在企业的某项资源（如原材料、人工工时、机器工时等）受到限制的情况下，应通过计算、比较各备选方案的单位资源贡献毛益额，来正确进行择优决策（见【例5-5】）。

（4）由于贡献毛益总额的大小，既取决于单位产品贡献毛益额的大小，也取决于该产品的产销量，决策应该选择贡献毛益总额最大的。因为单位贡献毛益额大的产品，未必提供的贡献毛益总额也大，也就是说，决策中不能只根据单位贡献毛益额的大小来择优决策。

例5-3 某企业原来生产甲、乙两种产品，现有丙、丁两种新产品可以投入生产，但剩余生产能力有限，只能将其中一种新产品投入生产。企业的固定成本为1 800元，并不因为新产品投产而增加。各种产品的资料如表5-6所示。

表 5-6　　　　　　　　　　　　　基础数据表　　　　　　　　　　　　　单位：元

项目产品名称	甲	乙	丙	丁
产销数量（件）	300	200	180	240
售价	10	8	6	9
单位变动成本	4	5	3	5

这时，只要分别计算丙、丁产品能够提供的贡献毛益额（见表5-7），加以对比，便可做出决策。

表 5-7　　　　　　　　　　　　贡献毛益计算表　　　　　　　　　　　　单位：元

项目产品名称	丙	丁
预计销售数量（件）	180	240
售价	6	9
单位变动成本	3	5
单位贡献毛益	3	4
贡献毛益总额	540	960

以上计算表明，丁产品的贡献毛益总额比丙产品的贡献毛益总额多420（960-540）元。可见，生产丁产品优于丙产品。

这种决策的正确性，可以根据表5-8和表5-9计算两个方案的公司利润额加以证明。

表 5-8　　　　　　　　　　　　　利润计算表　　　　　　　　　　　　　单位：元

项目产品名称	甲	乙	丙	合计
销售收入	3 000	1 600	1 080	5 680
变动成本	1 200	1 000	540	2 740
贡献毛益总额	1 800	600	540	2 940
固定成本	—	—	—	1 800
利润	—	—	—	1 140

表5-9 利润计算表 单位：元

项目产品名称	甲	乙	丁	合计
销售收入	3 000	1 600	2 160	6 760
变动成本	1 200	1 000	1 200	3 400
贡献毛益总额	1 800	600	960	3 360
固定成本	—	—	—	1 800
利润	—	—	—	1 560

例5-4 如果【例5-3】中丙产品有专属固定成本（如专门设置设备的折旧）180元，丁产品有专属固定成本650元，则剩余贡献毛益如表5-10所示。

表5-10 剩余贡献毛益 单位：元

项目产品名称	丙	丁
贡献毛益额	540	960
专属固定成本	180	650
剩余贡献毛益总额	360	310

在这种情况下，丁产品的剩余贡献毛益总额比丙产品的少50（360-310）元，因此生产丙产品优于丁产品。

例5-5 某企业现有设备的生产能力是40 000个机器工时，现有生产能力的利用程度为80%。现准备用剩余生产能力开发新产品甲、乙或丙。新产品甲、乙、丙的有关资料如表5-11所示。

表5-11 基础数据表

项目产品	甲	乙	丙
单位产品定额工时（小时）	2	3	4
单位销售价格（元）	30	40	50
单位变动成本（元）	20	26	30

由于现有设备加工精度不足，在生产丙产品时，需要增加专属设备5 000元。在甲、乙、丙产品市场销售不受限制的情况下，进行方案选择可以采用贡献毛益分析法。

该企业现有剩余机器工时8 000小时。

根据已知数据编制分析表，如表5-12所示。

表5-12 计算分析表

项目方案	生产甲产品	生产乙产品	生产丙产品
最大产量（件）	8 000÷2=4 000	8 000÷3≈2 666	8 000÷4=2 000
单位销售价格（元）	30	40	50
单位变动成本（元）	20	26	30
单位贡献毛益（元）	10	14	20
专属成本（元）	—	—	5 000

续表

项目方案	生产甲产品	生产乙产品	生产丙产品
贡献毛益总额（元）	40 000	37 324	40 000
剩余贡献毛益总额（元）	—	—	35 000
单位产品定额工时（小时）	2	3	4
单位工时贡献毛益（元）	5	4.67	4.375

根据计算结果可知，开发新产品甲最为有利。首先，甲产品的贡献毛益总额为40 000元，比乙产品的贡献毛益总额多2676元，比丙产品的剩余贡献毛益多5 000元；其次，甲产品的单位工时贡献毛益额为5元，比乙产品高0.33元，比丙产品高0.625元。可见，无论从贡献毛益总额（或剩余贡献毛益总额）来判断，还是从单位工时贡献毛益额来判断，甲产品的生产方案均为最优。

此外，尽管甲产品的单位贡献毛益最低，但由于其产量的影响，其贡献毛益总额仍然最大。可见，产品单位贡献毛益额的大小，不是方案择优决策的唯一标准。

贡献毛益分析法适用于收入成本型（收益型）方案的择优决策，尤其适用于多个方案的择优决策。

5.2.2 亏损产品的决策

企业对不同方案的比较、选择的过程，实质是对最大收益方案的选择过程，最大收益是在各个备选方案的比较中产生的。当两个备选方案具有不同的预期收入和预期成本时，根据这两个备选方案间的差量收入、差量成本计算的差量损益进行最优方案选择的方法，就叫差量分析法。

亏损产品一定要停产吗？

因此，对于亏损产品，绝不能简单地予以停产，而必须综合考虑企业各种产品的经营状况、生产能力的利用及有关因素的影响，在变动成本法的基础上采用差量分析法进行计算后，做出停产、继续生产、转产或出租等最优选择。

在差量损益（即两个备选方案预期收益之间的数量差异）确定后，可以进行方案的选择：如果差量损益为正（即为差量收益），则说明比较方案可取；如果差量损益为负（即为差量损失），则说明被比较方案可取。

差量分析法的相关概念如表 5-13 所示。

表 5-13　　　　　　　　　　　差量分析的相关概念

A 方案	B 方案	差量（A-B）
预期收入	预期收入	差量收入
预期成本	预期成本	差量成本
预期损益	预期损益	差量损益

当差量损益>0 时，A 方案可取；当差量损益<0 时，B 方案可取。

例5-6 光华公司生产甲、乙、丙三种产品，其中甲产品是亏损产品。有关盈亏按全部成本法计算如表5-14所示。

表 5-14 盈亏计算表 单位：元

项目产品名称	甲	乙	丙	合计
销售收入	1 800	2 900	7 300	12 000
销售成本	2 100	2 400	4 900	9 400
营业利润	−300	500	2 400	2 600

如果仅仅根据表5-14所示的资料来看，停止甲产品的生产是有利的（利润将上升到2 900元）。但是否真正有利，还应参考其他资料才能确定。假设按变动成本法分解成本，得到的相关数据如表5-15所示。

表 5-15 成本分解表 单位：元

项目产品名称	甲	乙	丙
直接材料	800	600	2 500
直接人工	400	200	400
制造费用	200	400	700
管理费用	192	340	360
财务费用	220	380	420
销售费用	288	480	520

从表5-15中可以看出，在按全部成本法计算的甲产品成本总额2 100元中，有期间费用分摊额共计700（192+220+288）元，而在变动成本法下，这部分费用均应在本期全数扣除。因此，在甲产品尚能提供贡献毛益额400（1 800−1 200−200）元的情况下，停止甲产品生产不但不会增加300元利润，反而会减少400元利润（利润将降至2 200元）。表5-16中的数据可以证明这一点。

表 5-16 差量分析表 单位：元

项目	继续生产甲产品	停止生产甲产品	差量
销售收入	12 000	10 200	1 800
成本			
直接材料	3 900	3 100	800
直接人工	1 000	600	400
制造费用	1 300	1 100	200
费用			
管理费用	892	892	0
财务费用	1 020	1 020	0
销售费用	1 288	1 288	0
利润	2 600	2 200	400

亏损产品的决策是一个复杂的多因素综合考虑过程，一般应注意以下几点。

（1）如果亏损产品能够提供贡献毛益额，弥补一部分固定成本，则除特殊情况外（如存在更加有利可图的机会），一般不应停产。但如果亏损产品不能提供贡献毛益额，则通常应考虑停产。

（2）亏损产品能够提供贡献毛益额，并不意味该亏损产品一定要继续生产。如果存在更加有利可图的机会（如转产其他产品或将停止亏损产品生产而腾出的固定资产出租），能够使企业获得更多的贡献毛益额，那么该亏损产品应停产。

例5-7 依【例5-6】，假定光华公司在停止甲产品生产后可将生产能力转产丁产品，其销售单价为150元，单位变动成本（单位直接材料、单位直接人工与单位制造费用之和）为110元，通过市场销售预测，丁产品一年可产销500件。转产丁产品需追加机器投资12 000元。问是否应停止甲产品生产而转产丁产品？

在转产决策中，只要转产的丁产品提供的贡献毛益总额（在有专属固定成本时应计算剩余贡献毛益总额）大于亏损的甲产品提供的贡献毛益总额，就应做出转产的决策。丁产品剩余贡献毛益总额的计算如下：

丁产品销售收入=500×150=75 000（元）

丁产品变动成本=500×110=55 000（元）

丁产品贡献毛益额=75 000-55 000=20 000（元）

丁产品专属固定成本=12 000（元）

丁产品剩余贡献毛益额=20 000-12 000=8 000（元）

从上述计算可以看出，丁产品提供的剩余贡献毛益额大于甲产品提供的贡献毛益额7 600（8 000-400）元，说明转产丁产品比继续生产甲产品更加有利可图，此时企业利润总额将增至10 200元，增加利润7 600元，如表5-17所示。

表 5-17　　　　　　　　　　　　　　差量分析表　　　　　　　　　　　　单位：元

项目	生产甲产品	转产丁产品	差量
销售收入总额	12 000	85 200	73 200
变动成本总额	6 200	59 800	53 600
贡献毛益总额	5 800	25 400	19 600
固定成本总额 （其中：专属固定成本）	3 200	15 200 （12 000）	12 000
利润总额	2 600	10 200	7 600

在亏损产品停产后，闲置的厂房、设备等固定资产可以出租时，只要出租净收入（指租金收入扣除合同规定的应由出租者负担的某些费用后的余额）大于亏损产品所提供的贡献毛益额，这时也应考虑停止亏损产品生产而采用出租的方案。

综上所述，在不改变生产能力的短期决策中，固定成本一般不变，因而可以把固定成本排除在决策考虑因素外（但专属固定成本必须考虑），只需要比较各方案的贡献毛益额即可选择最优方案。

（3）在生产、销售条件允许的情况下，大力生产、销售能够提供贡献毛益额的亏损产品，也会扭亏为盈，并使企业的利润大大增加。

例5-8 依【例5-7】，假定光华公司将甲产品的销售收入由1 800元提高到3 600元（假设固定成本分摊额不变），则企业将盈利3 000元（其中甲产品将盈利100元），有关计算如表5-18所示。

表 5-18		盈亏计算表		单位：元
项目产品	甲	乙	丙	合计
销售收入	3 600	2 900	7 300	13 800
减：变动成本	2 800	1 200	3 600	7 600
贡献毛益额	800	1 700	3 700	6 200
减：固定成本	700	1 200	1 300	3 200
利润	100	500	2 400	3 000

（4）对不提供贡献毛益额的亏损产品，不能不加区别地予以停产。首先应在努力降低成本上做文章，以期转亏为盈；其次应在市场允许的范围内通过适当提高售价来扭亏为盈；最后，应考虑企业的产品结构和社会效益的需要。

总之，亏损产品的决策涉及的因素很多，需要从不同角度设计方案并采用恰当的方法优选方案。

5.2.3 自制还是外购的决策

对那些有机械加工能力的企业而言，常常面临所需零配件是自制还是外购的问题。由于所需零配件的数量对自制方案或外购方案都是一样的，因而这类决策在相同质量并保证及时供货的情况下通常只需要考虑自制方案和外购方案的成本高低，就低不就高。

自制或外购的决策，一般采用增量成本（实行某方案而增加的成本）分析法或成本无差别点分析法。

1. 外购不减少固定成本的决策

如果企业可以从市场上买到现在由企业自己生产的某种零配件，而且质量相当、供货及时、价格低廉，这时一般都会考虑停产外购。在由自制转为外购且其剩余生产能力不能利用（固定成本并不因停产外购而减少）的情况下，正确的分析方法是：将外购的单位增量成本，即购买零配件的价格（包括买价，单位零配件应负担的订购、运输、装卸、检验等费用），与自制时的单位增量成本相对比，单位增量成本低的即为最优方案。由于固定成本不因停产外购而减少，这样，自制时的单位变动成本就是自制方案的单位增量成本。所以，自制单位变动成本高于购买价格时，应该外购；自制单位变动成本低于购买价格时，应该自制。

例5-9 某公司生产甲产品每年需要A零件58 000件，由车间自制时每件成本为78元，其中单位变动成本为60元，单位固定成本为18元。现市场上销售的A零件价格为每件65元，且质量更好、保证按时送货上门。该公司应该自制还是外购？

由于自制单位变动成本60元<外购单位价格65元，因而应选择自制。这时每件A零配件的成本将降低5元，总共降低290 000元。但如果停产外购，则自制时所负担的一部分固定成本（外购价格与自制单位成本的差额）将由其他产品负担，此时企业将减少利润：

（58 000×18）-（78-65）×58 000=290 000（元）

2. 自制增加固定成本的决策

在企业所需零配件由外购转为自制时，需要增加一定的专属固定成本（如购置专用设备而增加的固定成本），或由自制转为外购时可以减少一定的专属固定成本的情况下，自制方案的单位增量成本不仅包括单位变动成本，而且应包括单位专属固定成本。由于单位专属固定成本随产量的增加而减少，因此，自制方案单位增量成本与外购方案单位增量成本的对比将在某个产量点产生优劣互换的现象，即产量超过某一限度时自制有利，产量低于该限度时外购有利。这时，就必须首先确定该产量限度点（利用成本分界点的分析方法），并将产量划分为不同的区域，然后确定在何种区域内哪个方案最优。

在成本按性态分类的基础上，任何方案的总成本都可以用 $y=a+bx$ 表述。所谓成本无差别点，是指在该业务量水平上两个不同方案的总成本相等，但当高于或低于该业务量水平时，不同方案就具有了不同的业务量优势区域。利用不同方案的不同业务量优势区域进行最优化方案选择的方法，称为成本无差别点分析法。

设：x 为成本无差别点业务量；

a_1、a_2 分别为方案 I、方案 II 的固定成本总额；

b_1、b_2 分别为方案 I、方案 II 的单位变动成本；

y_1、y_2 分别为方案 I、方案 II 的总成本。

于是：

$$y_1=a_1+b_1x$$

$$y_2=a_2+b_2x$$

根据在成本无差别点上两个方案总成本相等的原理，令：

$$y_1=y_2$$

则：

$$a_1+b_1x=a_2+b_2x$$

变形得：

$$x=(a_1-a_2)/(b_2-b_1)$$

这时，整个业务量被分割为两个区域：$0\sim x$ 及 $x\sim\infty$，其中 x 为成本无差别点（见图 5-1）。

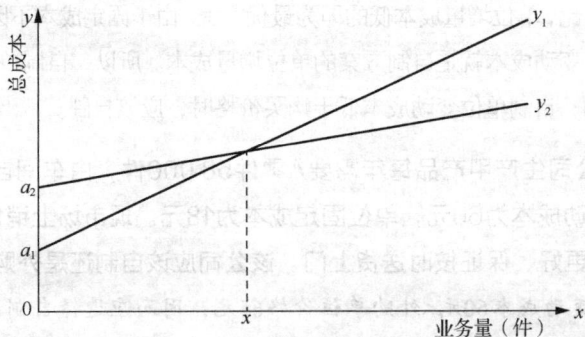

图 5-1 成本无差别点

在成本无差别点上，方案 I 和方案 II 的总成本相等，也就是说两个方案都可取；而低于或高于该点，方案 I 和方案 II 就具有了不同的选择价值。至于在哪个区域哪个方案更可取，则应通过选取数据代入y_1、y_2公式来确定。

例5-10 某公司每年需用B零件860件，以前一直外购，购买价格为每件8.4元。现该公司有无法移作他用的多余生产能力可以用来生产B零件，但每年将增加专属固定成本1 200元。自制时，单位变动成本6元。

为了便于了解两种方案的产量取舍范围，可将上述资料绘入直角坐标系内，如图5-2所示。

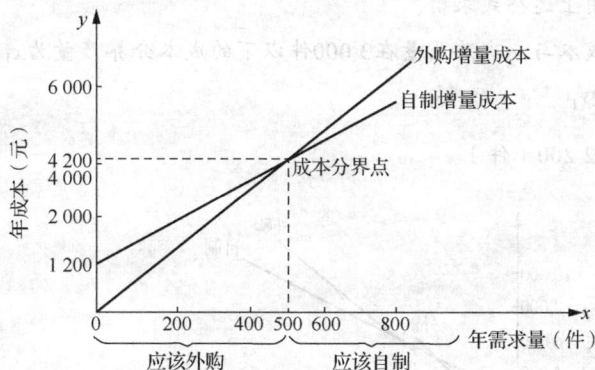

图 5-2　零件外购与自制成本分界图

从图5-2中可以看出，B零件需求量在500件以内时，应该外购，而当需求量超过500件时，则自制有利。由于该公司B零件的需求量为860件，因而自制有利。

图5-2中的成本分界点也可以按下列公式计算。

设x为B零件年需求量，则

外购增量成本$y_1 = 8.4x$

自制增量成本$y_2 = 1\,200 + 6x$

外购增量成本与自制增量成本相等时的年需求量，即为成本分界点：

$$8.4x = 1\,200 + 6x$$

$$x = \frac{1\,200}{8.4 - 6} = 500\text{（件）}$$

所以，成本分界点的公式为：

$$成本分界点 = \frac{自制增加的专属固定成本}{购买价格 - 自制单位变动成本}$$

利用上述公式确定成本分界点只是将整个需求量划分为500件以内和500件以上两个区域，要确定这两个区域中哪个方案有利，还需将某一设定值代入y_1或y_2进行试算。

假定产量为100件，则：

$$y_1 = 8.4 \times 100 = 840\text{（元）}$$

$$y_2 = 1\,200 + 6 \times 100 = 1\,800\text{（元）}$$

可见，在500件以内时外购有利，在500件以上时自制有利。

为了促进产品销售，供应商常常采用一些促销方法，如折扣或折让。在这种情况下，外购方案就应考虑购买价格的变动，以做出正确的决策。

例5-11 某公司生产需要一种零件，若自制，则单位变动成本为1元，并需购置一台年折旧额为2 200元的设备；若外购，供应商规定，凡一次购买量在3 000件以下时，单位售价2元，超过3 000件时，单位售价1.55元。根据以上资料，可绘制图5-3。

图5-3形象地说明，当零件需要量低于2 200件或为3 000～4 000件时，外购成本低，外购比较有利；零件需要量为2 200～3 000件或在4 000件以上时，自制成本低，自制比较有利。

此决策也可采用上述公式求解。

设自制方案的成本与一次购买量在3 000件以下的成本分界产量为x_1，则

$$2\ 200+x_1=2x_1$$

$$x_1=\frac{2\ 200}{2-1}=2\ 200（件）$$

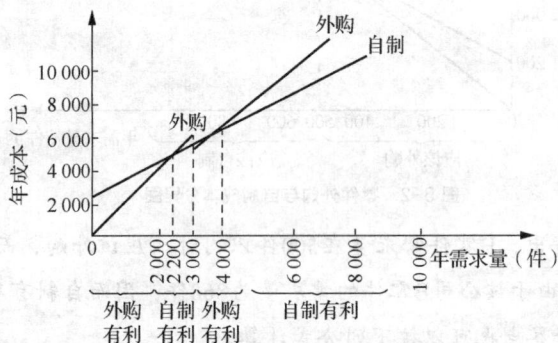

图 5-3　零件外购与自制决策图

设自制方案的成本与一次购买量在3 000件以上的成本分界产量为x_2，则：

$$2\ 200+x_2=1.55x_2$$

$$x_2=\frac{2\ 200}{1.55-1}=4\ 000（件）$$

于是，整个需求量被划分为四个区域：2 200件以下、2 200～3 000件、3 000～4 000件、4 000件以上。至于各个区域自制有利还是外购有利，可设值代入自制方案成本公式及外购方案成本公式进行计算确定。

3. 外购时有租金收入的决策

在零配件外购而腾出的剩余生产能力可以出租或转产其他产品的情况下，由于出租可以获得租金收入，转产其他产品能够提供贡献毛益额，因此将自制方案与外购方案对比时，必须把租金收入或转产产品的贡献毛益额作为自制方案的一项机会成本，并构成自制方案增量成本的一部分。这时，应将自制方案的变动成本与租金收入（或转产产品的贡献毛益额）之和与外购成本相比，择其低者。

例5-12 某公司每年需要C零件5 000件，若要自制，则自制单位变动成本为10元；若要外购，则外购单位价格为12元。如果外购C零件，则腾出来的生产能力可以出租，每年租金收入为3 200元。

在计算、比较外购和自制这两个方案的增量成本时，应将租金收入3 200元作为自制

方案的机会成本，如表5-19所示。

表5-19 增量成本对比表 单位：元

项目	自制增量成本	外购增量成本
外购成本		12×5 000=60 000
自制变动成本	10×5 000=50 000	
外购时租金收入	3 200	
合计	53 200	60 000
自制利益	60 000-53 200=6 800	

计算结果表明，选择自制方案是有利的，比外购方案减少成本6 800元。

5.2.4 半成品（或联产品）进一步加工的决策

当半成品可以对外销售时，存在一个将产品加工到什么程度（卖半成品还是产成品）的问题。对这类问题，决策时只需考虑进一步加工后增加的收入是否超过增加的成本，如果前者大于后者，则应进一步加工为产成品出售；反之，则应作为半成品销售。在此，进一步加工前的收入和成本都与决策无关，不必予以考虑。

1. 半成品是否进一步加工

产品作为半成品出售，其售价和成本都低于进一步加工后作为产成品出售的售价和成本。是否进一步加工，可根据下列不等式计算、确定。

（1）应进一步加工的条件

进一步加工后的销售收入-半成品的销售收入>进一步加工后的成本-半成品的成本

（2）应出售半成品的条件

进一步加工后的销售收入-半成品的销售收入<进一步加工后的成本-半成品的成本

在上述公式中，左边是差异收入，右边是差异成本。另外，进一步加工后的成本包括追加的变动成本和专属固定成本。

例5-13 某企业每年生产、销售甲产品3 800件，每件变动成本为16元，每件固定成本为1元，售价为24元。如果把甲产品进一步加工成乙产品，售价可提高到30元，但单位变动成本需增至20元，另外尚需发生专属固定成本800元。

差异收入=（30-24）×3 800=22 800（元）

差异成本=（20-16）×3 800+800=16 000（元）

由于差异收入大于差异成本6 800（22 800-16 000）元，因而进一步加工是有利的。应注意的是，单位固定成本1元在计算中未予考虑，因为这一部分固定成本加工前、加工后均存在，属于与决策无关的沉没成本。

2. 联产品是否进一步加工

在同一生产过程中生产出来的若干种经济价值较大的产品被称为联产品。有些联产品可在分离后就出售，有的则需要在分离后继续加工。分离前的成本属于联合成本，要按售价等标准分配给各种联产品。联产品在分离后继续加工的追加变动成本和专属固定成本，称为可分成本。联合成本是沉没成本，决策时不予考虑；可分成本是与决策相关的成本，决策时应予以考虑。联产品是否进一步加工，可根据以下情况计算、确定。

（1）应进一步加工

进一步加工后的销售收入-分离后的销售收入>可分成本

（2）分离后即出售

进一步加工后的销售收入-分离后的销售收入<可分成本

例5-14 某企业生产的甲产品在继续加工过程中，可分离出A、B两种联产品。甲产品售价200元，单位变动成本140元。A产品分离后即予销售，单位售价160元；B产品单位售价240元，可进一步加工成子产品销售，子产品售价360元，需追加单位变动成本62元。

（1）分离前的联合成本按A、B两种产品的售价分配。

$$A产品分离后的单位变动成本=\frac{140}{160+240}\times160=56（元）$$

$$B产品分离后的单位变动成本=\frac{140}{160+240}\times240=84（元）$$

（2）由于A产品分离后的售价大于分离后的单位变动成本104（160-56）元，故分离后销售是有利的。

（3）B产品进一步加工成子产品的可分成本为62元，进一步加工后的销售收入为360元，而分离后B产品的销售收入为240元，则

差异收入=360-240=120（元）

差异收入大于可分成本58（120-62）元，可见，B产品进一步加工成子产品是有利的。

5.3 产品组合优化决策

各种产品的生产都离不开一些必要的因素，如机器设备、人工、原材料等，而其中某些因素可以用于不同产品的生产。如果这些因素是有限的，就应使各种产品的生产组合达到最优化的结构，以便有效、合理地使用这些限制因素。产品组合优化决策就是通过计算、分析进而做出各种产品应生产多少才能使各个生产因素得到合理、充分的利用，并能获得最大利润的决策。

进行产品组合优化决策的方法一般为逐次测算法。

逐次测算法是根据企业有限的各项生产条件和各种产品的情况及各项限制因素等数据资料，分别计算单位限制因素所提供的贡献毛益并加以比较，在此基础上，经过逐步测试，使各种产品达到最优组合。

例5-15 某企业生产A、B两种产品。两种产品共用设备工时总数为18 000小时，共用人工工时总数为24 000小时。A产品单位产品所需设备工时为3小时，人工工时为5小时，单位贡献毛益额为42元；B产品单位产品所需设备工时为5小时，人工工时为6小时，单位贡献毛益额为60元。预测市场销售量：A产品为3 000件，B产品为2 000件。

（1）计算并比较两种产品单位限制因素所提供的贡献毛益额，如表5-20所示。

表 5-20 A产品和B产品的基础数据

项目	A 产品	B 产品	限制因素（小时）
单位设备工时贡献毛益（元）	14	12	18 000
单位人工工时贡献毛益（元）	8.4	10	24 000

比较两种产品单位限制因素所提供的贡献毛益额可知，A产品每单位设备工时的贡献毛益额多于B产品，而B产品每单位人工工时贡献毛益额多于A产品。

（2）进行第一次测试。试优先安排A产品生产，剩余因素再安排B产品的生产。根据约束条件，A产品销售量预测为3 000件，则安排最大生产量为3 000件。此次测试的结果如表5-21所示。

表 5-21 生产安排测试表（第一次）

项目	产量（件）	所用设备工时（小时）		所用人工工时（小时）		贡献毛益益总额（元）	
		总产量	单位产量	总产量	单位产量	总产量	单位产量
A 产品	3 000	9 000	3	15 000	5	126 000	42
B 产品	1 500	7 500	5	9 000	6	90 000	60
合计		16 500		24 000		216 000	
限制因素		18 000		24 000			
剩余因素		1 500					

以上测试结果表明，按照这种组合方式所确定的两种产品的生产量来进行生产，获得的贡献毛益总额为216 000元，机器设备工时剩余1 500小时。考虑到生产单位B产品所用设备工时多于生产单位A产品所用设备工时，为充分利用各项因素，可再测试将B产品的生产安排先于A产品，即先满足B产品的生产，然后再用剩余资源生产A产品。由于B产品的市场销售量为2 000件，所以，所安排的最大生产量也应为2 000件。

第二次测试的结果如表5-22所示。

表 5-22 生产安排测试表（第二次）

项目	产量（件）	所用设备工时（小时）		所用人工工时（小时）		贡献毛益额（元）	
		总产量	单位产量	总产量	单位产量	总产量	单位产量
B 产品	2 000	10 000	5	12 000	6	120 000	60
A 产品	2 400	7 200	3	12 000	5	100 800	42
合计		17 200		24 000		220 800	
限制因素		18 000		24 000			
剩余因素		800		0			

将两次测试的结果进行分析比较，可以看出，采用第二次测试的产品组合方式比采用第一次测试的产品组合方式多获贡献毛益4 800（220 800-216 000）元，同时又提高了设备利用率，即减少了剩余设备工时，使之由原来的剩余设备工时1 500小时减少到剩余设备工时800小时。所以，第二次测试的产品组合，即生产A产品2 400件、B产品2 000件，是最优产品组合。

5.4 生产组织决策

5.4.1 最优生产批量决策

就产品生产而言，并不是生产批量越大越好。在全年产量已定的情况下，生产批量与生产批次成反比，生产批量越大，生产批次越少；生产批量越小，生产批次越多。生产批量和生产批次与生产准备成本、储存成本相关，最优的生产批量应该是生产准备成本与储存成本总和最低时的生产批量。

生产准备成本是指每批产品生产开始前因进行准备工作而发生的成本，如调整机器、准备工卡模具、布置生产线、清理现场、领取原材料等而发生的工资费用、材料费用等。在正常情况下，每次变更产品生产所发生的生产准备成本基本上是相等的，因此，年准备成本总额与生产批次成正比，与生产批量成反比。生产批次越多，年准备成本就越高；反之，就越低。

储存成本是指为储存零部件及产品而发生的仓库及其设备的折旧费、保险费、保管人员工资、维修费、损失等费用的总和。储存成本与生产批量成正比，与生产批次成反比。

从上述生产准备成本、储存成本的特点可以看出：若要降低年准备成本，就应减少生产批次，但减少批次必然要增加批量，从而提高与批量成正比的年储存成本；若要降低年储存成本，就应减少生产批量，但减少生产批量必然要增加批次，从而提高与批次成正比的年准备成本。因此，如何确定生产批量和生产批次，才能使年准备成本与年储存成本之和最低，就成为最优生产批量决策需要解决的问题。

1. 一种零配件分批生产的经济批量决策

最优生产批量通常采用公式法计算确定。为了举例需要，设定以下几个符号。

A 为全年产量；

Q 为生产批量；

A/Q 为生产批次；

S 为每批准备成本；

X 为每日产量；

Y 为每日耗用量（或销售量）；

C 为每单位零配件或产品的年储存成本；

T 为年储存成本和年准备成本之和（简称年成本合计）。

根据以上符号，年成本合计可计算如下：

$$\text{每批生产的最高储存量} = \text{生产批量} - \text{每批生产日数} \times \text{每日耗用量或销售量}$$

$$= Q \times \left(1 - \frac{Y}{X}\right)$$

$$\text{年成本合计} \ T = \frac{1}{2} \times Q \times \left(1 - \frac{Y}{X}\right) \times C + \frac{AS}{Q}$$

例5-16 某公司生产A产品每年需用甲零件7 200件，专门生产甲零件的设备每日能生产80件，每日因组装A产品耗用甲零件20件，每批生产准备成本为600元，每件甲零件年储存成本为8元。不同批量下的成本如表5-23所示。

表 5-23   不同批量下的成本

生产批次	8	7	6	5	4	3
批量（件）	900	1 028	1 200	1 440	1 800	2 400
平均储存量（件）	337.5	385.5	450	540	675	900
年准备成本（元）	4 800	4 200	3 600	3 000	2 400	1 800
年储存成本（元）	2 700	3 084	3 600	4 320	5 400	7 200
年成本合计（元）	7 500	7 284	7 200	7 320	7 800	9 000

可见，经济批量为1 200件、最优批次为6次时的年成本合计最低（7 200元）。根据以上计算结果可绘出经济批量图，如图5-4所示。

从图5-4中可以看出以下内容。

（1）年成本合计表现为一条凹形曲线，当其变动率（一阶导数）为零时达到最低值。从该点向下引申一条虚线相交于横轴，交点即为最优生产批量（经济批量）；向左引申一条虚线相交于纵轴，其交点即为最低年成本合计数。

（2）年准备成本线与年储存成本线相交的点（此时年准备成本等于年储存成本）在向下引出的虚线上，并由此确定了经济批量和最低年成本合计。

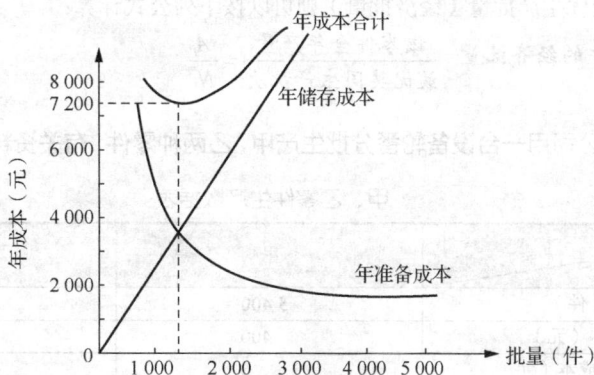

图 5-4　经济批量图

经济批量的确定，也可以利用数学模型直接计算求得，即利用微分法求T为极小值时的Q值（推导过程略）：

$$经济批量\ Q^* = \sqrt{\dfrac{2AS}{C\left(1-\dfrac{Y}{X}\right)}}$$

$$最优批次 = \sqrt{\dfrac{AC\left(1-\dfrac{Y}{X}\right)}{2S}}$$

$$最低年成本合计\ T^* = \sqrt{2ASC\left(1-\dfrac{Y}{X}\right)}$$

利用公式可以更简捷地确定经济批量、最优批次、最低年成本合计：

$$经济批量=\sqrt{\frac{2\times7\,200\times600}{8\times\left(1-\frac{20}{80}\right)}}=1\,200（件）$$

$$最优批次=\frac{A}{Q^*}=\frac{7\,200}{1\,200}=6（批）$$

$$最低年成本合计\ T^*=\sqrt{2\times7\,200\times600\times8\times\left(1-\frac{20}{80}\right)}=7\,200（元）$$

最后需要强调的是，保险储存量部分的储存成本不包括在上述公式计算范围内，因为保险储存量对任何批量的方案都是一样的，决策时可不予考虑。

2. 几种零部件轮换分批生产的经济批量决策

如果用同一台设备轮换生产几种零部件或产品，就不能简单地采用前述方法计算，而应首先根据各种零部件或产品的年准备成本之和与年储备成本之和相等时年成本合计最低的原理，确定各种零部件或产品共同的最优生产批次，然后再据以分别计算各种零部件或产品各自的经济生产批量。计算共同最优生产批次的计算公式推导如下。

设 N 为共同生产批次，则最优共同生产批次为（推导过程略）：

$$最优共同生产批次\ N^*=\sqrt{\frac{\sum_{i=1}^{n}A_iC_i\left(1-\frac{Y_i}{X_i}\right)}{2\sum_{i=1}^{n}S_i}}$$

某种零部件的最优生产批量（经济批量）则可以按下列公式计算：

$$某种零部件的经济批量=\frac{该零件全年产量}{最优共同生产批次}=\frac{A_i}{N^*}$$

例5-17 某公司用一台设备轮番分批生产甲、乙两种零件，有关资料如表5-24所示。

表 5-24　　　　　　　　　　　　甲、乙零件生产数据表

项目 ＼ 零件	甲	乙
全年产量（件）	5 400	16 200
每次调整成本（元）	400	600
每件零件年储存成本（元）	6	9
每日耗用量（件）	20	45
每日产量（件）	50	180

（1）计算甲、乙两种零部件的共同最优生产批次。

$$共同最优生产批次=\sqrt{\frac{5400\times6\times(1-\frac{20}{50})+16\,200\times9\times(1-\frac{45}{180})}{2\times(400+600)}}$$
$$=8（批）$$

（2）根据共同最优生产批次分别计算甲、乙两种零件的经济批量。

$$甲零件的经济批量=\frac{5\,400}{8}=675（件）$$

$$乙零件的经济批量=\frac{16\,200}{8}=2\,025（件）$$

此外，如果在一条生产线上分批轮番生产几种产品，而且销售合同规定各种产品应每日均衡发货。这时，也可以运用上述方法计算各种产品的共同最优生产批次，进而确定各种产品的经济生产批量。

5.4.2 生产工艺决策

生产工艺是指加工制造产品或零件所使用的机器、设备及加工方法的总称。同一种产品或零件，往往可以按不同的生产工艺进行加工。当采用某一生产工艺时，固定成本可能较高，但单位变动成本却较低；采用另一生产工艺时，固定成本可能较低，但单位变动成本却较高。于是，采用何种工艺能使该产品或零件的总成本最低，就成为实际工作中必须解决的问题。

一般而言，生产工艺越先进，其固定成本越高，单位变动成本越低；生产工艺落后时，其固定成本较低，但单位变动成本却较高。在固定成本和单位变动成本的消长变动组合中（体现为单位成本），产量成为最佳的判断标准。这时，只要确定不同生产工艺的成本分界点（不同生产工艺总成本相等时的产量点），就可以根据产量确定选择何种生产工艺最为有利。

例5-18 某公司计划生产甲产品，共有A、B、C三个不同的工艺方案，相关成本如表5-25所示。

表 5-25　　　　　　　　　　　不同工艺方案下的成本　　　　　　　　　　　单位：元

项目工艺方案	专属固定成本	单位变动成本
A	700	5
B	600	6
C	800	2

根据表5-25的资料，可以绘成图，如图5-5所示。

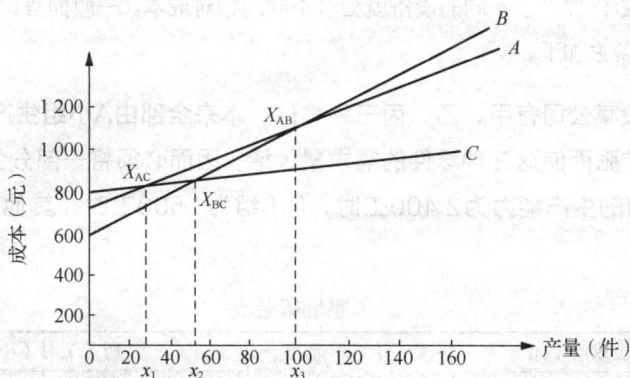

图 5-5　不同生产工艺的成本图

由图5-5可知，X_{AC}点为A、C两方案的成本分界点，X_{BC}点为B、C两方案的成本分界点，X_{AB}点为A、B两方案的成本分界点。设X_{AC}、X_{BC}、X_{AB}三个成本分界点的产量分别为x_1、x_2、x_3，则三个成本分界点的产量的计算过程如下：

$$\begin{cases} 700 + 5x_1 = 800 + 2x_1 \\ 600 + 6x_2 = 800 + 2x_2 \\ 700 + 5x_3 = 600 + 6x_3 \end{cases}$$

$$解得\begin{cases} x_1 = \dfrac{100}{3} \approx 33.3（件） \\[2mm] x_2 = \dfrac{200}{4} = 50（件） \\[2mm] x_3 = 100（件） \end{cases}$$

于是，整个产量区域被划分为0～33件、33～50件、50～100件、100件以上四个区域。从图5-5可以看出，在0～50件的区域内（含0～33件、33～50件两个区域），B方案成本最低，为最优方案；在50件以上的区域内（含50～100件、100件以上两个区域），C方案成本最低，为最优方案。

5.4.3 生产任务分配的决策

当一种零部件或产品可以由多种设备加工，或由多个车间生产时，就存在由哪种设备或哪个车间加工最为有利的问题。在面临多种选择的情况下，根据相对成本或单位变动成本分配生产任务，往往可以降低生产费用。

1. 根据相对成本分配生产任务

实际工作中，有些零部件可以在不同类型、不同精密度的设备上生产。于是，在更换品种、生产计划变更的情况下，常常会用比较先进、比较大型或比较精密的设备去加工技术要求较低或较小的零部件，从而使相同的零部件在不同车间或设备上有着不同的单位成本。

企业为了保证在完成任务的同时降低成本，可以运用相对成本分析方法将各种零部件的生产任务分配给各个车间或各种设备，从而降低各种零部件的总成本。

所谓相对成本，是指在一种设备上可以加工几种零部件时，以某一种零部件的单位成本为基数（一般为1），将其他各种零部件的单位成本逐一与之相比而得到的系数（倍数）。

这样，同一种零部件对于不同的设备就会有不同的相对成本。一般而言，零部件应该交由相对成本较低的设备去加工。

例5-19 设某公司有甲、乙、丙三种零件，本来全部由A小组生产，成本较低。现由于市场需求扩张而使这三种零件的需求量大增，因而必须将一部分生产任务交给B小组生产。A小组的生产能力为2 400工时，B小组为1 500工时。其他资料如表5-26所示。

表 5-26　　　　　　　　　　　　　基础数据表

零件种类	单位成本（元）		计划产量（件）	所需工时（小时）	
	A 小组	B 小组		单位零件	总计
甲	56	60	240	3	720
乙	83	88	480	4	1 920
丙	45	52	560	2	1 120
合计					3 760

分析时，首先应根据上述资料计算相对成本，如表5-27所示。

表 5-27   相对成本表   单位：元

生产部门相对成本零件种类	以甲零件的单位成本为基数		以乙零件的单位成本为基数		以丙零件的单位成本为基数		适宜的生产部门
	A 小组 ①	B 小组 ②	A 小组 ③	B 小组 ④	A 小组 ⑤	B 小组 ⑥	
甲	1	1	0.675	0.682	1.244	1.154	A、B 小组
乙	1.482	1.467	1	1	1.844	1.692	B 小组
丙	0.804	0.867	0.542	0.591	1	1	A 小组

相对成本的计算方法，可以用表5-27中第①和第④栏为例说明如下。

① 栏中相对成本的计算：

$$\frac{56}{56}=1 \qquad \frac{83}{56}\approx1.482 \qquad \frac{45}{56}\approx0.804$$

④ 栏中相对成本的计算：

$$\frac{60}{88}\approx0.682 \qquad \frac{88}{88}=1 \qquad \frac{52}{88}\approx0.591$$

第①栏的相对成本表示在 A 组：1 件乙零件的成本相当于 1.482 件甲零件的成本；1 件丙零件的成本相当于 0.804 件甲零件的成本。

下面在相对成本表上逐行观察比较，以确定各种零件的生产任务分配给哪个小组最好。

（1）在第一行甲零件的相对成本中，A 小组的 0.675＜B 小组的 0.682，A 小组的 1.244＞B 小组的 1.154。可见，甲零件交给 A、B 小组均可以。但 A 小组的绝对成本低于 B 小组，所以应首先交给 A 小组生产。

（2）在第二行乙零件的相对成本中，A 小组的 1.482＞B 小组的 1.467，A 小组的 1.844＞B 小组的 1.692。可见，乙零件应交给 B 小组生产。但是由于 A 小组的绝对成本低于 B 小组，因此，如果 A 小组有剩余工时，应尽量用完。

（3）在第三行丙零件的相对成本中，A 小组的 0.804＜B 小组的 0.867，A 小组的 0.542＜B 小组的 0.591。可见，丙零件应交给 A 小组生产。

根据上述分析，可将生产任务具体分配，如表 5-28 所示。在生产任务分配表基础上编制的成本计算表如表 5-29 所示。

表 5-28   生产任务分配表

零件种类	A 小组			B 小组			合计		
	产量（件）	单位工时（小时）	需用工时（小时）	产量（件）	单位工时（小时）	需用工时（小时）	产量（件）	单位工时（小时）	需用工时（小时）
甲	240	3	720				240	3	720
乙	140	4	560	340	4	1 360	480	4	1 920
丙	560	2	1 120				560	2	1 120
合计			2 400	合计		1 360	合计		3 760
生产能力			2 400	生产能力		1 500	生产能力		3 900
剩余生产能力				剩余生产能力		140	剩余生产能力		140

表 5-29   成本计算表   单位：元

零件种类	A 小组			B 小组			合计（元）
	产量（件）	单位成本（元）	总成本（元）	产量（件）	单位成本（元）	总成本（元）	
甲	240	56	13 440				13 440
乙	140	83	11 620	340	88	29 920	41 540
丙	560	45	25 200				25 200
合计	—	—	50 260			29 920	80 180

表5-29中的80 180元是生产甲、乙、丙三种零件在分配生产任务的各种方案中可能达到的最低总成本。

本例只有两个生产部门和三种零件，是一种比较简单的情况，不通过相对成本的比较，一般也能做出最优的生产任务分配决策。但在生产部门较多，尤其是零件种类较多时，采用相对成本分析能够更简捷地制定出最优生产任务分配方案。

2. 根据单位变动成本分配增产任务

在实际工作中，生产同一种产品的各个车间（或分厂）的成本水平是有差异的，当生产任务增加而各车间的生产能力又有剩余时，就存在着如何将增产任务在各车间分配的问题。为了达到使总成本最低的目的，应以单位变动成本作为判断标准，将增产任务分配给单位变动成本最低的车间。

需要强调的是，不应以单位成本作为判断标准，将增产任务分配给单位成本最低的车间。因为按全部成本法计算的单位成本中包括各车间的固定成本，而其作为与决策无关的成本不应在决策中予以考虑，否则可能导致错误的决策。

例5-20 设某公司的A、B两个车间生产同一种产品，去年各生产了1 800件。2019年计划增产600件，A、B两个车间均有能力承担增产任务。A、B两个车间的其他资料如表5-30所示。

表 5-30   A、B 车间基础数据表   单位：元

项目	A 车间	B 车间	全公司
产量（件）	1 800	1 800	3 600
单位变动成本	4	5	—
变动成本	7 200	9 000	16 200
固定成本	8 200	6 000	14 200
总成本	15 400	15 000	30 400
单位成本	8.56	8.33	8.44

从表5-30可以看出，如果以单位成本作为标准分配增产任务，则B车间应该承担增产任务的生产工作（B车间单位成本8.33元<A车间单位成本8.56元）。增产600件产品前后的成本数据如表5-31所示。

表 5-31   B 车间增产前后的成本数据   单位：元

项目	增产前	增产后	差额
产量（件）	1 800	2 400	600
单位变动成本	5	5	—

项目	增产前	增产后	差额
变动成本	9 000	12 000	3 000
固定成本	6 000	6 000	—
总成本	15 000	18 000	3 000

而如果以单位变动成本作为标准分配增产任务，则A车间应承担增产任务的生产工作（A车间的单位变动成本4元<B车间的单位变动成本5元）。增产600件产品前后的成本数据如表5-32所示。

表 5-32　　　　　　　　　　　　A车间增产前后的成本数据　　　　　　　　　　单位：元

项目	增产前	增产后	差额
产量（件）	1 800	2 400	600
单位变动成本	4	4	—
变动成本	7 200	9 600	2 400
固定成本	8 200	8 200	—
总成本	15 400	17 800	2 400

从A、B两个车间增产600件产品前后的成本数据的对比中可以看出：B车间增产600件产品需要增加总成本3 000元，而A车间只需增加总成本2 400元，A车间与B车间相比减少总成本600元。所以，应以单位变动成本的高低作为分配增产任务的标准，而不应以单位成本的高低作为标准，因为单位成本中的固定成本分摊额从总额来讲是固定不变的，属无关成本。

5.5　定价决策

5.5.1　影响价格的基本因素

一种产品价格制定得适当与否，往往决定了该产品能否为市场所接受，并直接影响该产品的市场竞争地位和市场占有率。影响价格制定的基本因素主要包括如下几个。

1. 成本因素

从长期看，产品价格应等于总成本加上合理的利润，否则企业无利可图；从短期来看，企业应根据成本结构确定产品价格，即产品价格必须高于平均变动成本，以减少经营风险。

2. 需求因素

市场需求与价格的关系可以简单地用市场需求潜力与需求价格弹性来反映。市场需求潜力是指在一定的价格水平下，市场需求可能达到的最高水平。需求价格弹性是指在其他条件不变的情况下，某种产品的需求量随其价格的升降而变动的程度。它是用需求变化率与价格变化率之比来表示的。需求价格弹性大的商品，其价格的制定和调整对市场需求影响大；需求价格弹性小的商品，其价格的制定和调整对市场需求的影响小。例如，对消费品中的日常生活必需品，如粮食、食用油、日用小商品等，由于日常需求量大，而价格弹性较小，可采用较低的定价和薄利多销的策略；对消费品中的奢侈品和耐用消费品，如高档化妆品、名贵首饰、高级组合音响等，由于需求量小，价格弹性也较小，则可采用优质高价的策略，因为对购买者来说，看中的是商品的品质和牌子，价格则属于次要问题。

3. 产品的市场生命周期因素

产品的市场生命周期包括四个阶段，即投入期、成长期、成熟期、衰退期。不同阶段的定价策略应有所不同。投入期的价格，既要补偿高成本，又要能为市场所接受；成长期和成熟期正是产品大量销售、扩大市场占有率的时机，要求稳定价格以开拓市场；进入衰退期后，企业一般应采取降价措施，以便充分发掘老产品的经济效益。

4. 竞争因素

产品竞争的激烈程度不同，对定价的影响也不同。竞争越激烈，对价格的影响也越大。完全竞争的市场，企业几乎没有定价的主动权；在不完全的竞争市场中，竞争的强度主要取决于产品制作的难易和供求形势。因此，企业要做好定价工作，必须充分了解竞争者的情况：主要竞争者及其实力，主要竞争者的成本水平及定价策略等。

5. 科学技术因素

科学发展和技术进步在生产中的推广、应用，必将导致新产品、新工艺、新材料代替老产品、老工艺、旧材料，从而形成新的产业结构、消费结构和竞争结构。例如，化纤工业的兴起和发展，形成对传统棉纺织工业和丝绸工业的巨大竞争压力。科学技术因素对销售价格的影响，必须予以考虑。

6. 相关工业产品的销售量

某些产品的销售量往往取决于相关工业产品的销售，如纺织业与服装业、轮胎业与汽车业、玻璃业与建筑业等，基本上是后者的销售量决定前者的销售量。因此，前者销售价格的制定，可以根据后者的预测数据进行。

5.5.2 基本定价方法

成本是企业生产和销售产品所发生的各项费用的总和，是构成产品价格的基本因素，也是价格的最低经济界限。以成本为基础制定产品价格，是最基本的定价方法。

1. 成本加成定价法

成本加成定价法即以单位预计完全成本（或目标完全成本）为基础，加上一定数额的利润和销售税金来确定产品的价格。一般有以下三种计算方法。

（1）计划成本定价法

$$产品价格=\frac{单位预测成本+单位预测利润}{1-销售税率}$$

$$单位预测利润=\frac{该产品预测利润总额}{该产品预测销售量}$$

（2）成本利润率定价法

$$产品价格=\frac{单位预测成本\times(1+成本利润率)}{1-销售税率}$$

$$成本利润率=\frac{该产品预测利润总额}{该产品预测总成本}\times100\%$$

（3）销售利润率定价法

$$产品价格=\frac{单位预测成本}{1-销售利润率-销售税率}$$

$$销售利润率=\frac{该产品预测利润总额}{该产品预测销售收入}\times100\%$$

例5-21 某企业计划投资300万元生产甲产品，根据市场调查，甲产品预计每年销售50万件，对应的总成本预计为500万元。该企业要求该项投资的利润率为25%，销售税率为10%。有关指标的预测值计算如下。

$$单位预测成本=\frac{500}{50}=10（元/件）$$

$$预测利润总额=300\times25\%=75（万元）$$

$$单位预测利润=\frac{75}{50}=1.5（元/件）$$

$$成本利润率=\frac{75}{500}\times100\%=15\%$$

$$销售利润率=75\div\frac{500+75}{1-10\%}\times100\%=11.74\%$$

产品单位价格定价如下。

（1）计划成本定价法

$$\frac{10+1.5}{1-10\%}\approx12.78（元/件）$$

（2）成本利润率定价法

$$\frac{10\times(1+15\%)}{1-10\%}\approx12.78（元/件）$$

（3）销售利润率定价法

$$\frac{10}{1-10\%-11.74\%}\approx12.78（元/件）$$

上述三种方法中，大多数工业企业采用成本利润率定价法，而商业企业一般采用销售利润率定价法。

成本加成定价法的优点在于：预测企业成本比预测市场需求更有把握，因而可以减少需求变动对价格的调整次数；可以保证生产耗费得到补偿。但它也存在以下严重缺点：一是很难适应市场需求的变化，往往导致定价过高或偏低；二是企业生产多种产品时，难以准确分摊间接费用，从而导致定价不准确。

2. 损益平衡法

运用损益平衡原理进行产品价格制定，损益平衡点销售量的计算公式如下（推导过程略）：

$$P_0=\frac{C}{Q_0\times(1-T_r)}$$

式中，

C 为总成本；

Q_0 为保本时的销售量；

T_r 为销售率。

保本价格确定后，企业可以此为基础，适当调整价格水平，确定企业有盈利的合理价格。在目标利润 Y 已确定的情况下，销售量的计算公式如下（推导过程略）：

$$P = \frac{F + Y + QV}{Q \times (1 - T_r)}$$

利用上式即可预测产品销售价格。

例5-22 某企业生产甲产品，固定成本40 000元，目标利润60 000元，单位变动成本为5元，销售税率为10%，预计销售50 000件。则甲产品单位价格的预测值的计算如下。

$$保本价格 = \frac{40\,000 + 50\,000 \times 5}{50\,000 \times (1 - 10\%)} = 6.44（元/件）$$

$$产品价格 = \frac{40\,000 + 60\,000 + 50\,000 \times 5}{50\,000 \times (1 - 10\%)} = 7.78（元/件）$$

从计算结果可知，甲产品的最低价格每件为6.44元，当每件为7.78元时，可以保证实现目标利润。

损益平衡法简便易行，能向企业提供可获必要利润的最低价格。但由于销售量往往受价格影响，因而计算结果的准确性受到一定的影响。

3. 边际成本定价法

边际成本是指每增加单位产品销售（可以是1件、10件、50件等）所增加的总成本，而边际收入则指每增加单位产品销售所增加的总收入。边际收入与边际成本的差额，称为边际利润，表示每增加单位产品销售所增加的利润。如果从经济学角度看，当边际成本与边际收入相等或近似相等，边际利润等于零（连续函数）或接近于零（非连续函数）。此时，如果再增加产品销售量，由于边际收入小于边际成本，将不能再为企业提供新增利润，因此，企业利润总额不会增加反而减少。由此可见，这时的价格和销售量，就是最优价格和最优销售量。利用边际成本等于边际收入时利润最大的原理制定产品价格的方法，被称为边际成本定价法。

例5-23 某企业销售的甲产品，固定成本为3 000元，单位变动成本为8元。通过产品试销和市场预测分析，取得的有关数据如表5-33所示。

表 5-33　　　　　　　　　　甲产品在不同价格水平时的销售数据

价格（元）	100	95	90	85	80	75	70	65	60	55
销售量（件）	150	175	200	225	250	275	300	325	350	375
销售收入（元）	15 000	16 625	18 000	19 125	20 000	20 625	21 000	21 125	21 000	20 625

根据上述资料，进行整理计算，得到如下数据，如表5-34所示。

表 5-34　　　　　　　　　　　　　边际计算表　　　　　　　　　　　　单位：元

销售量（件）	价格	销售收入	边际收入	总成本	边际成本	边际利润	利润
150	100	15 000	—	4 200	—	—	10 800
175	95	16 625	1 625	4 400	200	1 425	12 225
200	90	18 000	1 375	4 600	200	1 175	13 400
225	85	19 125	1 125	4 800	200	925	14 325

续表

销售量（件）	价格	销售收入	边际收入	总成本	边际成本	边际利润	利润
250	80	20 000	875	5 000	200	675	15 000
275	75	20 625	625	5 200	200	425	15 425
300	70	21 000	375	5 400	200	175	15 600
325	65	21 125	125	5 600	200	-75	15 525
350	60	21 000	-125	5 800	200	-325	15 200
375	55	20 625	-375	6 000	200	-575	14 625

计算结果表明，随着销售量的不断增加，边际收入将逐步下降，甚至出现负数，以致边际利润不断减少。当边际利润为负数时，企业的利润总额就不会是最高的利润额。因此，本例的最优价格在70~65元之间。如果把300~325件的销售量区域进一步进行细分，即可确定最优价格。具体计算结果如表5-35所示。

表 5-35 　　　　　　　　　　　　　细分区间边际计算表　　　　　　　　　　　　单位：元

销售量（件）	价格	销售收入	边际收入	总成本	边际成本	边际利润	利润
300	70	21 000	—	5 400	—	—	15 600
305	69	21 045	45	5 440	40	5	15 605
310	68	21 080	35	5 480	40	-5	15 600
315	67	21 105	25	5 520	40	-15	15 585
320	66	21 120	15	5 560	40	-25	15 560
325	65	21 125	5	5 600	40	-35	15 525

由表5-35可知，当产品销售量是305件、价格为69元时，边际收入最接近边际成本，此时的利润总额最大，为15 605元，甲产品每件定价69元为最优价格。

4. 非标准产品的定价

企业有时要按客户的需要生产一些非标准产品。双方签订合同时，因非标准产品无市价可供参考，因而只能以成本为基础协商定价，并签订合同。按合同类型的不同，非标准产品有以下几种定价方法。

（1）固定价格合同。这种合同规定，产品价格是固定不变的，即不论产品的实际成本如何，完工后都按合同中规定的固定价格进行结算。

因此，按这种合同定价，无论是买方还是卖方，恰当的成本估算最为关键。不论哪一方，如果做不到这点，用此方法将冒很大风险，使自己受到损失。因此，采用这种合同定价的条件是双方对产品成本的估计均有把握。

（2）成本加成合同。这种合同规定，成本在合理和允许的范围内实报实销，并根据实际和合理的成本利润率，计算卖方应得利润。

例5-24 假设合同规定的成本利润率为9%，完工后的实际成本为20 000元，则：

产品价格=20 000+20 000×9%=21 800（元）。

如果实际成本为30 000元，则：

产品价格=30 000+30 000×9%=32 700（元）。

可见，按这种合同定价，风险基本上由买方承担。在一定范围内，实际成本越高，卖方得利越多，因而会刺激卖方故意提高成本，使买方遭受损失。由于存在上述缺点，目前这种定价方法已很少采用。

（3）成本加固定费用合同。这种合同规定，价格由实际成本和固定费用两部分组成。如果成本只包括生产成本，则固定费用应相当于毛利；如果成本包括生产成本和非生产成本，则固定费用只相当于营业净利。成本实报实销，固定费用由合同明确规定数额，与实际成本高低无关。

这种定价方法，虽能保证卖方取得一定的利润，也克服了刺激卖方提高成本的弊病，但它不能促使卖方努力降低成本。

（4）奖励合同。这种合同明确规定了预算成本和固定费用的数额，并言明：如果实际成本超过预算成本，则可以实报实销；如果成本有节约，则按合同规定的比例，由双方分享。这种定价方法，可以鼓励卖方尽量降低成本。

例5-25 假定合同规定的预算成本为5 000元，固定费用为700元。如果实际成本超过预算成本，则可以实报实销；如果实际成本低于预算成本，则节约额的70%作为卖方的额外利润，30%归买方。

如果实际成本为5 100元，则：

产品价格=5 100+700=5 800（元）。

如果实际成本为4 800元，则：

产品价格=4 800+（5 000-4 800）×70%+700

=5 640（元）。

5．特别订货定价

有时，企业在满足正常渠道的销售需要后，生产能力尚有富余，如果此时遇到一些出价比较低的订货时，要考虑能否接受。关于这一问题，需要做具体分析。在特定条件下，利用企业暂时闲置的生产能力而接受的临时订货，称为特别订货。为特别订货具体定价的方法，可因情况的不同而有所区别。具体方法主要有以下几种。

（1）只利用暂时闲置的生产能力而不减少正常销售。这种情况按以下要求定价，即可增加利润。

特别订货价格>变动成本

因为无论是否接受订货，固定成本都不会发生变动，特别订货所提供的贡献毛益（价格减去变动成本）将直接转化为利润，从而增加企业的利润总额。于是，在这里，固定成本属无关成本，决策时不必考虑。相关公式如下：

增加利润=特别订货单位贡献毛益×特别订货数量

例5-26 假设某厂只生产甲产品，生产能力为200件，正常产销量为160件，固定成本为1 600元，单位变动成本为40元，正常销售价格为70元，现有某客商欲订40件，但最高出价每件只能为45元。

因为特别订货单位价格45元大于单位变动成本40元，所以这项特别订货可以接受。

此项结论，也可通过表5-36得到验证。

表 5-36　　　　　　　　　　　　　利润计算表　　　　　　　　　　　　单位：元

项目	正常销售	特别订货	合计
销售收入	11 200	1 800	13 000

项目	正常销售	特别订货	合计
变动成本	6 400	1 600	8 000
贡献毛益	4 800	200	5 000
固定成本	1 600	——	1 600
营业净利	3 200	200	3 400

从表5-36可以看出，这项特别订货能使企业新增贡献毛益200元。由于固定成本已全部由正常销售负担，所以新增的200元贡献毛益全部转化为利润，即这项特别订货可使企业增加利润200元。

（2）利用闲置的生产能力，并暂时减少部分正常销售以接受特别订货。这种情况按以下要求定价才能使企业增加利润。

$$特别订货价格>单位变动成本+\frac{因减少正常销售而损失的贡献毛益}{特别订货数量}$$

这里，因特别订货冲击了正常销售，减少了正常销售的贡献毛益，所以，要想使特别订货为企业增加利润，就必须使特别订货价格在补偿单位变动成本以及因减少正常销售所损失的贡献毛益后仍有富余。在这种情况下，新增利润的计算公式为：

$$增加的利润=特别订货单位贡献毛益×特别订货数量$$
$$-因减少正常销售而损失的贡献毛益$$

例5-27 如果【例5-26】中某厂接到的甲产品的订货量必须是50件，最高出价仍为每件45元，那么能否接受订货呢？

要想接受这项特别订货，就必须减少正常销售10件。因此，要想增加利润，就必须使：

$$特别订货价格>40+\frac{(70-40)×10}{50}=46（元/件）$$

但是，客商的最高出价仍为每件45元，因此，不能接受这项订货。也可以将两种方案的结果通过编表对比得出此项结论，如表5-37所示。

表 5-37 　　　　　　　　　　　　　　方案对比表 　　　　　　　　　　　　　　单位：元

方案项目	不接受特别订货			接受特别订货		
	正常销售	特别订货	合计	正常销售	特别订货	合计
销售收入	11 200	0	11 200	10 500	2 250	12 750
变动成本	6 400	0	6 400	6 000	2 000	8 000
贡献毛益	4 800	0	4 800	4 500	250	4 750

通过编表比较，可以看到，如果接受订货，将会使企业贡献毛益减少50（4 800-4 750）元。因为企业的固定成本没有发生变动，所以，企业的利润总额也将下降50元。

（3）利用暂时闲置的生产能力转产其他产品，需增加专属固定成本。这种情况按以下要求定价，即可增加企业利润。

$$转产产品价格>单位变动成本+（新增专属固定成本÷转产产品数量）$$

在转产其他产品需增加专属固定成本的情况下，要想使转产产品为企业增加利润，转产产品的价格就必须在补偿单位变动成本和因转产而新增的固定成本后仍有富余。这里，由于联合固定成本不变，所以它仍属于无关成本，不必加以考虑。这种情况下，增加利润的计算公式为：

$$增加利润=转产产品单位贡献毛益×转产产品数量-新增专属固定成本$$

例5-28 某客商向【例5-26】中的某厂订购乙产品30件，出价每件45元。该厂利用闲置生产能力并增加专属固定成本240元后即可生产。乙产品的变动成本为30元。

由于：

$$45>30+\frac{240}{30}=38（元/件）$$

因此，可以接受此项订货，并使企业增加利润210元。

$$（45-30）×30-240=210（元）$$

5.5.3 产品寿命周期与价格策略

产品价格决策的结果还应结合产品所处的不同寿命阶段，采取不同的价格策略予以调整和修正，才能作为最终价格确定下来，从而保证企业销售目标的实现。

1. 产品寿命周期及其测定方法

所谓产品寿命周期，是指某种产品从投入市场开始直到退出市场为止的整个过程。产品寿命周期一般可以分为投入期、成长期、成熟期和衰退期四个阶段，如图 5-6 所示。

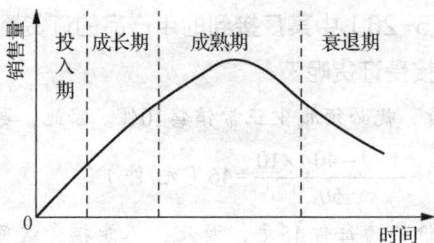

图 5-6 产品寿命周期

在不同寿命阶段，产品的质量、成本、产销量、竞争情况及需求者的评价等都存在着差异，对价格的确定会产生不同的影响，因而应该采用不同的价格策略，使价格能够准确反映价值和供求关系，从而增加产品的竞争力。

产品寿命周期通常采用销售增长率测定法进行预测。

销售增长率测定法是利用销售增长率判断产品在寿命周期中所处阶段的一种方法。产品寿命周期不同阶段的基本区别在于各阶段销售增长率的变化不同。在投入期，销售量增长缓慢，销售增长率较小；在成长期，销售量急剧上升，销售增长率较大；在成熟期，销售量增长趋缓，销售增长率较小；在衰退期，销售量开始减少，销售增长率出现负数。因此，通过计算比较销售增长率的大小，即可粗略判断产品的寿命阶段。销售增长率的计算公式如下：

$$销售增长率=销售量的增加量÷销售期间的增加数=\frac{\Delta Q}{\Delta t}$$

一般而言，当 0<销售增长率<0.1 时，为投入期或成熟期；当销售增长率≥0.1 时，为成长期；当销售增长率<0 时，为衰退期。

2. 产品寿命周期的阶段价格策略

不同阶段的价格策略，必须根据各阶段的特征灵活确定。

（1）投入期的价格策略。作为刚刚投入市场的新产品，虽然具有一定的技术、经济优势，甚至还可能是独家生产经营，但由于产品结构和工艺尚未定型，质量不太稳定，大批生产的能力也未形成，加上消费者（或用户）对新产品缺乏了解和信任，因而销路有待打开，产品开发是否成功还没有把握。

针对上述特征，企业为尽快打开局面，可采取以下价格策略。

① 撇脂策略，即在投入期，以高价投放新产品，并辅以高促销手段，从而保证获得初期高额利润，以后随产品销路的扩大逐渐降价。采取此策略，高价高利，可以迅速回收投资，并为以后产品降价促销提供条件。但这种策略也会引来竞争，影响及时打开销路。因此，该策略适用于市场上没有类似替代物，在短期内居垄断地位并容易开辟市场的新产品。

② 渗透策略，即在投入期，以低价投放新产品，并辅以高促销手段，其目的在于尽快打开销路，夺取更大的市场份额。在有效占领市场后，再逐渐提高价格水平。这种策略能有效地排斥竞争者，使企业长期占有市场，从而持久地给企业带来日益增多的利润。但渗透策略定价水平低，使企业投资回收速度放慢，企业在投入期经济效益较差。在产品市场规模大、竞争激烈、价格弹性大的情况下，企业采用渗透策略，可以达到以廉取胜、薄利多销的目的。

（2）成长期的价格策略。产品经过投入期的试销和改进，技术日趋成熟，质量也基本稳定，逐渐形成销售高峰，产品进入成长期。在成长期内，由于广告宣传等促销作用，产品已为消费者（或用户）所熟悉，并在竞争中占有较大优势，市场需求量扩大，利润也开始迅速增长。

成长期是产品开发的关键时期，企业一方面应该努力稳定和适当提高产品的质量，扩大生产能力；另一方面应在保证市场供应，以及维持、扩大市场占有率的情况下，通过采取目标价格策略，修正预测值，确定最优价格。具体做法是使该阶段的目标利润率高于整个寿命期里的平均利润率。这样不仅可以使产品的成长期成为企业获利最多的时期，而且企业也有了降价促销的后续手段，从而在销售困难时期可以以多补少，使整个寿命期内的产品利润最大化。

（3）成熟期的价格策略。产品进入成熟期，市场需求量接近饱和，销售增长率逐渐下降。本阶段的最大特点，就是随着大量竞争者进入市场，市场竞争日益激烈。

为了延长产品的成熟期，提高产品开发的经济效益，企业一方面应该继续加强广告宣传和用户服务工作，在保持老用户的同时，努力扩充新用户；另一方面则应努力加强内部管理，大幅度降低产品成本，为今后采用竞争价格策略创造条件，维持原有的市场占有率。

竞争价格策略因竞争者的情况而异。对于竞争条件（如成本、质量、性能等）差的对手，可以采用低价倾销的方法，在价格政策允许的范围内挤走竞争者或乘机扩大己方市场占有率；对于竞争条件强的对手，可以采用"你提我也提，你降我也降"的办法，努力维持原有市场占有率；对于竞争条件相当的对手，为了避免竞争可能形成的两败俱伤的局面，可以采用非价格竞争的办法，即在维修、供应备品备件、代培人员等方面提供更优越的条件，以维持原有的市场占有率。

采用竞争价格策略，确定降价幅度时，必须注意以下三点：①降价幅度必须考虑产品的价格弹性，凡价格弹性大的产品，降价幅度应该小些，价格弹性小的产品，降价幅度应该大些；②降价幅度应能引起消费者（或用户）的注意，如果同时辅以各种宣传措施，效果将更好；③降价幅度不能太大，必须保证产品盈利，并消除降价幅度过大产生的不良影响。

（4）衰退期的价格策略。新技术的出现，预示着品质更优越、性能更卓著的新产品将替代市场上原有的老产品，于是原有产品进入衰退期。衰退期产品的特点是：由于消费者（或用户）的购买转向新产品，导致原有产品销售增长率和利润急剧下降，甚至出现负增长的情况，市场需求逐渐缩小。

对处于衰退期的产品，企业应积极转移产品市场，努力在新地区开拓对该产品的需求，并努力开发新产品，创造新的需求。此外，企业还应配合不同的价格策略，充分发挥原有产品的创利潜力。

① 维持价格策略，即对该种产品不做较大幅度的降价，而基本维持原有价格水平，以保持该产品在消费者心目中的地位。当然，也应辅之以其他手段，如数量折扣、金额折扣、馈赠礼品等，以尽量延长产品寿命期。

② 变动成本策略，即以单位变动成本作为最低价格，防止产品销售量减少，从而以该产品提供的贡献毛益（销售收入超过变动成本的部分）来弥补一部分固定成本，为整个企业盈利增加做出贡献。

3．其他价格策略

（1）心理价格策略。心理价格策略主要是零售企业针对顾客消费心理而采取的定价策略。常用的方法主要有以下几种。

① 尾数定价。消费者购物时，对价格数字往往有这样一种心理倾向，即偏重于价格的整数，而忽视价格的零数。例如，当一件商品标价为 0.95 元时，消费者会在心理上认为其价格只是以角和分来计量，因而比较便宜；当标价在 1 元时，消费者则会认为计量单位以元计算，因而比较昂贵。其实，两种标价之差仅为 0.05 元，而消费者却会认为两种标价之间的差别很大。这种在购物时对价格数字的心理倾向，会引导消费者的购物行为，从而导致商品需求的变动。这种方法一般只适用于价值较小、销售量大、销售面广、购买次数多的中低档日用消费品。对于高档商品则不宜采用，否则会影响商品的声誉。

② 整数定价。与尾数定价法相反，整数定价法是以整数为商品定价的一种方法。消费者购物时，特别是在选购耐用消费品或高档商品时，看重的往往是其质量。在他们看来，价格越高，说明质量越好，"一分钱一分货"的观念根深蒂固。因此，为高档商品或耐用消费品定价时，宜采用整数定价，给消费者一种质量好、可靠性强的印象，从而刺激其购买欲望。

③ 声望定价。一般来说，有名望的商店出售的商品，其价格要比一般商店高；同类商品中，名牌商品价格要比非名牌商品价格高。这是因为，这类商店或商品在消费者心目中已经有了良好的形象，能使消费者产生信任感。这种以商店或商品的声望来为商品定价的方法就是声望定价法。由于声望定价商品的购买者，多是以商品能否显示其身份和地位，以商品的品牌以及价格能否炫耀其"豪华"为目的的，因而企业往往采用整数高位定价，以满足消费者的心理需求。

④ 心理折扣定价。心理折扣是利用消费者求廉务实的心理特点而采取的降价促销措施。当一种商品的牌号、性能不为广大消费者所熟悉与了解，其市场的接受程度较低时，采用心理折扣价格，即标明原价后再打折扣，向消费者宣传"原价×××元的商品，现以××元出售"

时，会在消费者心理上造成物美价廉的感觉，从而吸引消费者登门，扩大商品的销量。这种方法对不太知名、市场接受程度较低或销路不太好的商品比较有效。

⑤ 习惯性定价。习惯性定价法是商品进入寿命成熟期时的一种心理定价法。市场上，一种商品由于销售已久，消费者经过使用以后，凭经验和感觉会对该种商品的质量、使用性能等情况与其他类似代用品做比较，做出主观评定，形成一种心理上乐于接受的习惯性价格。对于这类商品，任何生产者要想进入市场，如不具备特殊优势的话，都必须依照消费者的习惯价格定价。因为，只要偏离习惯价格，消费者的心理倾向便会促使其减少购买量。

（2）折扣定价策略。折扣定价策略，是指在一定条件下，以降低商品的销售价格来刺激购买者，从而达到增加商品销售量目的的定价策略。具体方式有以下几种。

① 数量折扣。这是一种按购买者购买数量的多少所给予的价格折扣。购买者购买数量越多，则折扣越大；反之，则越小。它鼓励购买者大量或集中向本企业购买。

② 现金折扣。这是一种按购买者付款期限长短所给予的价格折扣，其目的在于鼓励购买者尽早偿付货款，加速资金周转。

③ 交易折扣。这是一种按各类中间商在商品流通过程中负担职能的大小所给予的价格折扣。其实质是卖方对买方提供商业服务所给予的报酬。交易折扣的多少，随行业与产品的不同而不同。对同一行业或同一品种的产品，则又要看中间商所承担的责任多少而定。一般来说，给予批发商的折扣较多，给予零售商的折扣较少。

④ 季节性折扣。季节性折扣是对购买者在商品淡季购买所付出的价格折扣。这样做，既鼓励了购买者提早采购，减轻了企业的仓储压力，又加速了企业资金周转，充分发挥企业的生产能力。

（3）综合定价策略。很多企业经常生产或经营两种以上彼此关联的商品。这时，企业在对其中某一种商品定价时，就必须考虑到与它关联的相关商品，只有将它们作为一个整体加以综合考虑，才能保证企业取得最大的利益。

综合定价策略就是针对相关商品所采取的一种定价策略。它是根据相关商品在市场竞争中的不同情况，使各种商品价格有高有低，既能适应市场竞争的需要，又能促进商品的销售。相关商品的定价，主要有以下三种情况。

① 为具有互补关系的相关商品定价。互补关系的相关商品是指其使用价值的实现互为前提条件的两种或两种以上的商品，例如，钢笔与墨水，打印机与打印纸等。这些商品的使用价值只有配套使用才能实现，失去一方，另一方的使用价值就难以实现。为这类相关商品定价，可有意识地降低其中部分相关商品的价格，一般是降低购买次数少或需求弹性较大部分的商品价格，而抬高另一部分相关商品的价格，从而达到提高整体利润的目的。例如，美国派克公司生产的派克钢笔便宜而且耐用，当你购买了这样一支钢笔时，无形中你就成了价格高昂的派克墨水的长期顾客了，派克公司便可从你长期不断的消费中获利。

② 为具有配套关系的相关商品定价。配套关系的相关商品，是指其使用价值既可单独发生作用，又可与另一种商品配合发挥作用的商品。例如，西服套装中的上衣和裤子，既可单独穿用，又可搭配穿用。为这类相关商品定价，可实行单件高价，配套优惠的策略。例如，购买一件西服上衣，按原价出售，如果购买西服套装，则可按原价的八折出售，或是免费赠送一件

配套的衬衣。这样做既可节约流通费用，又可增加销量，总体上有利于提高经济效益。

③ 销售商品与服务维修的定价。如果企业是为了方便客户使用，解除客户购物的后顾之忧，可以把产品价格定得高些，而把修理服务费定得低些；如果企业是为了鼓励客户积极购买产品，加速产品更新换代，则应把新产品价格定得低些，而把修理服务费定得高些。

思考题

1. 提高产品价值的途径有哪些？
2. 什么是价值系数？它在管理中有何作用？
3. 为什么说不产生贡献毛益的产品一定是亏损产品？
4. 运用贡献毛益分析法择优决策时应注意哪些问题？
5. 成本无差别点分析法的特点是什么？
6. 在以成本为基础制定价格时，应考虑的重要因素有哪些？

练习题

1. 甲公司设计了 A 和 B 两种产品，预计市场前景均不错。但由于该公司目前的生产能力有限，只能在 A、B 两种产品中选择一项作为新产品投向生产，有关资料如表 5-38 所示。

表 5-38 　　　　　　　　　　　甲公司的生产经营资料

项目	A 产品	B 产品
企业可利用生产能力	26 000 工时	
产品单位售价（元/件）	88	75
单位产品消耗工时（小时）	20	16
单位变动成本（元）	65	60
固定成本总额（元）	86 000	86 000

要求：试做出生产哪种新产品的决策。

2. 企业原生产甲、乙、丙三种产品，有关资料如表 5-39 所示。约束性固定成本为整个企业的生产能力成本，并按产品销售收入进行分配。其中甲产品为亏损产品，企业经理认为应当将其停产。

表 5-39 　　　　　　　　　　　企业产品的相关资料 　　　　　　　　　　单位：元

项目	甲产品	乙产品	丙产品	合计
销售收入	18 000	27 000	45 000	90 000
变动成本	12 000	11 000	22 000	45 000
边际贡献	6 000	16 000	23 000	45 000
固定成本				
其中：酌量性固定成本	2 000	6 000	3 000	11 000
约束性固定成本	6 000	9 000	15 000	30 000
合计	8 000	15 000	18 000	41 000
利润	-2 000	1 000	5 000	4 000

要求： 就以下不相关情况做出甲产品是否停产的决策。

（1）甲产品停产后剩余生产能力无法转作他用。

（2）如果甲产品停产后剩余生产能力可用于对外出租，每年可获得 5 000 元的租金收入。

3．某公司计划生产甲产品，有 A、B、C 三个不同的加工方案可供选择，相关数据如表 5-40 所示。

表 5-40　　　　　　　　　　　　基础数据表

方案 ＼ 项目	固定成本（元）		单位变动成本（元）
	联合成本（元）	专属成本（元）	
A	500	700	4
B	500	500	6
C	500	900	3

要求：

（1）确定 A、B、C 三个方案各自的最优产量区间。

（2）如果预计甲产品生产 160 件，则哪个加工方案将为最优方案？

4．某企业现有员工的计划工作时间为 64 000 个工时，按现有生产任务计算工作时间富余 20%。因而准备利用剩余生产能力开发新产品甲、乙或丙。新产品甲、乙、丙的相关数据如表 5-41 所示。

表 5-41　　　　　　　　　　　　基础数据表

项目产品	甲	乙	丙
单位产品定额工时（小时）	3.2	4.8	6.4
单位销售价格（元）	30	40	50
单位直接材料（元）	7	13	15
单位直接人工（元）	8	6	8
单位制造费用（元）	5	7	9

由于现有设备加工能力所限，在生产丙产品时，需要增加专属设备 8 000 元。

要求： 在甲、乙、丙产品市场销售不受限制的情况下，应如何做出方案选择？

第6章
存货决策与管理

⭐ 学习目标

1. 了解与存货决策相关的成本因素，并掌握各成本因素在不同情况下与决策的相关性。

2. 掌握经济订购批量基本模型及基本应用。

3. 掌握经济订购批量基本模型的扩展应用，以解决不同状况下的经济订购批量的决策及不确定情况下的存货决策问题。

📋 引导案例

某企业集团一直采用年度所需材料或零部件在年初一次性集中采购，仓库集中保管，生产按进度领用的材料管理制度。一次内训课程讨论时，财务总监提出这样做会多占用资金、增加成本。本企业一年需要钢材10万吨，每吨购买价格4 000元，年初一次性集中采购就要占用资金4亿元，如果按借款利率8%，平均占用资金2亿元算，借款利息就达到1 600万元。试想一下，如果一年分上半年、下半年采购二次，则减少占用资金2亿元，按借款利率8%、平均占用资金1亿元算，借款利息就减少800万元。

此时，主管生产的副总插话道："按照你的说法，一年分四个季度采购，则进一步减少占用资金1亿元，按借款利率8%、平均占用资金0.5亿元算，借款利息进一步减少400万元，岂不更好吗？"

仓库主管跟着发言："我们不能只从资金角度看问题，还要从保障生产的角度思考，如果库存材料不能满足生产需要，停工怎么办？再有，如果价格上涨，多库存点不更好吗？"

你怎么看待这个问题？

6.1 存货的功能与成本

存货决策历来是在满足存货功能的情况下再考虑相关成本的合理性，因而不同存货功能需要产生不同的存货决策思路和方法。

6.1.1 存货的功能

存货是指企业为销售或耗用而储存的各种资产。在制造企业中，存货通常包括原材料、委托加工材料、包装物、低值易耗品、在产品、产成品等。

存货对制造企业等绝大部分企业来说是必须的，其原因如下。

（1）为了满足企业不间断生产对原材料等的需要，应有一定的存货储量。

（2）为满足产品销售批量化、经常化的需要，应有足够的半成品、产成品的存货储量。

（3）为了保证企业均衡生产并降低生产成本，应有一定的存货储量，因为均衡的生产有利于降低生产成本和维持产品质量。

（4）为避免或减少经营中可能出现的失误和意外事故对企业造成的损失，也应有一定的存货储量。

因此，作为企业经营管理必需的存货管理，其任务就在于如何恰当地控制存货水平，在保证企业销售和耗用正常进行的情况下，尽可能地节约资金、降低存货成本。

6.1.2 存货的成本

与存货决策相关的成本包括：采购成本、订货成本、储存成本、缺货成本。

1. 采购成本

采购成本是指由购买原材料而发生的买价（购买价格或发票价格）和运杂费（运输费用和装卸费用）构成的成本，其总额取决于采购数量和单位采购成本。由于单位采购成本一般不随采购数量的变动而变动，因此在采购批量决策中，采购成本通常属于无关成本；但当供应商为扩大销售而采用数量折扣等优惠方法时，采购成本就成为与决策相关的成本了。

2. 订货成本

订货成本是指为订购货物而发生的各种成本，包括采购人员的工资、采购部门的一般性费用（如办公费、水电费、折旧费、取暖费等）和采购业务费（如差旅费、邮电费、检验费等）。订货成本中为维持一定的采购能力而发生的各期金额比较稳定的成本（如折旧费、水电费、办公费等），称为固定订货成本；随订货次数的变动而成比例变动的成本（如差旅费、检验费等），称为变动订货成本。固定订货成本属于存货决策中的无关成本，可不予考虑。

3. 储存成本

储存成本是指为储存存货而发生的各种费用，通常包括两大类：一是付现成本，包括支付给储运公司的仓储费、按存货价值计算的保险费、陈旧报废损失、年度检查费用以及企业自设仓库发生的所有费用；二是资本成本，即由于投资于存货而不投资于其他可盈利方面所形成的机会成本。储存成本中凡总额稳定，与储存存货数量的多少及储存时间长短无关的成本，称为固定储存成本；凡总额大小取决于存货数量的多少及储存时间长短的成本，称为变动储存成本。固定储存成本，属于存货决策中的无关成本，可不予考虑。

4. 缺货成本

缺货成本是指由于存货数量不能及时满足生产和销售的需要而给企业带来的损失。例如，因停工待料而发生的损失（如无法按期交货而支付的罚款、停工期间的固定成本等），由于商品存货不足而失去的创利额，因采取应急措施补足存货而发生的超额费用等。缺货成本大多属于机会成本。由于单位缺货成本往往大于单位储存成本，因此，尽管其计算比较困难，也应采用一定的方法估算单位缺货成本（短缺一个单位存货一次给企业带来的平均损失），以供决策之用。

在允许缺货的情况下，缺货成本是与决策相关的成本；在不允许缺货的情况下，缺货成本是与决策无关的成本。

6.2 经济订购批量

订购批量是指每次订购货物（材料、商品等）的数量。在某种存货全年需求量已定的情况下，降低订购批量必然增加订货批次。于是：一方面，存货储存成本（变动储存成本）随平均储存量的下降而下降；另一方面，订货成本（变动订货成本）随订购批次的增加而增加。反之，减少订购批次必然要增加订购批量，在减少订货成本的同时储存成本将会增加。

经济订购批量基本模型的推导

我们假设：A 为某种存货全年需要量；Q 为订购批量；A/Q 为订购批次；P 为每批订货成本；C 为单位存货年储存成本；T 为年成本合计（年订货成本和年储存成本的合计）。

由于年成本合计等于年订货成本与年储存成本之和，因此有：

$$T = \frac{Q}{2} \times C + \frac{A}{Q} \times P$$

年储存成本、年订货成本的变动及其与年成本合计的关系如图 6-1 所示。

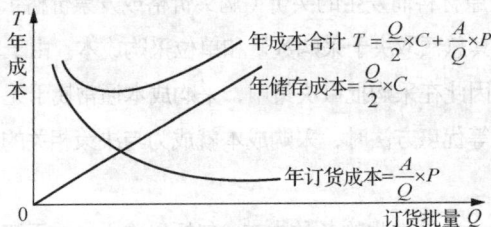

图 6-1 年储存成本、年订货成本与年成本合计的关系

从图 6-1 可以看出，T（年成本合计）是一条凹形曲线，当其一阶导数为零时，其值最低。存货决策的目的就是确定年订货成本和年储存成本合计数最低时的订购批量，即经济订购批量。于是得出以下基本模型（推导过程略）：

经济订购批量 $Q^* = \sqrt{\dfrac{2AP}{C}}$

最优订购批数 $\dfrac{A}{Q} = \sqrt{\dfrac{AC}{2P}}$

最低年成本合计 $T^* = \sqrt{2APC}$

例6-1 某公司每年A材料使用量为7 200吨，A材料储存成本中的付现成本每吨为4元，单位采购成本为60元，该公司的资本成本为20%，订购A材料一次的成本 P 为1 600元。每吨储存成本 C 为16（4+60×20%）元。

经济订购批量 $Q^* = \sqrt{\dfrac{2 \times 7\,200 \times 1\,600}{16}} = 1\,200$（吨）

经济订购批数 $\dfrac{A}{Q^*} = \sqrt{\dfrac{7\,200 \times 16}{2 \times 1\,600}} = 6$（次）

或：$\dfrac{7\,200}{1\,200}=6$（次）

最低年成本合计 $T^*=\sqrt{2\times7\,200\times1\,600\times16}$

$\qquad\qquad =19\,200$（元）

上述模型既能用来进行存货的数量控制，也能用来进行金额控制，但必须将有关符号重新定义：

A为全年需要额；Q^*为经济订购批量金额，即经济订购金额；C为每元存货年储存成本。

例6-2 某公司全年需要甲商品360 000元，每次订货成本为2 500元，每元商品的年储存成本为0.125元。

经济订购金额 $\qquad Q^*=\sqrt{\dfrac{2\times360\,000\times2\,500}{0.125}}$

$\qquad\qquad\qquad\quad =120\,000$（元）

经济订购批数 $\qquad \dfrac{A}{Q^*}=\sqrt{\dfrac{360\,000\times0.125}{2\times2\,500}}=3$（批）

最低年成本合计 $\qquad T^*=\sqrt{2\times360\,000\times2\,500\times0.125}$

$\qquad\qquad\qquad\quad =15\,000$（元）

在经济批量决策中，关键是选择并确定与决策相关的成本。在为存货模型编制数据时，应观察所掌握的每一项成本是否随下列项目数量的变化而变化：（1）存货的数量；（2）购入的数量；（3）一年内发出的订单数。

例6-3 某公司的会计资料如表6-1所示。

表 6-1　　　　　　　　　　　　　　基础数据表

项目	计量单位	价格
购买价格	每单位	8元
运入运费	每单位	0.6元
每次电话订货费		20元
每订单固定装卸费		30元
装卸费	每单位	0.25元
存货税	每单位每年	0.4元
每次材料运到公司的成本		240元
接货人员的月工资		800元
库存保险费	每单位每年	0.1元
仓库租金	每月	1 200元
平均损失	每单位每年	1.2元
资本成本	每年	18%
每月处理的订单数		500份

上述数据中，有的与决策相关，有的则与决策无关，首先应加以区分。在此基础上，按前述三个方面区分项目：接货人员的工资及仓库租金并不随购入量、储存量或订单数的变动而变动，属于固定订货成本或固定储存成本，与决策无关，可不予考虑。

随存货数量变动的成本项目如表6-2所示。

表6-2　　　　　　　　　　　　随存货数量变动的成本项目

项目	金额
存货税	0.4元
库存保险费	0.1元
平均损失	1.2元
合计	1.7元

随购入数量变动的成本项目如表6-3所示。

表6-3　　　　　　　　　　　　随购入数量变动的成本项目

项目	金额
购买价格	8元
运入运费	0.6元
装卸费	0.25元
合计	8.85元

发出一次订单而发生的成本项目如表6-4所示。

表6-4　　　　　　　　　　　　发出一次订单而发生的成本项目

项目	金额
电话订货费	20元
装卸费	30元
材料运到公司的成本	240元
合计	290元

上述三类成本，按每次订货成本、每单位材料年储存成本计算如下：

每次订货成本　　$P=20+30+240=290$（元）

单位材料年储存成本　　$C=0.4+0.1+1.2+(8.85\times18\%)$

$$=3.293（元）$$

如果该型材料的年需求总量为6 000个单位，则：

经济订购批量　　$Q^*=\sqrt{\dfrac{2\times6\,000\times290}{3.293}}\approx1\,028$（单位）

最低年成本合计　　$T^*=\sqrt{2\times6\,000\times290\times3.293}\approx3\,385.21$（元）

6.3　存货模型的扩展应用

当存货决策的环境发生变化时，企业就要对基本模型进行相应的扩展，以适应不同的管理需要。

6.3.1 一次订货，边进边出情况下的决策

前述基本模型假定一次订购的货物一次全部到达陆续使用。但在实际工作中，也存在一次订货后陆续到达入库、陆续领用的情况。这时，由于存货边进边出，进库速度大于出库速度，因此，存货的存储量低于订货批量（基本模型中的最高存储量）。其库存情况如图 6-2 所示。

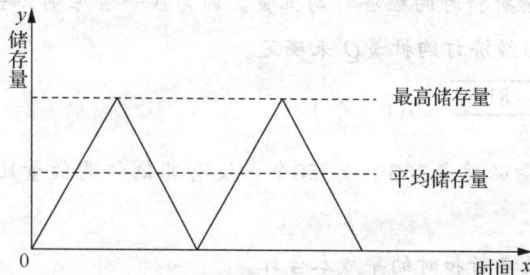

图 6-2 存货存储情况

一次订货，边进边出时的经济订购批量及最低年成本合计的计算公式如下（推导过程略）：

经济订购批量

$$Q^* = \sqrt{\dfrac{2AP}{C\left(1 - \dfrac{Y}{X}\right)}}$$

最低年成本合计

$$T^* = \sqrt{2APC\left(1 - \dfrac{Y}{X}\right)}$$

式中，

X 为每日送达存货的数量；

Y 为每日耗用存货的数量（其他符号的含义仍如基本数学模型中的定义）。

例6-4 某企业生产季节性产品甲产品，全季需要B材料12 000千克，每日送达300千克，每日耗用240千克，每次订购费用100元，每千克B材料季存储成本为3元。

将以上数据代入公式，得：

$$Q^* = \sqrt{\dfrac{2 \times 12\,000 \times 100}{3 \times \left(1 - \dfrac{240}{300}\right)}} = 2\,000 \text{（千克）}$$

计算结果表明，在B材料陆续到达、陆续使用的条件下，其经济订购批量为2 000千克。此时，最低季成本合计为：

$$T^* = \sqrt{2 \times 12\,000 \times 100 \times 3 \times \left(1 - \dfrac{240}{300}\right)} = 1\,200 \text{（元）}$$

6.3.2 有数量折扣时的决策

为了鼓励购买者多购买商品，供应商对大量购买商品常常实行数量折扣价，即每次订购量达到某一数量界限时，给予价格优惠。于是，购买者就可以利用数量折扣价，取得较低商品价、较低运输费和较低年订购费用，并且从大批量中得到的节约可能超过增支的储存成本。在有数量折扣的决策中，订货成本、储存成本以及采购成本都是订购批量决策中的相关成本。这时，上述三种成本的年成本合计最低的方案才是最优方案。

例6-5 某企业全年需用A零件1 500个，每件每年储存成本0.5元，每次订货费用81.67元。供应商规定：每次订货量达到750个时，可获2%的价格优惠；不足750个时，单价为50元。

决策分三步进行。

（1）计算没有数量折扣时的经济订购批量。因为按一般原则，当有可能获取数量削价时，最低订购量可由经济订购批量Q^*来确定。

$$Q^* = \sqrt{\frac{2 \times 1500 \times 81.67}{0.5}} \approx 700 \text{（个）}$$

于是，最佳订购量必然是700个或750个，没有其他订购数量比这两个数量中的任何一个更经济。

（2）计算不考虑数量折扣时的年成本合计。

采购成本　　1 500×50=75 000（元）

订购成本　　$\frac{1500}{700} \times 81.67 = 175$（元）

储存成本　　$\frac{700}{2} \times 0.5 = 175$（元）

年成本合计　　75 000+175+175=75 350（元）

（3）计算考虑数量折扣时的年成本合计。

采购成本=1 500×50×（1-2%）=73 500（元）

订购成本=$\frac{1500}{750} \times 81.67 = 163.34$（元）

储存成本=$\frac{750}{2} \times 0.5 = 187.5$（元）

年成本合计=73 500+163.34+187.5=73 850.84（元）

比较每次订购700个与750个的年成本合计可知，接受数量折扣可使存货成本降低1 499.16（75 350-73 850.84）元，因此应该选择接受数量折扣的方案。

在实际工作中，需要考虑的因素较多，这时可采用的方法也较多，应灵活加以运用。

例6-6 某公司全年需用B零件12 500件，每次订购费用为1 296元，每件B零件全年储存成本为5元，零售价每件70元，资本成本率25%。供应商为扩大销售，现规定数量折扣如表6-5所示。

表6-5　　　　　　　　　　　　　　销售数量折扣规定

订购单位数（件）	折扣（元/件）
0～999	无折扣
1 000～1 999	1.00
2 000～4 999	1.50
5 000～9 999	1.80
10 000及以上	2.00

在考虑资本成本率的情况下，如果把数量折扣看作机会成本（放弃可获得的最大订购量折扣而形成的机会成本，等于该最大订购量折扣与该公司拟选订购政策的折扣之间

的差额），则应采用以下方法。

（1）计算没有数量折扣时的经济订购批量。

$$Q^* = \sqrt{\frac{2 \times 12\,500 \times 1\,296}{5 + 70 \times 25\%}} = 1\,200（件）$$

于是，该公司的最佳订购批量应是1 200件，或是2 000件、5 000件、10 000件。

（2）计算1 200件时的成本总额（69元为该水平的折扣净额）。

$$储存成本 = \frac{1\,200}{2} \times（5 + 69 \times 25\%）= 13\,350（元）$$

$$订购成本 = \frac{12\,500}{1\,200} \times 1\,296 = 13\,500（元）$$

$$放弃折扣 = 12\,500 \times（2 - 1）= 12\,500（元）$$

$$成本总额 = 13\,350 + 13\,500 + 12\,500 = 39\,350（元）$$

（3）计算2 000件时的成本总额（68.5元为该水平的折扣净额）。

$$储存成本 = \frac{2\,000}{2} \times（5 + 68.5 \times 25\%）= 22\,125（元）$$

$$订购成本 = \frac{12\,500}{2\,000} \times 1\,296 = 8\,100（元）$$

$$放弃折扣 = 12\,500 \times（2 - 1.5）= 6\,250（元）$$

$$成本总额 = 22\,125 + 8\,100 + 6\,250 = 36\,475（元）$$

（4）计算5 000件时的成本总额（68.2元为该水平的折扣净额）。

$$储存成本 = \frac{5\,000}{2} \times（5 + 68.2 \times 25\%）= 55\,125（元）$$

$$订购成本 = \frac{12\,500}{5\,000} \times 1\,296 = 3\,240（元）$$

$$放弃折扣 = 12\,500 \times（2 - 1.8）= 2\,500（元）$$

$$成本总额 = 55\,125 + 3\,240 + 2\,500 = 60\,865（元）$$

（5）计算10 000件时的成本总额（68元为该水平的折扣净额）。

$$储存成本 = \frac{10\,000}{2} \times（5 + 68 \times 25\%）= 110\,000（元）$$

$$订购成本 = \frac{12\,500}{10\,000} \times 1\,296 = 1\,620（元）$$

$$放弃折扣 = 0（元）$$

$$成本总额 = 110\,000 + 1\,620 = 111\,620（元）$$

从上述计算可知，最佳订购量就是成本总额最低的订购量，即2 000件。当然，本例也可以采用年成本合计最低的原理进行决策，其选择结果是一样的。

6.3.3 存储量受限制时的决策

实际上，每个企业的存储面积都是有限的，即存储量不能无限制扩大。在这种情况下，如果计算确定的经济订购批量大于存储约束性因素的数值（超过现有最大存储量），那么，最佳的订购批量就是该约束性因素的值。图6-3可以说明这一点。

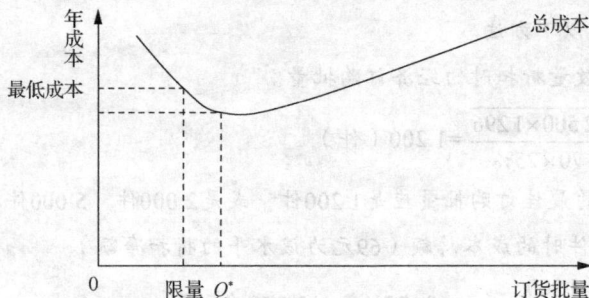

图 6-3　存储量受限制时的决策

当存储量含有约束性因素时，也可以通过某些方法（如租用新的库房、建造新的仓库等）来增加存储量，以达到最佳存储量（经济订购批量）的要求。但这样做在经济上是否合算呢？

例6-7　圆庆公司每年需要乙材料360 000千克，每次订货成本1 225元，每千克全年存储成本为0.5元。该公司目前仓库最大存储量为30 000千克，考虑到业务发展需要，已与其他单位意向租用一个可存储乙材料20 000千克的仓库，年租金约为4 000元。该公司应如何进行存储决策？

（1）计算不受任何限制时的经济订购批量和年成本合计。

$$Q^*=\sqrt{\frac{2AP}{C}}=\sqrt{\frac{2\times360\,000\times1\,225}{0.5}}=42\,000（千克）$$

$$T^*=\sqrt{2APC}=\sqrt{2\times360\,000\times1\,225\times0.5}=21\,000（元）$$

（2）由于圆庆公司目前仓库最大存储量只有30 000千克，少于经济订购批量（42 000千克），因此，需要在扩大仓储量和按目前最大存储量存储之间做出选择。

如果一次订购30 000千克（根据约束性因素的限制所能做到的最佳选择），则其年成本合计如下：

储存成本　$\dfrac{Q}{2}\times C=\dfrac{30\,000}{2}\times0.5=7\,500（元）$

订购成本　$\dfrac{A}{Q}\times P=\dfrac{360\,000}{30\,000}\times1\,225=14\,700（元）$

年成本合计=7 500+14 700=22 200（元）

（3）比较选择。由于不受任何限制时的最佳存货年成本合计为21 000元，而不扩大仓储时的限制存货的年成本合计为22 200元，因此，从增加仓储方案角度看，预期可以节约1 200元。但由于增加仓储需要多支付租金4 000元，超过预期节约额，因而最好不要租赁，而按30 000千克的批量分批订购。

当然，也可以采用差别成本的概念进行对比、分析（见表6-6），其结果是一样的。

表6-6　　　　　　　　　　　　　　　比较分析表　　　　　　　　　　　　　　单位：元

项目	保持现有仓储量	租用仓库	差别成本
储存成本（不含仓租费）	7 500	10 500	3 000（+）
订购成本	14 700	10 500	4 200（−）
仓租费	0	4 000	4 000（+）
成本总额	22 200	25 000	2 800（+）

6.4 不确定情况下的存货决策

迄今为止，存货决策是建立在存货耗用率及采购间隔期已确定的基础之上的，但当存货耗用率因不可预见的情况发生变化，或采购间隔期由于客观事件而有所变化时，就应采用适当的方法进行决策。

6.4.1 安全库存量与库存耗竭成本

在存货耗用率和采购间隔期稳定不变时，企业可以及时发出订单，按照经济订购批量订货，在原有存货耗尽之时新的存货恰好入库，如图6-4所示。

适时制与零库存

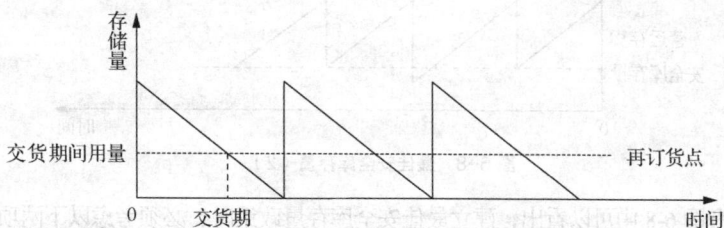

图6-4 安全库存量

但如果某项存货的耗用比预计要快，或者采购间隔期比预期时间长，就有可能发生库存耗竭。两种库存耗竭的情况可分别用图6-5和图6-6表示。

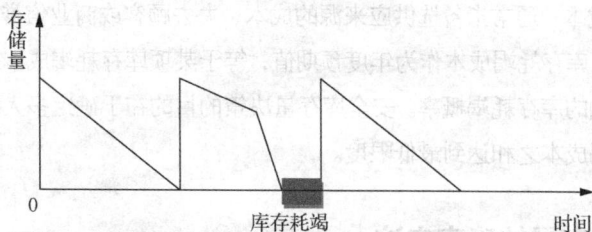

图6-5 库存耗竭时的库存量（1）

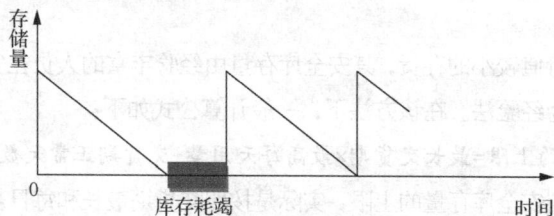

图6-6 库存耗竭时的库存量（2）

在图6-5中，由于耗用量增加了，结果在新存货尚未到达前库存存货已耗尽；在图6-6中，耗用量保持不变，但由于原订存货尚未运达以致库存存货耗尽。

库存耗竭的发生，往往给企业带来不利的影响：专程派人采购材料，停产等待新的材料运达，或者失去顾客。为避免上述不利影响，企业应建立保险储备并确定一个最佳安全库存量，从而将可能发生的额外成本降到最低。在图6-5、图6-6所示的情况中，如果有充足的安全库存量，就不会出现库存耗竭现象，增加的耗用量和供货间隔期变动而耗用的存货可以从安全库存量中得到满足，并在新的订货到达时补足安全库存量。图 6-7 和图 6-8 可以清楚地说明这一点。

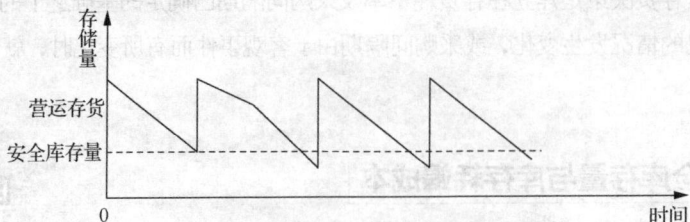

图 6-7　最佳安全库存量（1）

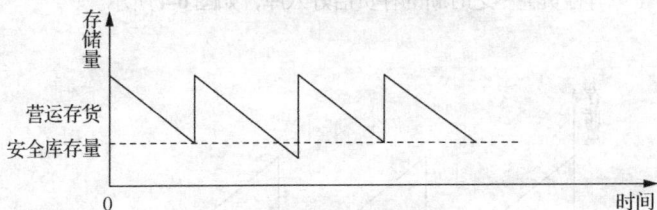

图 6-8　最佳安全库存量（2）

从图 6-7 和图 6-8 中可以看出，建立最佳安全库存量政策时，必须考虑以下两项成本。

（1）安全库存量的储存成本。由于期初安全库存量余额等于期末安全库存量余额，安全库存量的单位储存成本与营运存货的储存成本相同，因此，安全库存量的储存成本等于安全库存量乘以存货的单位储存成本。

（2）库存耗竭成本。通常指备选供应来源的成本、失去顾客或商业信誉的成本、库存耗竭期内停产的成本等。库存耗竭成本作为年度预期值，等于某项库存耗竭成本乘以每年安排的订购次数乘以一次订购的库存耗竭概率。安全库存量决策的目的在于确定多大的保险储备才能使储存成本和库存耗竭成本之和达到最低限度。

6.4.2　安全库存量的确定方法

1. 经验法

对于品种繁多、价值较小的存货，其安全库存量由经验丰富的人员在安全库存量上限范围内加以规定，因此称为经验法。在该方法下，一般计算公式如下：

　　　安全库存量的上限=最长交货期×最高每天用量−交货期正常天数×平均每天用量

由上式可知，所谓安全库存量的上限，实际是按照交货期最长和每日耗用量最大这两种不正常现象同时发生为基础计算的。

2. 不连续的概率法

要准确估计可能发生的库存耗竭成本，必须根据历史资料统计库存耗竭的数量和概率。在不连续的概率法下，应按不同档次的相应概率计算不同安全库存量的库存耗竭成本，并进行比较。

比较时，可以计算不同安全库存量的预期库存耗竭成本与该安全库存量对应的存储成本之和，然后选择成本总额最低的安全库存量。

例6-8 江威公司每年需用C型材料360 000千克，每千克C材料的年平均存储成本为16元，每次订购费用648元，最优订货批量为5 400千克。由于每种安全库存量水平均会对应一种不同的库存耗竭概率，因此，根据历史资料估计：如不保持安全库存量，则库存耗竭概率为0.6；如有200千克的安全库存量，则库存耗竭概率降为0.3；如有350千克的安全库存量，则库存耗竭概率为0.05；如果有600千克安全库存量，库存耗竭概率为0.015；如果有800千克安全库存量，则库存耗竭概率只有0.01。据估计，如果不能及时到货而动用备选供货渠道，需增加成本约2 000元，停产待料损失约3 000元。

在确定安全库存量时，应比较不同安全库存量下的成本总额（储存成本与预期库存耗竭成本之和），并做出选择，如表6-7所示。

表 6-7   安全库存量的成本分析

安全库存量（千克）	储存成本（元）	预期库存耗竭成本（元）	成本总额（元）
0	0×16=0	$\frac{360\,000}{5\,400}×0.6×(2\,000+3\,000)=200\,000$	200 000
200	200×16=3 200	$\frac{360\,000}{5\,400}×0.3×(2\,000+3\,000)=100\,000$	103 200
350	350×16=5 600	$\frac{360\,000}{5\,400}×0.05×(2\,000+3\,000)=16\,666.67$	22 266.67
600	600×16=9 600	$\frac{360\,000}{5\,400}×0.015×(2\,000+3\,000)=5\,000$	14 600
800	800×16=12 800	$\frac{360\,000}{5\,400}×0.01×(2\,000+3\,000)=3\,333.33$	16 133.33

从表6-7可以看出，在这五种安全库存量中，最佳选择应为600千克的安全库存量。但即使在最佳安全库存量水平上，仍然具有0.015的库存耗竭概率，在该公司每年大约订购67次（360 000÷5 400≈66.67）的情况下，预期C材料每年库存耗竭一次（66.67×0.015=1）。即使如此，由此发生的库存耗竭成本也比保持增加安全库存量更为经济。事实上，完全消除库存耗竭也是不可能的。存货决策的目的在于寻找安全库存量水平和库存耗竭两者的最低成本政策。

6.4.3 再订购点的确定

为了保证生产和销售活动的连续性，企业应在存货用完或售完之前再一次订货。订购下一批货物时的存货存量（实物量或金额，下同）叫再订购点。如何使各种存货的成本之和达到最低，是再订购点决策所要解决的问题。

一般来讲，当库存存货量降到采购间隔期的耗用量加上安全库存量的总和时，就应再次订购货物。在这种情况下，当存货量降到上述水平时即发出订购单，在库存存货量等于安全库存量时，新的货物可预期运到。这时，再订购点的计算公式如下：

再订购点=（采购间隔日数×平均每日用量）+安全库存量

例6-9 某种商品的安全库存量为200件，采购间隔期为12天，年度耗用总量为12 000件，假设每年有300个工作日，则该商品的再订购点的计算如下。

$$该商品的再订购点 = \left(\frac{12\ 000}{300} \times 12\right) + 200 = 680（件）$$

如果该商品的年储存成本为1.5元，每次订购成本为240元，则其最佳订购批量为1 960件。结合以上计算结果，可以绘图如图6-9所示。

从图6-9可以看出，当存货降至680件时，即应按最佳订购批量（1 960件）发出订单。在发出订单和收到订货的12天内，耗用速度是每天40（12 000÷300）件。如果能够按计划进行，12天后，当新运货Q到达企业时，存货大约还有200件。图6-9中的R为再订购点。

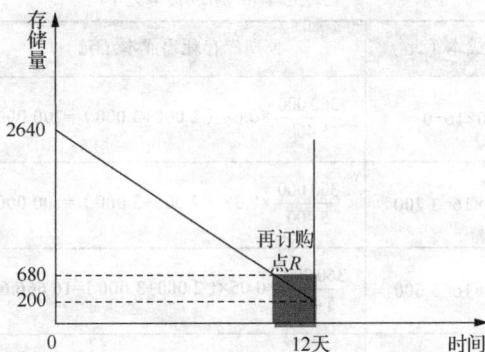

图6-9 再订购点的确定

6.5 存货控制的 ABC 法

存货控制的 ABC 法是意大利经济学家巴雷特于 19 世纪首创的，之后经不断发展和完善，现已广泛用于存货管理、成本管理和生产管理。对于一个大型企业来说，常有成千上万种存货项目，在这些项目中，有的价格昂贵，有的不值几文；有的数量庞大，有的寥寥无几。企业如果不分主次，面面俱到，对每一种存货都进行周密规划、严格控制，就抓不住重点，也就不能有效地控制主要存货资金。ABC 法正是针对这一问题而提出来的重点管理方法。运用 ABC 法控制存货资金，一般分如下几个步骤：

（1）计算每一种存货在一定时间内（一般为一年）的资金占用额。

（2）计算每一种存货资金占用额占全部资金占用额的百分比，并按大小顺序排列，编成表格。

（3）根据事先测定好的标准，把最重要的存货（如 10%的存货占用 70%的资金）划为 A 类，把一般存货（如 25%的存货占用 25%的资金）划为 B 类，把不重要的存货（如 65%的存货占用 5%的资金）划为 C 类，并画图表示出来。

（4）对 A 类存货可以按本章前述方法进行重点规划和控制，对 B 类存货进行次重点管理，对 C 类存货只按金额进行一般管理。

例6-10 大华公司共有20种材料，共占用资金1 000万元，按占用资金多少的顺序排列后，根据上述原则划分成A、B、C三类，如表6-8所示。

表6-8　　　　　　　　　　　　A、B、C分类管理

材料品种（用编号代替）	占用资金数额（万元）	类别	各类存货所占种数（种）	比重（%）	各类存货占用资金数量（元）	比重（%）
1	500					
2	250	A	2	10	750	75
3	100					
4	50					
5	25					
6	15					
7	10	B	5	25	200	20
8	9					
9	8					
10	7					
11	6					
12	5					
13	4					
14	3					
15	2					
16	1.9					
17	1.8					
18	1.7					
19	0.5					
20	0.1	C	13	65	50	5
合计	1 000		20		1 000	100

把存货划分成A、B、C三大类，目的是对存货占用资金进行有效的管理。A类存货种类虽少，但占用的资金多，应集中主要力量管理，对其经济批量要进行认真规划，对收入、发出要进行严格控制；C类存货虽然种类繁多，但占用的资金不多，不必耗费大量人力、物力、财力去管，这类存货的经济批量可凭经验确定，不必花费大量时间和精力去进行规划和控制；B类存货介于A类和C类之间，也应给予相当的重视，但不必像A类那样进行非常严格的控制。

思考题

1. 存货成本与存货决策的关系是什么？

2. 储存成本包括付现成本，为什么不包括非付现成本（即沉没成本）？

3. 试说明确认经济订购批量的基本原理。

4. 你认为在确认经济订购批量的过程中应该注意的问题是什么？

5. 在存储量受限制的情况下，如何才能做出正确的决策？

6. 建立最佳安全库存量政策必须考虑的成本是什么？

🎯 练习题

1. 某公司全年需要甲零件 12 500 件，为保证零件质量，该公司在 A 市专设采购中心。该采购中心每年固定资产折旧 50 000 元，每次订购费用为 1 050 元，甲零件单位运输费用 200 元，单位全年储存成本为 50 元，零售价 170 元/件，贷款利率 10%。

要求：请根据以上资料计算经济订购批量、最优批次、最低年成本合计。

2. 长海公司每年使用 A 材料 56 000 千克，单位采购成本 150 元，单位变动储存成本为 20 元，每一次的订货成本为 1 400 元。

要求：

（1）求 A 材料的经济订购批量及相应的年成本合计。

（2）如果 A 材料是边送边用，每日送货量为 250 千克，每日耗用量为 200 千克，请计算 A 材料的经济订购批量及相应年成本合计。

（3）若供应商规定，当企业每次采购的 A 材料为 3 200 千克以上时，可享受 2% 的折扣，材料能够按采购量一次送达。确定企业应如何进行 A 材料的采购。

（4）长海公司对 A 材料的耗用量正常为每天 200 千克，订货提前期为 10 天，求其再订购点。

第7章
投资决策

★ 学习目标

1. 理解时间价值的概念，熟练掌握时间价值的计算方法并能够灵活应用。
2. 了解现金流量的构成，掌握现金流量的计算方法。
3. 了解投资决策指标的经济意义，掌握各投资决策指标的计算方法并能够准确应用。
4. 掌握并能够灵活解决特殊情况下的投资决策问题。

📋 引导案例

为使晚年幸福，老王计划从退休起的30年间，每年拿出24万元用于补充社会养老金，如果未来期间平均收益率为每年6%，问：老王要有多少钱才能满足退休养老的愿望？

老王的儿子为此计划在未来10年每年在银行等额存入一笔钱。

问：小王每年应拿多少钱才能满足老王退休养老的愿望？

7.1 投资决策基础

投资决策者在做投资决策前需要对项目各个时点的现金流量做出预测，选择恰当的资本成本，依据动态决策指标对投资方案做出评判。货币时间价值、资本成本作为投资决策基础，影响着人们的判断和决策，并使决策者做出不同的选择。

7.1.1 货币时间价值

1. 货币时间价值的概念

货币时间价值，是指一定量的货币经过一定时间的投资与再投资所增加的价值。简单地说，现在的1元钱比1年以后的1元钱更值钱。例如，甲企业拟购买一台设备，如果采用现在付款，其价款为40万元；而如果延期至5年后付款，则价款为52万元。请问是现在付款有利，还是5年后付款有利？

可能你会说现在付款有利，因为比5年后付款便宜12万元。但换个角度看，如果5年期存款年利率为10%，该企业目前已筹到40万元资金，存入银行，按单利计算，五年后的本利和为 60[40×（1+10%×5）]万元。此时，与 5 年后付款 52 万元比较，企业尚可得到 8（60-52）万元的利益。可见，延期付款 52 万元，比现付 40 万元更为有利。

　　现在年初的 40 万元，五年以后的价值就提高到 60 万元。随着时间的推移，周转使用中的货币价值发生了增值。货币在周转使用中为什么会产生时间价值呢？这是因为任何货币使用者把货币投入生产经营以后，劳动者借以生产新的产品，创造新价值，都会带来利润，实现增值。周转使用的时间越长，所获得的利润越多，实现的增值额就越大。所以，货币时间价值的实质，是货币周转使用后的增值额。

中西方观点的比较及启示

　　货币时间价值通常以利息率进行计量。但是，一般的利息率除了包括货币时间价值因素以外，还要包括风险价值和通货膨胀因素。因此，货币时间价值通常被认为是没有风险和没有通货膨胀条件下的社会平均利润率。这是利润平均化规律作用的结果。

2．货币时间价值的计算

　　货币时间价值的计算通常以复利为基础。在复利方式下，不仅本金要计算利息，而且以前期间的利息也要并入本金作为以后期间利息计算的依据。

　　（1）复利终值

　　复利终值（FV_n）是指一定量的资金经过一定时间后，按复利计算的最终价值。复利终值计算解决的是：现在 1 元钱在 n 年后取出是多少钱的问题（见图 7-1）。

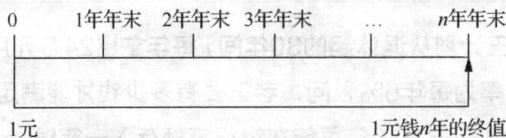

图 7-1　复利终值计算

　　复利终值的一般计算公式为：

$$FV_n = PV_0 \times (1+i)^n = PV_0 \times FVIF_{i,n}$$

式中，

FV_n 为复利终值，即第 n 年年末的价值；

PV_0 为现值，即 0 年（第 1 年年初）的价值；

i 为利率；

n 为计息期数。

　　$(1+i)^n$ 又称复利终值系数，可用 $FVIF_{i,n}$ 表示，其含义为当利率为 i 时，经过 n 期后，1 元本金的最终价值。可以查阅复利终值系数表。例如，（$FVIF_{10\%,5}$）表示利率为 10%，经过 5 期后，1 元本金的终值是 1.611 元。

　　例7-1　华英公司有一笔123 600元的资金，准备存入银行，希望在7年后利用这笔款项的本利和购买一套生产设备，银行存款利率为10%，该设备的预计价格为240 000元。试用数据说明7年后华英公司能否用这笔款项的本利和购买设备。

$$FV_n = 123\ 600 \times FVIF_{10\%,7}$$
$$= 123\ 600 \times 1.949$$
$$= 240\ 896.4（元）$$

可见，7年后华英公司能够用这笔款项的本利和购买设备。

（2）复利现值

复利现值（PV_0）是指为取得将来某一时点上的本利和，现在所需要的本金，即未来一定时间的特定资金按复利计算的现在价值。复利现值计算解决的是：n年后的1元钱在现在值多少钱的问题（见图7-2）。

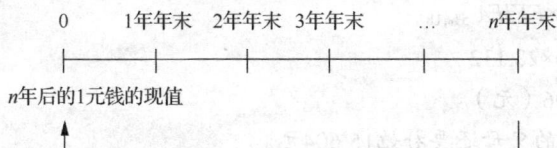

图7-2 复利现值计算

复利现值的计算实际上是复利终值计算的逆运算，其计算公式为：

$$PV_0 = FV_n \times \frac{1}{(1+i)^n} = FV_n \times PVIF_{i,n}$$

式中，$(1+i)^{-n}$是复利终值系数的倒数，称复利现值系数，用符号$PVIF_{i,n}$表示，相关数值可以查阅复利现值系数表。

例7-2 某项投资4年后可得收益40 000元。按年利率6%计算，其现值的计算如下。

$$PV_0 = 40\ 000 \times PVIF_{6\%,4} = 40\ 000 \times 0.792 = 31\ 680（元）$$

（3）普通年金

年金是指一定期间内相等金额的系列收付款，如固定资产折旧、无形资产摊销、房屋和设备的租金、利息、保险金、养老金等都属于年金。由于每次收付发生的时点不同，因此年金分为后付年金和先付年金：每期期末相等金额的收款或付款称为后付年金，由于该种年金发生更为普遍，所以又称普通年金（以下普通年金通称年金）；每期期初相等金额的收款或付款称为先付年金，或称预付年金。

① 年金终值（FVA_n）的计算。年金终值犹如零存整取的本利和。它是一定时期内每期期末收款或付款项的复利终值之和。年金终值图如图7-3所示。

年金终值的一般计算公式为：

$$FVA_n = A\sum_{t=1}^{n}(1+i)^{t-1}$$

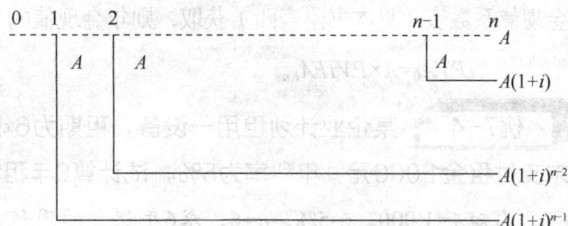

图7-3 年金终值图

式中，

FVA_n为年金终值；

A为每次收付款项的金额；

i为利率；

t为每笔收付款项的计息期数；

n为全部年金的计息期数。$\sum_{t=1}^{n}(1+i)^{t-1}$称为年金终值系数，其简略表示为$FVIFA_{i,n}$，相关数值可以通过查阅年金终值系数表获得。

年金终值的计算公式可写成如下形式：

$$FVA_n = A \times FVIFA_{i,n}$$

例7-3 一女孩自出生起每年得压岁钱3 000元，其母逗她：钱先帮她攒着，留她上大学用。女孩正常上大学时年满18岁，如果该期间投资报酬率为5%，而大学期间总支出10万元。上大学时，该女孩向其父母索要过去的压岁钱，试问其父母应补她多少钱？

$$FVA_n=3\ 000\times FVIFA_{5\%,18}$$
$$=3\ 000\times 28.132$$
$$=84\ 396（元）$$

上大学时该女孩的父母还要补她15 604元。

② 年金现值的计算。年金现值是一定时期内每期期末收款或付款款项的复利现值之和。如果某项投资每年取得收益1元，年利率为10%，为期5年，则该项投资收益的年金现值的计算如图7-4所示。

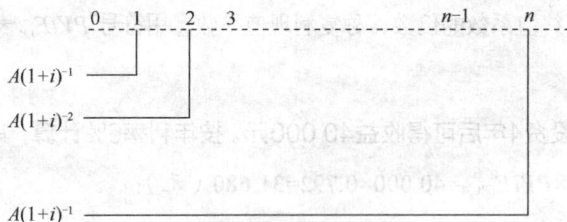

图7-4 普通年金现值图

普通年金现值的一般计算公式为：

$$PVA_0=A\sum_{t=1}^{n}\frac{1}{(1+i)^t}$$

式中的 $\sum_{t=1}^{n}\frac{1}{(1+i)^t}$，称为年金现值系数，其简略表示为 $PVIFA_{i,n}$，相关数值可以通过查阅年金现值系数表（见本书附表四）获取，则年金现值的计算公式可写成如下形式。

$$PVA_0=A\times PVIFA_{i,n}$$

例7-4 某企业计划租用一设备，租期为6年，合同规定每年年末支付租金1 000元，年利率为5%，试计算6年租金的现值是多少？

已知$A=1\ 000$，$i=5\%$，$n=6$，求6年租金的现值。

$$PVA_0=1\ 000\times PVIFA_{6\%,10}$$
$$=1\ 000\times 5.076=5\ 076（元）$$

6年租金的现值是5 076元。

先付年金计算

（4）递延年金现值的计算

递延年金是指在最初若干期没有收付款项的情况下，随后若干期等额的系列收付款项。m 期以后的 n 期年金现值的计算，如图7-5所示。

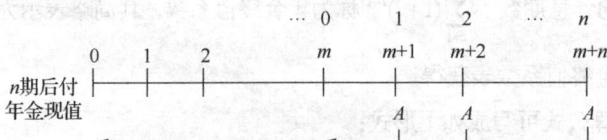

图7-5 递延年金

递延 m 期后的 n 期年金与 n 期年金相比，两者付款次数相同（n 次），但这项递延年金现值是 m 期后的 n 期年金现值，还需再按复利现值折现 m 期。因此，为计算 m 期年金现值，要先计算出该项年金在 n 期期初（m 期期末）的现值，再将它作为 m 期的终值贴现至 m 期期初的现值。计算公式如下：

$$V_0 = A \times PVIFA_{i,n} \times PVIF_{i,m}$$

此外，还可求出 $m+n$ 期后付年金现值，减去没有付款的前 m 期的后付年金现值，即为延期 m 期的 n 期后付年金现值。计算公式如下：

$$V_0 = A \times PVIFA_{i,n+m} - A \times PVIFA_{i,m}$$

例7-5 老王将于5年后退休，为使晚年幸福，计划从退休起的30年间，每年拿出24万元用于补充社会养老金账户。如未来期间平均收益率每年6%，则老王现在应有多少钱才能满足其愿望？

$$V_0 = A \times PVIFA_{i,n} \times PVIF_{i,m}$$
$$= 24 \times PVIFA_{6\%,30} \times PVIF_{6\%,5}$$
$$= 24 \times 13.764 \times 0.747$$
$$\approx 246.76（万元）$$

或：

$$V_0 = A \times PVIFA_{i,n+m} - A \times PVIFA_{i,m}$$
$$= 24 \times PVIFA_{6\%,35} - 24 \times PVIFA_{6\%,5}$$
$$\approx 246.76（万元）$$

利用前述各种计算货币时间价值的方法，我们可以将不同时间的货币统一在同一个时点上进行比较，从而排除了由于时间的不同而导致的不可比问题。

7.1.2 现金流量

1. 现金流量的概念

现金流量指的是在投资活动过程中，投资项目在实施过程中所产生的现金支出或现金收入的数量。投资决策涉及现金流出量、现金流入量和净现金流量三个具体概念。

（1）现金流出量。现金流出量是指在实施投资方案的整个过程中所需投入的资金，主要包括：投放在固定资产上的资金，投放在土地上的资金，项目建成投产后为正常经营活动而投放在流动资产上的资金。

（2）现金流入量。现金流入量是指由于实施了该投资方案而增加的现金，主要包括：经营利润，固定资产报废时的残值收入，项目结束时收回的原投入在该项目流动资产上的流动资金，以及固定资产的折旧费用（因为计提固定资产折旧将导致营业利润的下降，但并不会引起现金的支出，所以可将其视为一项现金流入）、土地的摊销价值。

（3）净现金流量。净现金流量是指现金流入量与现金流出量之间的差额。如果现金流入量大于现金流出量，被称为"净现金流入量"；否则，便称"净现金流出量"。

2．现金流量的计算

由于一个项目从准备投资到项目结束，经历了项目准备及建设期、生产经营期及项目终止期三个阶段，因此，有关项目净现金流量的基本计算公式为：

净现金流量＝投资现金流量+营业现金流量+项目终止现金流量

（1）投资现金流量。投资现金流量包括投资在固定资产上的资金、投资在土地上的资金和投资在流动资产上的资金。

在实际工作中，企业往往以原有的旧设备进行投资。此时，该设备的变现价值通常并不与其折余价值相等，因而会产生清理损益。在计算投资现金流量时，就要考虑由此而可能将支付或减免的所得税。相关计算公式如下：

投资现金流量＝流动资产投资+土地投资+设备投资或设备的变现价值

－（设备的变现价值－折余价值）×税率

（2）营业现金流量。营业现金流量是在生产经营期间发生的，是该期间营业现金流入量减营业现金流出量后的差额，即营业现金净流量。

营业现金流量计算时应注意：非付现成本的影响。经营成本由付现成本和非付现成本（即过去支付过现金而在现在和未来摊入成本或费用的支出，如固定资产折旧、无形资产摊销额、长期待摊资产摊销额等）构成。非付现成本作为成本项目在计算税后净损益时虽然包括在成本或费用中，但不需要支付现金，因此，将形成一项现金流入。

假设在下面举例中，取得销售收入拿到钱了，付现成本（销售成本）给人钱了，于是

销售收入	1 200 万元	现金增加 200 万元
－销售成本	1 000 万元	

销售利润	200 万元	
－所得税	50 万元	交税现金减少 50 万元

税后净利润	150 万元	现金净增加 150 万元

说明在没有外部资金进入的情况下，增量资金（150 万元）来源于税后净利润（150 万元）。

如果上例只有固定资产折旧 100 万元，那么结果如何？

销售收入	1 200 万元	现金增加 200 万元
－销售成本	1 000 万元	

销售利润	200 万元	
－折旧	100 万元	

利润	100 万元	
－所得税	25 万元	交税现金减少 25 万元

税后净利润	75 万元	现金净增加 175 万元

在同样没有外部资金进入的情况下，此时增量资金（175 万元）来源于税后净利润（75 万

元）和固定资产折旧（100万元）。

可见，在没有外部资金进入的情况下，增量资金是来源于税后净利润和前期投资本期收回形成的折旧、摊销。

于是，营业现金流量可用公式表示如下：

营业现金流量＝营业现金流入量－营业现金流出量

＝税后净损益＋折旧等

＝营业收入－付现成本－所得税

（3）项目终止现金流量。项目终止现金流量是在项目终止期间（即报废期间）发生的，包括固定资产的残值收入、收回原投入的流动资金及收回土地的剩余价值。

项目终止现金流量＝原投入的流动资金＋收回土地的剩余价值＋实际固定资产

残值收入－（实际残值收入－预定残值）×税率

例7-6 某项目需投资1 200万元用于购建固定资产，项目寿命5年，直线法计提折旧，5年后设备残值200万元；另外，在第一年年初一次投入流动资金300万元。每年预计付现成本300万元，可实现销售收入800万元，项目结束时可全部收回垫支的流动资金，所得税税率为25%。

根据上述资料计算该项目各期的现金流量。

（1）投资现金流量

投资现金流量＝购建固定资产＋垫付的流动资金

＝1 200＋300＝1 500（万元）

（2）营业现金流量

营业现金流量＝税后净损益＋折旧

因此，各年营业现金流量为：

营业现金流量＝（800－300－200）×（1－25%）＋200＝425（万元）

（3）项目终止现金流量

项目终止现金流量＝原投入的流动资金＋固定资产最终残值

＝300＋200＝500（万元）

因此，项目各期预期现金流量如表7-1所示。

表7-1　各期预期现金流量　单位：万元

计算期 项目	第1年年初	第1年年末	第2年年末	第3年年末	第4年年末	第5年年末
固定资产投资	-1 200					
流动资产投资	-300					
营业现金流量		425	425	425	425	425
固定资产残值						200
收回流动资金						300
现金流量合计	-1 500	425	425	425	425	925

7.2 投资决策指标

判断投资项目是否可取的投资决策指标按是否考虑货币的时间价值因素，分为静态投资指标和动态投资指标两大类。

7.2.1 静态投资指标

静态投资指标指的是没有考虑货币时间价值因素的指标，也称非贴现投资指标，主要包括投资回收期和投资利润率。

1. 投资回收期

投资回收期指的是自投资方案实施起，至收回初始投入资本所需的时间，即能够使与此方案相关的累计现金流入量等于累计现金流出量的时间，即满足公式：

$$\sum_{t=1}^{n} I_t = \sum_{t=1}^{n} O_t$$

式中，

I_t 为第 t 年现金流入量；

O_t 为第 t 年现金流出量。

例7-7 现有三个投资机会，其有关数据如表7-2所示。

表 7-2 投资方案相关数据表 单位：万元

时间（年）	0	1	2	3	4
方案 A：净收益		500	500		
净现金流量	（10 000）	5 500	5 500		
方案 B：净收益		1 000	1 000	1 000	1 000
净现金流量	（10 000）	3 500	3 500	3 500	3 500
方案 C：净收益		2 000	2 000	1 500	1 500
净现金流量	（20 000）	7 000	7 000	6 500	6 500

投资回收期的计算如表7-3所示。

表 7-3 项目投资回收期计算表 单位：万元

	时间（年）	净现金流量	回收额	未收回数	回收时间
方案 A	0	（10 000）		10 000	
	1	5 500	5 500	4 500	1
	2	5 500	4 500	—	0.82
	合计回收时间（回收期）=1+4 500÷5 500=1.82（年）				
方案 B	0	（10 000）		10 000	
	1	3 500	3 500	6 500	1
	2	3 500	3 500	3 000	1
	3	3 500	3 000	—	0.86
	合计回收时间（回收期）=1+1+3 000÷3 500=2.86（年）				
方案 C	0	（20 000）		20 000	
	1	7 000	7 000	13 000	1
	2	7 000	7 000	6 000	1
	3	6 500	6 000	—	0.92
	合计回收时间（回收期）=1+1+6 000÷6 500=2.92（年）				

从表7-3可知，A方案的回收期最短，能最快收回投资，而B方案次之，C方案的回收期最短。

投资回收期法的主要优点是：（1）计算简便，易于理解，在其他情况相同时，投资回收期最短的方案为最佳方案；（2）对于技术更新快和市场不确定性强的投资项目，投资回收期的长短是一个很有用的风险评价指标。

但是，投资回收期的最大缺点在于它既没有考虑货币的时间价值，也没有考虑回收期后的现金流量。

2. 投资利润率

投资利润率又称会计利润率（记作 ROI），是指项目经营期的正常年度利润或年均利润占项目投资总额的百分比，其计算公式为：

$$投资利润率=\frac{年平均利润额}{投资总额}\times100\%$$

投资利润率的决策标准是：投资利润率应大于企业要求的利润率，否则为不可行方案。

根据表 7-3 的资料，A、B、C方案的投资利润率分别为：

投资利润率（A）=[（500+500）÷2]÷10 000×100%=5%

投资利润率（B）=[（1 000+1 000+1 000+1 000）÷4]÷10 000×100%=10%

投资利润率（C）=[（2 000+2 000+1 500+1 500）÷4]÷20 000×100%=8.75%

A方案的回收期虽然最短，但投资利润率最低。C方案的回收期最长，但投资利润率并不是最低的，因此无法用回收期法来判断它们的优劣。因此，在三个方案中，按照投资利润率来判断，应是B方案最优，C方案次之，A方案最差。

静态投资指标有计算简单、含义清晰等优点，但没有考虑货币时间价值，从而可能导致决策失败。在学习静态投资指标时应注意以下几点。

（1）投资回收期只说明投资回收的时间，但不能说明投资回收后的收益情况。一般来说，在投资额相等的情况下，投资回收期越短的方案越好，但是投资回收后有无收益及收益多少却无法揭示，从而造成决策失败。

如A、B两个项目均投资5 000万元，A项目在未来两年内每年现金净流量为2 500万元，然后项目终结报废；B项目在未来五年内每年现金净流量为2 500万元，然后项目终结报废。项目投资回收期的计算结果如表 7-4 所示。

表 7-4　　　　　　　项目投资回收期

方案	0	1	2	3	4	5	投资回收期
甲项目	-5 000	2 500	2 500				2 年
乙项目	-5 000	2 500	2 500	2 500	2 500	2 500	2 年

如果仅从投资回收期看，似乎甲、乙两个项目都可取，但实际只有乙项目可取。因为甲项目仅仅收回投资而已，但乙项目收回投资后总共盈利7 500万元。

另外，投资回收期没有考虑货币时间价值，可能造成决策失败。如果丙、丁项目均投资5 000万元，丙项目在未来五年内第一年净现金流量为3 000万元，第二年净现金流量为2 000万元，以后三年每年净现金流量为2 500万元，然后项目终结报废；丁项目在未来五年内第一年净现金流量为 2 000 万元，第二年净现金流量为 3 000 万元，以后三年每年净现金流量为 2 500 万元，然后项目终结报废。项目投资回收期的计算结果如表 7-5 所示。

表 7-5   项目投资回收期

方案	0	1	2	3	4	5	投资回收期
丙项目	−5 000	3 000	2 000	2 500	2 500	2 500	2 年
丁项目	−5 000	2 000	3 000	2 500	2 500	2 500	2 年

如果仅从投资回收期及投资回收后的收益看，似乎丙、丁项目都可取，但如果考虑货币时间价值，则实际只有丙项目可取。

（2）投资利润率指标虽然以相对数弥补了投资回收期指标的第一个缺点（甲、乙两个项目的投资回收期都是 2 年，但甲项目的投资利润率为 0，而乙项目的投资利润率却是 30%，显然乙项目比甲项目更可取），但却无法弥补由于没有考虑货币时间价值而产生的第二个缺点（丙、丁项目的投资回收期及投资利润率均相等，但显然丙项目比丁项目更可取），因而仍然可能造成决策失败。

（3）当静态投资指标的评价结论和动态投资指标的评价结论发生矛盾时，应以动态投资指标的评价结论为准。

7.2.2 动态投资指标

动态投资指标指的是考虑了时间价值因素的指标，故也称贴现指标，主要包括净现值、获利指数和内部报酬率。

1. 净现值

净现值（NPV）指的是在方案的整个实施运行过程中，所有现金净流入年份的现值之和与所有现金净流出年份的现值之和的差额，即：

$$NPV = \left[\frac{NCF_1}{(1+k)^1} + \frac{NCF_2}{(1+k)^2} + K + \frac{NCF_n}{(1+k)^n} \right] - C = \sum_{t=1}^{n} \frac{NCF_t}{(1+k)^t} - C$$

式中，

n 为项目的实施运行时间（年份）；

NCF_t 为在项目实施第 t 年的净现金流入值；

K 为预定的贴现率；

C 为初始投资。

只要净现值相等，不同方案就具有相同的选择性吗？

用净现值指标评价方案时，首先要将各年的净现值流量按预定的贴现率折算成现值，再计算代数和。若净现值大于或等于零，则表明该项目的报酬率大于或等于预定的报酬率，方案可取；反之，则方案不可取。

根据表 7-3 的资料，假设贴现率 $i=10\%$，则三个方案的净现值为：

净现值（A）=5 500×$PVIFA_{10\%,2}$−10 000

　　　　　　=5 500×1.735 5−10 000=−454.75

净现值（B）=3 500×$PVIFA_{10\%,4}$−10 000

　　　　　　=3 500×3.169 9−10 000=1 094.65

$$净现值（C）=7\,000×PVIFA_{10\%,2}+6\,500×PVIFA_{10\%,2}×PVIF_{10\%,2}-20\,000$$

$$=7\,000×1.735\,5+6\,500×1.735\,5×0.826\,4-20\,000$$

$$=1\,470.91$$

方案 A 的净现值小于零，说明该方案的报酬率小于预定报酬率 10%，如果项目要求的最低报酬率或资金成本率为 10%，则此方案无法给企业最终带来收益，因此，应该放弃该方案。方案 B 和方案 C 的净现值均大于零，表明这两个方案都可取。但是我们很难对方案 B 和方案 C 进行优劣比较，因为虽然方案 C 的净现值大于方案 B，但它的投资额同时也大于方案 B。如果仅用净现值法来判断评价方案，也显得过于片面。

2. 获利指数

获利指数（PI）也叫现值指数，其为在整个方案的实施运行过程中，所有现金净流入年份的现值之和与所有现金净流出年份的现值之和的比值，即：

$$PI=\left[\frac{NCF_1}{(1+k)^1}+\frac{NCF_2}{(1+k)^2}+K+\frac{NCF_n}{(1+k)^n}\right]÷C=\left[\sum_{t=1}^{n}\frac{NCF_t}{(1+k)^t}\right]÷C$$

式中的 n、NCF_t、K 和 C 所代表的内容与净现值公式中的相同。

获利指数的经济意义是每元投资在未来获得的现金流入量的现值数与投资额的净现值之比。获利指数是一个相对数，因此，解决了不同投资额方案间的净现值缺乏可比性的问题。

根据表 7-2 的资料，假定贴现率仍为 10%，则三个方案的获利指数如下：

$$获利指数（A）=5\,500×PVIFA_{10\%,2}÷10\,000$$

$$=5\,500×1.735\,5÷10\,000$$

$$≈0.95$$

$$获利指数（B）=3\,500×PVIFA_{10\%,4}÷10\,000$$

$$=3\,500×3.169\,9÷10\,000$$

$$≈1.11$$

$$获利指数（C）=[7\,000×PVIFA_{10\%,2}+6\,500×PVIFA_{10\%,2}×PVIF_{10\%,2}]÷20\,000$$

$$=[7\,000×1.735\,5+6\,500×1.735\,5×0.826\,4]÷20\,000$$

$$≈1.07$$

方案 A 的获利指数小于 1，表明其报酬率没有达到预定的贴现率；方案 B 和方案 C 的获利指数均大于 1，说明它们的贴现率均已超过预定的贴现率，两个方案都可以接受。另外，方案 B 的获利指数大于方案 C，则表明方案 B 的报酬率高于方案 C。

3. 内部报酬率

内部报酬率（IRR）反映方案本身实际达到的报酬率水平。它是在整个方案的实施运行过程中，当所有现金净流入年份的现值之和与所有现金净流出年份的现值之和相等时的报酬率，即能够使项目的净现值为零时的报酬率。内部报酬率满足方程：

$$\sum_{t=1}^{n}\frac{I_t}{(1+i)^t}=\sum_{t=1}^{n}\frac{O_t}{(1+i)^t}$$

内部报酬率的计算比较复杂，通常采用逐步测算法，经过多次运算，才能够求得其近似值。下面仍然以表 7-3 的数据为例，求取三个方案的内部报酬率。

假设 A 方案的贴现率为 7%，此时它的净现值如下。

$$净现值（A）=5\ 500×PVIFA_{7\%,2}-10\ 000$$

$$=5\ 500×1.808-10\ 000=-56.00$$

再假设贴现率为 6%，此时：

$$净现值（A）=5\ 500×PVIFA_{6\%,2}-10\ 000$$

$$=5\ 500×1.833\ 4-10\ 000=83.70$$

以上计算说明 A 方案的内部报酬率大于 6%，小于 7%。为了更精确地求取 A 项目的内部报酬率 IRR（A），可采用内插法：

$$\frac{IRR(A)-6\%}{83.7-0}=\frac{7\%-6\%}{83.7-(-56)}$$

$$IRR（A）=6\%+（7\%-6\%）×\frac{83.7}{83.7+56}≈6.60\%$$

用同样的方法，可以确定 B 项目的内部报酬率 IRR（B）为 15.93%，C 项目的内部报酬率 IRR（C）为 13.43%。

内部报酬率作为指标，其决策标准如下。

（1）将所测算的各方案的内部报酬率与其资金成本对比，如果方案的内部报酬率大于其资金成本，那么相关方案为可行方案；

（2）如果几个投资方案的内部报酬率都大于其资金成本，且各方案的投资相同，那么内部报酬率与资金成本之间差异最大的方案为最佳方案；

（3）如果几个方案的内部报酬率均大于其资金成本，但各方案的原始投资额不等，那么决策标准应是"投资额×（内部报酬率-资金成本）"最大的方案为最优方案。

7.3 投资决策指标的应用

无论采用静态指标还是动态指标，都有一个判断方案优劣的问题。按方案之间的关系可分为 3 种决策。

7.3.1 采纳与否的决策

当某一方案面临采用或不采用的选择时，这种决策称为采纳与否的决策。很明显，只有当该方案符合某一标准时，它才会被采用，否则将被拒绝。

这时，方案优劣取舍的基本标准是：

净现值 $NPV≥0$；

获利指数 $PI≥1$；

内部报酬率 $IRR≥i_c$。

只有当某方案的某项指标符合上述标准时，该方案才会被采用，因为它的采用将会增加企业的利润，否则将被拒绝。

值得强调的是：当投资利润率、投资回收期的评价结论与净现值、获利指数、内部报酬率等主要指标的评价结论发生矛盾时，应当以主要指标的评价结论为准。

7.3.2 选择互斥的决策

当有两个或两个以上方案可供选择时，如果选择其中某一方案而舍弃其他方案，则这种决策称为选择互斥的决策。很明显，当该方案仅符合某项指标（如净现值）的基本标准时，并不意味着它会被采用；只有当该方案符合基本标准并且符合设定标准时，它才会被采用，否则将被拒绝。

这时，如果各项指标均符合设定标准的要求，则说明该方案为最优方案。当有关指标相互矛盾时（即有的指标认为甲方案好，而有的指标则认为丙方案或其他方案好），不能简单地说应根据净现值判断优劣或根据内部报酬率判断优劣。这种情况往往发生在投资额不等或项目计算期不同的多个方案的选择互斥决策中，这时应考虑采取差额投资内部报酬率法和年等额净回收额法进行正确的选择。

差额投资内部报酬率法和年等额净回收额法适用于原始投资不相同的多方案比较，后者尤其适用于项目计算期不同的多方案比较决策。

1. 差额投资内部报酬率法

所谓差额投资内部报酬率法，是指在原始投资额不同的两个方案的差量净现金流量 ΔNCF 的基础上，计算差额投资内部报酬率 ΔIRR，并据以判断方案优劣的方法。在此法下，当差额投资内部报酬率指标大于或等于基准报酬率或设定折现率时，原始投资额大的方案较优；反之，则原始投资额小的方案为优。

例7-8 某企业有甲、乙两个投资方案可供选择，相关数据如表7-6所示。

表 7-6　　　　　　　　　　　投资方案的相关数据　　　　　　　　　单位：万元

方案 ＼ 计算期	2015 年年初	2015 年	2016 年	2017 年	2018 年
甲方案现金流量	−100	25	30	30	35
乙方案现金流量	−120	34	34	36	45
ΔNCF	−20	9	4	6	10

要求就以下两种不相关的情况做出方案优化决策。

（1）该企业的行业基准折现率 i_c 为15%；

（2）该企业的行业基准折现率 i_c 为18%。

由于各年的 ΔNCF 不等，因而应采用测试法进行测试区间选值，如表7-7所示。

表 7-7　　　　　　　　　　　　　测试表　　　　　　　　　　　单位：万元

时间	差量净现金流量（ΔNCF）	测试 1		测试 2	
		系数 18%	现值	系数 14%	现值
2015 年年初	−20	1	−20	1	−20
2015 年	9	0.848	7.632	0.877	7.893
2016 年	4	0.718	2.872	0.769	3.076
2017 年	6	0.609	3.654	0.675	4.05
2018 年	10	0.516	5.16	0.592	5.92
净现值	—		−0.682		0.939

然后，采用插值法计算差额投资内部报酬率。由于折现率为14%时净现值为0.939万元，折现率为18%时净现值为-0.682万元，因此，该股票投资报酬率必然介于14%与18%之间。这时，可以采用插值法计算差额投资内部报酬率：

$$\Delta IRR = 14\% + \frac{0.939 - 0}{0.939 - (-0.682)} \times (18\% - 14\%) = 16.32\%$$

于是，在第（1）种情况下：

∵ $\Delta IRR = 16.32\% > i_c = 15\%$

∴应当选择乙方案

在第（2）种情况下：

∵ $\Delta IRR = 16.32\% < i_c = 18\%$

∴应当选择甲方案

2. 年等额净回收额法

年等额净回收额法是指在投资额不等且项目计算期不同的情况下，根据各个投资方案的年等额净回收额指标的大小来选择最优方案的决策方法。计算时，某一方案的年等额净回收额等于该方案的净现值与相关的资本回收系数（即指年金现值系数的倒数）的乘积。在该方法下，所有方案中年等额净回收额最大的方案即为最优方案。

例7-9 某企业拟投资新建一条生产线。现有甲、乙两个方案可供选择，相关数据如表7-8所示。

表 7-8 投资方案的相关数据 单位：万元

方案 \ 计算期	2013 年年初	2013 年	2014 年	2015 年	2016 年	2017 年	2018 年
甲方案现金流量	-100	25	30	30	35	35	10
乙方案现金流量	-120	34	34	36	45	35	

如果行业基准折现率为10%，那么按年等额净回收额法进行决策分析时所得到的计算结果如下（计算结果保留两位小数）。

甲方案净现值 = $25 \times PVIF_{10\%,1} + 30 \times PVIF_{10\%,2} + 30 \times PVIF_{10\%,3} + 35 \times PVIF_{10\%,4} +$
$35 \times PVIF_{10\%,5} + 10 \times PVIF_{10\%,6} - 100$

= 25×0.909+30×0.826+30×0.751+35×0.683+35×0.621+10×0.564-100

≈ 121.315-100 = 21.315（万元）

乙方案净现值 = $34 \times PVIF_{10\%,1} + 34 \times PVIF_{10\%,2} + 36 \times PVIF_{10\%,3} + 45 \times PVIF_{10\%,4} + 25$
$\times PVIF_{10\%,5} - 120$

= 34×0.909+34×0.826+36×0.751+45×0.683+35×0.621-120

≈ 138.496-120 = 18.496（万元）

甲方案的年等额净回收额 = 甲方案的净现值 × $\dfrac{1}{PVIFA_{10\%,6}}$

= 21.34×1÷4.355

≈ 4.90（万元）

$$\text{乙方案的年等额净回收额} = \text{乙方案的净现值} \times \frac{1}{PVIFA_{10\%,6}}$$

$$= 18.52 \times 1 \div 3.791 \approx 4.89 \text{（万元）}$$

∵4.90（万元）>4.89（万元）

∴甲方案优于乙方案

7.3.3 相容选择的决策

当有两个或两个以上方案可供选择时，如果选择其一而无须舍弃其他方案（即可以同时选择多个方案），则这种决策称为相容选择的决策（又称投资组合的决策）。

这时需要考虑以下问题。

第一，如果企业可用资本无数量限制，可按净现值率（净现值与初始投资之比）的大小排序，顺序选择有利可图的方案进行组合决策。

第二，如果企业可用资本有数量限制，即不能投资于所有可接受的项目时，可按下列原则处理：

（1）按净现值率的大小排序，在可用资金范围内优先选择净现值率大的方案进行组合；

（2）某一组合使用资金总额不得超过可用资金的数额，否则即为无效组合；

（3）每一组合应为有效组合，如果某一组合含于另一组合内（如A、B项目组合含于A、B、C项目组合内），该组合（如A、B项目组合）即为无效组合；

（4）各组合的最优选择标准是：组合的净现值总额最大（往往是既最大限度地利用了资金又使综合净现值率最大的组合）。

例7-10 假设某公司有六个可供选择的项目A_1、A_2、B、C、D_1、D_2，其中A_1和A_2，D_1和D_2是互相斥选项目，该公司资本的最大限量是1 000 000元。相关数据如表7-9所示。

表 7-9 　　　　　　　　　　　　　　　投资项目的相关数据　　　　　　　　　　　　　　单位：元

投资项目	初始投资	净现值率	净现值额
A_1	200 000	20%	40 000
A_2	300 000	25%	75 000
B	400 000	30%	120 000
C	250 000	40%	100 000
D_1	300 000	50%	150 000
D_2	150 000	40%	60 000

按照资本限量决策的原则，首先形成以下有效组合：A_1、B、C、D_2组合（使用资金100万元），A_2、B、C组合（使用资金95万元），A_2、B、D_1组合（使用资金100万元），A_2、B、D_2组合（使用资金85万元），A_2、C、D_1组合（使用资金85万元），B、C、D_1组合（使用资金95万元）共六个有效组合。其他组合（如B、C、D_2）由于包含于A_1、B、C、D_2组合内，因此不能作为有效组合。然后根据各有效组合内各方案的资料（见表7-9）计算各组合的净现值总额（见表7-10）。

表 7-10	投资项目组合	单位：元
投资项目组合	使用资金总额	净现值总额
A_1、B、C、D_2	1 000 000	320 000
A_2、B、C	950 000	295 000
A_2、B、D_1	1 000 000	345 000
A_2、B、D_2	850 000	255 000
A_2、C、D_1	850 000	325 000
B、C、D_1	950 000	370 000

从表7-10可见，B、C、D_1组合为最优组合，它使企业能够获得比其他组合更多的净现值。

思考题

1. 为什么在投资决策分析时，要以现金流量而不是以会计利润作为项目取舍的衡量标准？

2. 从本质上讲，资金时间价值是如何产生的？这对管理而言有何意义？

3. 如果投资期间不同，或者投资额不等，NPV是否能得出正确的结论？如何才能得出正确的结论？

4. 你认为在投资决策分析时，折现率应如何确定？为什么？

练习题

1. 某项目需投资 1 200 万元用于购建固定资产，项目寿命 5 年，直线法计提折旧，5 年后设备残值 200 万元；另外，在第一年年初一次投入流动资金 300 万元。每年预计付现成本 300 万元，可实现销售收入 800 万元，项目结束时可全部收回垫支的流动资金，所得税税率为 40%。

该项目所需的资金通过发行长期债券筹集，债券按面值发行，票面利率为 12%，筹资费率为 1%。

要求： 计算该项目的净现值并分析该方案是否可行。

2. 中盛公司于 2015 年 2 月 1 日以每股 3.2 元的价格购入 H 公司的股票 500 万股，2016 年、2017 年、2018 年 H 公司分别分派现金股利每股 0.25 元、0.32 元、0.45 元。中盛公司于 2018 年 4 月 2 日以每股 3.5 元的价格售出所持有的 H 公司的股票。

要求： 计算该项投资的内部报酬率。

3. 投资项目分析的灵活性与变通性研究

某公司的乙烯工程项目经过近十年的反反复复终于建成。但该公司自建成投产即开始亏损，每年亏损额达 26 000 万元。无奈之下，该公司的投资人计划将该公司盘出，并向意向投资人提供了相关资料，如图 7-6 所示。

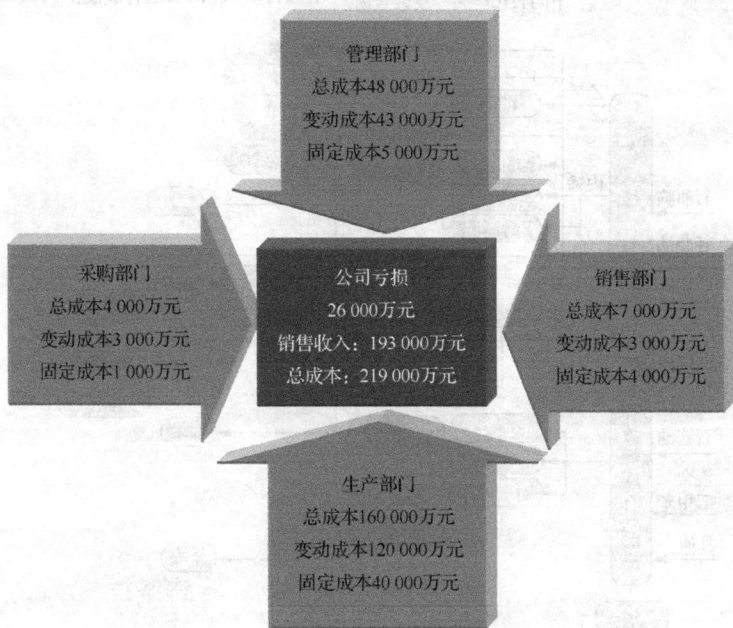

图 7-6　某公司的相关资料

项目背景资料如下。

该公司为乙烯生产企业。乙烯工业是以化工轻油为原料，生产三大合成材料及有机化工产品的基础原材料工业。该公司处于整个石油化工产业链的中间，其产业链如图 7-7 和图 7-8 所示。

由于技术设计原因，当设计规模为 15 万吨时，产能已被限制，无法增加；由于产大于销，乙烯从每吨 12 000 元降到了每吨 5 000 元左右，几年前生产尚好的厂家现如今也处于艰难的挣扎状态。在 5 亿元固定成本中，付现成本占 40%，而其中约束性成本又占了 60%。在持续亏损的条件下，企业应该怎么办？

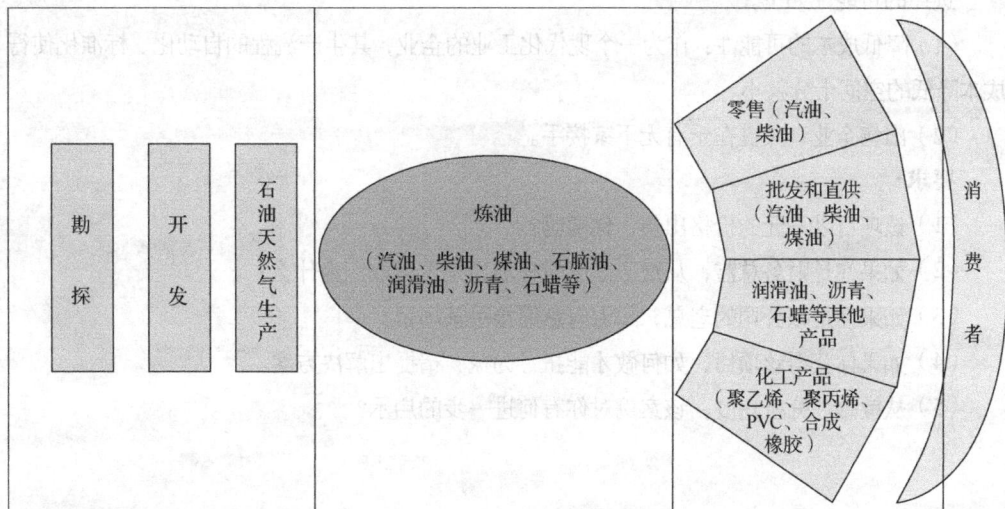

资料来源：中金公司研究部

图 7-7　产业链示意图

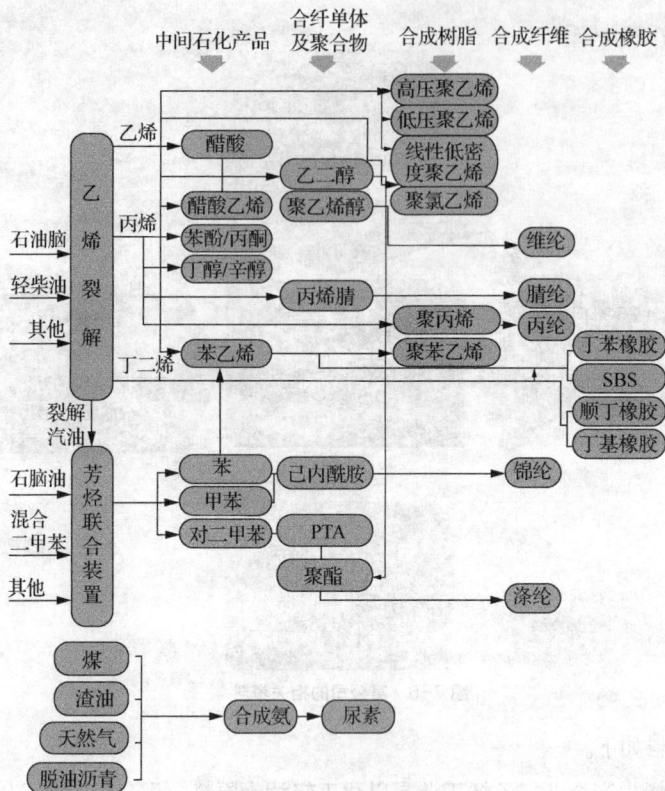

图 7-8　生产过程示意图

显然，投资人已面临两难选择：继续生产则每年亏损 6 000 万元；

停产则每年仍要现金支出 12 000（50 000×40%×60%）万元。

于是，投资者面临的可能选择如下。

（1）降低成本，扭亏为盈；

（2）资本运作，谋求资本效益。

选择的可能性如下。

（1）降低成本的可能性：作为一个现代化工业的企业，其生产流程的自动化、标准化使得成本降低的空间十分狭小。

（2）出售企业：关键在于有无下家接手。

要求：

（1）该项目以一元的价格出售，你要吗？

（2）如果你是财务总监，从财务角度看该项目是否可取？为什么？

（3）如果你是该公司的老总，是否有意愿接手该项目？

（4）如果你获得该项目，如何做才能扭亏为盈？请提出解决方案。

（5）从敏感性分析角度，该案例对你有何进一步的启示？

第8章
作业成本计算

⭐ 学习目标

1. 了解成本计算与成本管理的关系，从而基于决策有用性去理解和掌握作业成本计算法的相关内容。

2. 理解和掌握作业、作业分类、作业动因、资源动因等重要概念，把握作业成本计算法的理论脉络，为作业成本管理奠定基础。

3. 了解作业成本计算法的成本计算程序，掌握作业成本计算的基本方法，在此基础上进一步熟练掌握作业成本计算法的应用。

📑 引导案例

小李邀请小王帮他参谋买衣服，小李共花费500元，其中衬衣460元，出租车费40元。请问小李买这件衬衣花了多少钱？

如果小李和小王一起去商店买衣服，小李买衬衣460元，小王买外套640元，出租车费40元。请问小李买衬衣花了多少钱？而小王买外套又花了多少钱？

8.1 成本计算、信息有用性和作业成本法

成本计算是企业成本管理的重要基础，而成本管理的成败又取决于成本信息的决策有用性。各种成本计算方法的产生和应用，都是围绕企业的管理和决策。作业成本法正是将成本计算与成本管理相结合后产生的重要方法。

8.1.1 成本计算

成本计算是在企业生产经营过程中所耗费的、用货币表现的生产资料价值和劳动者为自己所创造价值进行归集的基础上，采用一定的方法并按确定的成本计算对象进行分配，最终形成成本计算对象单位成本和总成本的一项工作。

成本计算涉及两个方面的内容：成本计算对象和成本计算方法。

1．成本计算对象

所谓成本计算对象，是指成本归集的方向，旨在解决计算什么成本的问题。显然，在引导案例中，衬衣和外套都是成本计算对象。

成本计算对象的确定最终取决于管理的要求。图 8-1 说明了成本计算对象与管理要求的关系。

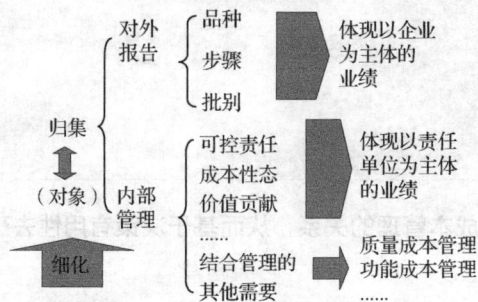

图 8-1　成本计算对象与管理要求的关系

成本计算对象的确定解决了为谁服务的问题（见图 8-1），涉及对外报告和内部管理两类成本计算对象的确定问题。成本计算对象为更广泛、深入地控制成本提供了新的思路。

2．成本计算方法

成本计算方法是指成本计算采用的具体方法。在传统成本计算中，最经典的计算方法是：直接成本直接计入，间接成本分配计入。

凡是费用发生时可以确定成本计算对象（即收益对象）的属于直接成本，直接计入各该成本计算对象。如引导案例中第一种情况下的衬衣购置费 460 元和出租车费 40 元，以及第二种情况下的衬衣购置费 460 元和外套购置费 640 元。

凡是费用发生时无法确定成本计算对象（即收益对象）或发生的费用为两个或两个以上成本计算对象共同承担的，属于间接成本，需要采用合理方法分配计入各成本计算对象。如引导案例中第二种情况下的出租车费 40 元属于间接成本，如果按人头分配，则小李和小王各自承担 20 元。

在第一种情况下，由于小王是帮助小李买东西，因此，小李是唯一受益人，所以费用均应由小李承担。因此，小李的衬衣购置成本为 500（460+40）元。而在第二种情况下，由于小王和小李一起去买东西，因此小王和小李都是受益人，有关费用应由小王和小李分别承担。因此，小李的衬衣购置成本为 480（460+20）元，小李的衬衣购置成本为 660（640+20）元。

这样做是否一定合理呢？

8.1.2　成本信息有用性

出租车费用的分摊也许是个玩笑（当然，有时就是个需要解决的严肃问题，因为涉及公平），但下面的例子却是严酷的现实。

费用分配合理吗？

案例与思考——问题的提出

甲公司有A、B、C三种主要产品，其中B产品是公司产量最高的产品。让首席执行官（Chief Executive Officer，CEO）纳闷的是，竞争对手公司的B产品的价格似乎总比本公司的低。CEO感慨道："不知为何，我们的竞争对手总可以压低B产品的价格，让我们处于被动的局面。按理说，我们的生产效率未必比竞争对手低，何况我们刚上了一套计算机控制的制造系统。"

此外，C产品是公司获利的重要来源，"但从市场情况看，我们已经多次提高了C产品的价格，但客户依然络绎不绝！难道竞争对手对这个市场不感兴趣？"

整个市场形势让人感到迷惑不解：B产品产量大，价格却上不去；C产品的价格已经很高了，但好像还有提价的空间。

公司新上任的首席财务官（Chief Financial Officer，CFO）通过数周的工作，解开了这个谜：由于公司以产量为标准分配间接成本，因而高估了产量高但工艺相对简单的B产品的成本，却大大低估了产量低但工艺相对复杂的C产品的成本。

工艺简单、产量高的B产品，承担了过多的成本份额，而工艺复杂、产量低的C产品，事实上却没有承担应该承担的成本份额。

CFO解释道："显然，我们在制定价格的过程中，依据了错误的成本信息。公司将B产品的价格定得偏高，而C产品的价格则偏低。这样一来，竞争对手总是可以把与B产品的价格压得很低；与此相反，由于公司C类产品的成本估计偏低，所以竞争对手没有太多的生存空间，而以低成本制定的偏低价格，则让C类产品在市场上异常火爆。"

该公司的间接费用未按照三种产品进行区分和归集，未单独计算每种产品的间接费用，而是把生产部门整体当作成本中心来归集间接费用，每种产品负担的间接费用是基于公司整体的生产能力（即产量）平均分配的。

CFO强调："这就是问题所在！我们被扭曲的成本信息所误导，实际上是在用C产品的盈利来弥补B产品的亏损。"

通过分析，CFO建议，"我们现在已经建立了企业资源计划（Enterprise Resource Planning，ERP）系统，完全有条件在更细致的层面上对产品成本进行归集，以得到更加准确的成本信息。"

8.1.3 传统成本计算的反思

由甲公司的案例可以看出，基于间接成本分配的传统成本计算没有揭示导致成本变动的原因，其计算往往扭曲成本信息甚至使成本信息完全丧失决策有用性。

首先，在将间接费用计入最终产品或服务时采用单一的标准（如产量、销售量、直接人工工时、机器工时等），并假定间接费用的支出有助于生产，这种情况在现代企业中已发生改变。

其次，将间接费用按产量（或销售量、直接人工工时、机器工时）分配给最终产品或服务，必然会导致生产数量多、工艺简单的产品要负担较多的间接费用，而生产数量少、工艺复杂的产品则负担较少的间接费用。显然，这种分配方式在假定间接费用随产量变动而变动的前提下是合适的。但在现代制造业中，产量只是引起间接费用发生的一个原因而不是唯一原因，甚至不再是主要原因。

最后，传统成本计算是以企业为主体、以产品为对象反映企业整体业绩（尽管某些企业也以步骤或批别为对象，但最终目的是反映企业整体业绩），却无法反映内部不同责任单位（如不同部门、不同过程、不同工序和环节）的系统化、对象化的考核要求。在竞争日趋激烈的今天，企业不仅要求更多地组织、协调产品的生产，而且要求企业内部不同工序和环节紧密相扣、适时相接。这样的要求势必会使企业发生更多的资源耗费，增加企业的间接费用。这一切都要求成本管理深入作业层次，把企业生产工序和环节视为对最终产品提供服务的作业，把企业看成为最终满足顾客需要而设计的一系列作业的集合。

8.1.4 作业成本法

作业成本法是以作业为基础的成本计算方法。作业成本法认为，企业的全部生产经营活动是由一系列相互关联的作业组成的，企业每从事一项作业都要耗用一定的资源，而企业生产的产品（包括提供的服务）需要通过一系列的作业来完成，因此，产品成本实际上是企业为生产该产品的全部作业所消耗资源的总和。

可见，作业成本法强调：生产导致作业发生，产品耗用作业，作业耗用资源，最终形成成本。因此，在计算成本时，首先按生产经营活动中发生的各项作业来归集成本，计算作业成本；然后再按各项作业成本与成本对象（产品或服务）之间的因果关系，将作业成本追溯到成本对象，最终完成成本计算过程。

8.2 作业的确认和分类

作业成本计算的基础是"成本驱动因素"理论：生产导致作业的发生，作业消耗资源并导致成本的发生，产品消耗作业。由此可见，作业成本计算的实质就是在资源耗费和产品之间借助作业来分离、归纳、组合，最终形成各种成本计算对象（如产品成本、责任成本等）成本。

因此，定义和识别作业，确定成本动因就成为作业成本计算的关键。

8.2.1 作业的确认

作业是作业成本计算和管理的第一对象。资源耗费是成本被汇集到各作业的原因，而作业是汇集资源耗费的对象。

从技术或管理角度看，作业是企业生产过程中的各工序和环节；从作业成本计算角度看，作业是基于一定的目的、以人为主体、消耗一定资源的特定范围内的工作。作业应具备以下特征。

（1）作业是以人为主体的工作，在企业生产经营过程中，只有人能发挥主观能动作用时，该工序或环节才可能成为作业。可见，作业强调管理的基本属性：通过管人去管物，通过人的行为调整促进使用价值生产过程的优化及价值增值的最大化。

（2）作业消耗一定的资源。作业以人为主体，至少要消耗一定的人力资源；作业是人力作用于物的工作，因而也要消耗一定的物质资源。作业消耗一定的资源，使管理能从产生价值的最直接和最小单位入手，去促进有限资源的最大利用，达到低碳、高效的经济目标。例如，水从高处往低处流，不是作业；水从低处往高处流，是人消耗资源的结果，才可能成为作业。

（3）区分不同作业的标志是作业目的。在现代企业中，生产经营过程的分工与合作显得越来越重要。因此，可以把企业的生产经营过程按照每一部分工作的特定目的区分为若干作业，每个作业负责该作业职权范围内的每一项工作，这些作业互补并且互斥，构成了完整的生产经营过程。作业目的不同于某一具体工作的目的，如采购作业负责适时为生产提供材料。但从该作业内部看，仍然包括若干项具体工作：有人负责与供应商建立固定联系，有人处理款项结算与材料交接，有人负责材料运输等。之所以把这些工作确定为一项作业，其深层次的原因就是作业动因，因为这些具体工作都因该作业动因而发生。

（4）对于一个生产经营过程不尽合理的企业而言，作业可以区分为增值作业（该增值作业可以进一步分为低增值作业和高增值作业）和不增值作业。不增值作业虽然也消耗资源，但其消耗是不合理消耗，对于制造产品的目的本身并不直接做出贡献。如企业内部产品的搬运作业，以搬运距离作为其动因消耗资源，但作业成本法认为，这种搬运作业可以通过缩短搬运距离即紧凑经营过程的方式予以逐步消除。

在上述分析中，我们可以看出，作业作为成本计算对象，不仅有利于相对准确地计算产品成本，还有利于成本考核和分析工作。既然作业吸纳了资源，那么，搞清作业状况，就搞清了资源耗费状况；减少作业，就堵塞了资源消耗的渠道，这都为降低产品成本提供了基本依据。

8.2.2 作业的分类

作业根据不同的管理要求和分类标准，可以分为以下几类。

1. 按是否增加价值区分作业

作业按是否增加价值分为增值作业和不增值作业，这是区分作业的最基本的方法，其中，增值作业是指能给顾客带来附加价值因而能给企业带来利润的作业；不增值作业是指不能给顾客带来附加价值的作业。例如，车间领用钢材10吨，其中6吨加工为产品对外销售，4吨退回仓库。此时，6吨钢材的领用就是增值作业，而4吨钢材的领退就是不增值作业。

作业按增值能力进一步分为低增值作业和高增值作业，这是作业成本管理的延伸。相对来说，低增值作业具有改善的必要性和急迫性，高增值作业在短期内不必急于改善。例如，某企业的产品对外销售是用自营车队运输的，车辆由于空驶返回，利用率只有50%，此时的车辆使用属于低增值作业；如果将自营车辆卖掉，资金用于生产，对外销售的产品由社会上的运输公司运输，即使单程运输费用比自营贵30%，则依然比自营节约20%的费用，此时，外包属于高增值作业。

改善作业的必要性需要考虑改善作业的可能性，不增值作业和低增值作业是否一定就要被消减呢？例如，员工培训计划对于产品制造而言是不增值作业，但是对企业长期的战略发展具有非常重要的意义，因此其不应被消减，应该和可以直接消减的其他非增值作业进行区分。所以，作业本身的合理性会影响按增值观点来区分作业的做法，应该作为一项参考因素纳入增值的考虑中。

2．按与产品联系的紧密程度区分作业

（1）产品单位层次的作业，即能使单位产品受益的作业。这种作业的成本往往与产品的产量或销售量呈线性关系（即成比例变动），如机器的折旧及动力等。

（2）产品批量层次的作业，即能使一批产品受益的作业。这种作业的成本往往与产品的批别成正比例变动，如对每批产品的检视、机器准备、原料处理、批量采购、设备调试、订单处理等。

（3）产品种类层次的作业，即能使某种产品的每个单位都受益的作业。这种作业的成本和产品的产量或批次无关，但与产品项目成正比例变动，如产品的设计开发、生产流程的确定、对每一种产品编制数控规划及材料清单等。

（4）产品工序层次的作业，也叫过程作业，是指为制造产品和提供服务做出了贡献，但和产品或服务的数量无关的作业成本。

前三个层次的作业成本向最终的成本对象的归集，是由其所处的层次所决定的。因此，认识作业的层次也是作业成本计算的一个基本要求。

8.3　成本动因

成本动因是指导致成本变动的原因，一般分作业性成本动因和战略成本动因两个层面。例如，人工搬运材料导致人工成本增加，但导致人工成本变动的原因（即成本动因）是搬运数量和搬运距离。

8.3.1　作业性成本动因

作业性成本动因是指在微观层次、就某一特定的作业而言导致成本变动的原因。传统上往往把业务量（如产量、销售量等）看作是成本变动的唯一的动因（自变量），或至少认为它对成本分配起着决定性的制约作用，从而忽略其他因素（动因）。

然而，业务量并不是驱动成本的唯一因素。例如，一辆车把货物从北京运到天津花了 1 000 元，这辆车的前半部分装载的是黄金，后部分装载的是棉花，那么 1 000 元运费在黄金和棉花之间怎么分配呢？按体积？按重量？还是按价格？

在实务中，企业通过实现适度经营规模可以有效地控制成本，因为较大规模比较小规模更有利于摊薄成本、降低单位产品成本。营销费用支出不单纯受销售数量所制约，还与销售批次有关，大量销售能降低单位产品负担的营销费用。显然，若能找出各动因（自变量）与成本（因变量）之间的关系，建立起成本函数的具体模型，即可进一步运用数学方法确定最优经济规模。最优订购批量决策模型就是一个具体例子。

因此，在确定成本动因时应注意以下两点。

（1）成本动因应该是最重要的、与主要成本花费相关的关键因子。试图找出与所有成本耗用均相关的成本动因，往往是不可能的，因为在一个独立的作业中不可能所有的耗费都与同一个成本动因成正比。正确的做法是先选择出相对独立的、对产品的形成影响较大的主要作业，然后再确定作业中与主要成本消耗相关性较大的成本动因。

（2）成本动因的选择采取多元化的方式，并注意与传统成本核算系统相结合。事实上，在将更多的间接费用直接化的过程中，作业成本法往往可以在解决存在问题的传统成本方法的基础上对传统成本方法进行发展，这样有助于提高成本核算的准确性和合理性。

◆ 案例与思考——问题的解决*

波特兰电力公司（Portland Power Company，PPC）为公用事业公司，公司开单部为两类主要客户（居民户和商业户）提供账户查询和账单打印服务。该公司目前有120 000个居民户和20 000个商业户。

现有两个因素影响公司的获利：一是行业竞争加剧，收费降低，公司要想获利必须降低成本；二是市场规模扩大，预计居民户增加50%，商业户增加10%。

但公司目前正在满负荷运转，要获得更多的盈利需有良策应对。

- 良策一：通过投资，扩大规模，增加利润。
- 良策二：通过外包，调整品种，增加利润。

现有某地方劳务局愿按每户3.5元的价格（不分客户类型）接受PPC公司的客户并为客户提供账户查询和账单打印服务。

PPC公司经分析认为，通过投资扩大规模有两个不确定因素：一是增加的市场规模中本公司所占有的份额；二是增加的产能是否能达到保本点的要求。因此，PPC公司决定通过外包，调整品种、增加利润。

PPC公司对两类客户的自营单位成本进行了测试（见图8-2）。

以查询次数为分配基础进行两类客户单位成本的计算，结果如表8-1所示。

表8-1　　　　　　　　客户单位成本计算　　　　　　　单位：美元

客户	成本/查询 565 340/23 000（1）	查询（2）	总成本（1）×（2）	账户（3）	成本/账户（1）×（2）÷（3）
居民户	24.58	18 000	442 440	120 000	3.69
商业户	24.58	5 000	122 900	20 000	6.15

管理当局认为，上述计算结果存在问题。一是按此结果进行决策，由于两类客户的自营单位成本均高于地方劳务局的出价，因而将两类客户全部移交给地方劳务局将使公司获得最大利益，但公司经营将空心化；二是由于业务的复杂性，商业户实际消耗的支持资源远远高于21.74%。如商业户平均每张账单50行，而居民户平均每张只有12行。

因此，管理当局认为，应提高成本信息的决策有用性，采用作业成本法。

---

*［美］查尔斯·T·亨格伦. 管理会计教程. 第9版. 许秉岩，译. 北京：华夏出版社，1999.

以一个统一分配率为基础的当前成本计算——总成本 $ 565 340

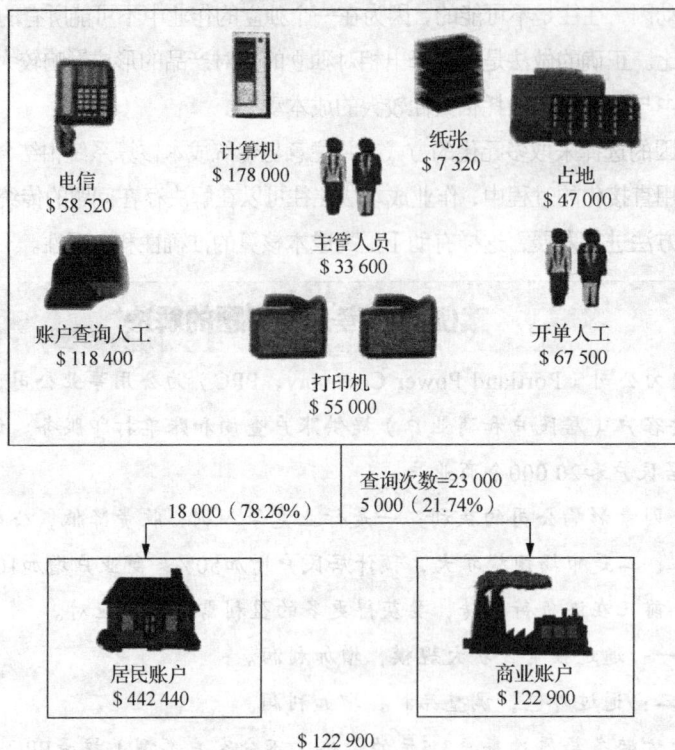

电信 $ 58 520

计算机 $ 178 000

纸张 $ 7 320

占地 $ 47 000

主管人员 $ 33 600

账户查询人工 $ 118 400

打印机 $ 55 000

开单人工 $ 67 500

查询次数=23 000
5 000（21.74%）

18 000（78.26%）

居民账户 $ 442 440

商业账户 $ 122 900

$ 122 900

图 8-2 两类客户自营单位成本测试

首先，管理当局为开单部确定了四个作业，并确定了相关成本动因（见表8-2）。

表 8-2 作业及相关成本动因

作业	成本动因
账户开单	行数
单据审核	账户数
账户查询	人工小时数
通信	发信数量

成本动因必须按两个标准选择。

（1）成本动因与资源消耗及（或）支持业务的发生之间必须具有合理的因果关系。

（2）有关成本动因的数据必须是可获得的。

其次，制作一个描述作业流程、资源及其相互关系的流程图（见图8-3）。

再次，收集关于成本和成本动因在资源和作业实物流动的相关数据。

各作业成本如图8-4所示（其中，只对商业户进行单据审核）。每一作业的成本数据包括可追溯成本和成本动因的实物流量。在图8-4中，账户开单作业的可追溯成本为235 777美元，包括打印机成本（55 000美元）加支持开单活动的其他资源成本（纸张、占地、计算机、开单人工）。在图8-4中，可追溯成本总额为565 340（205 332+35 384+235 777+88 847）美元，等于图8-2所示的间接成本总额。

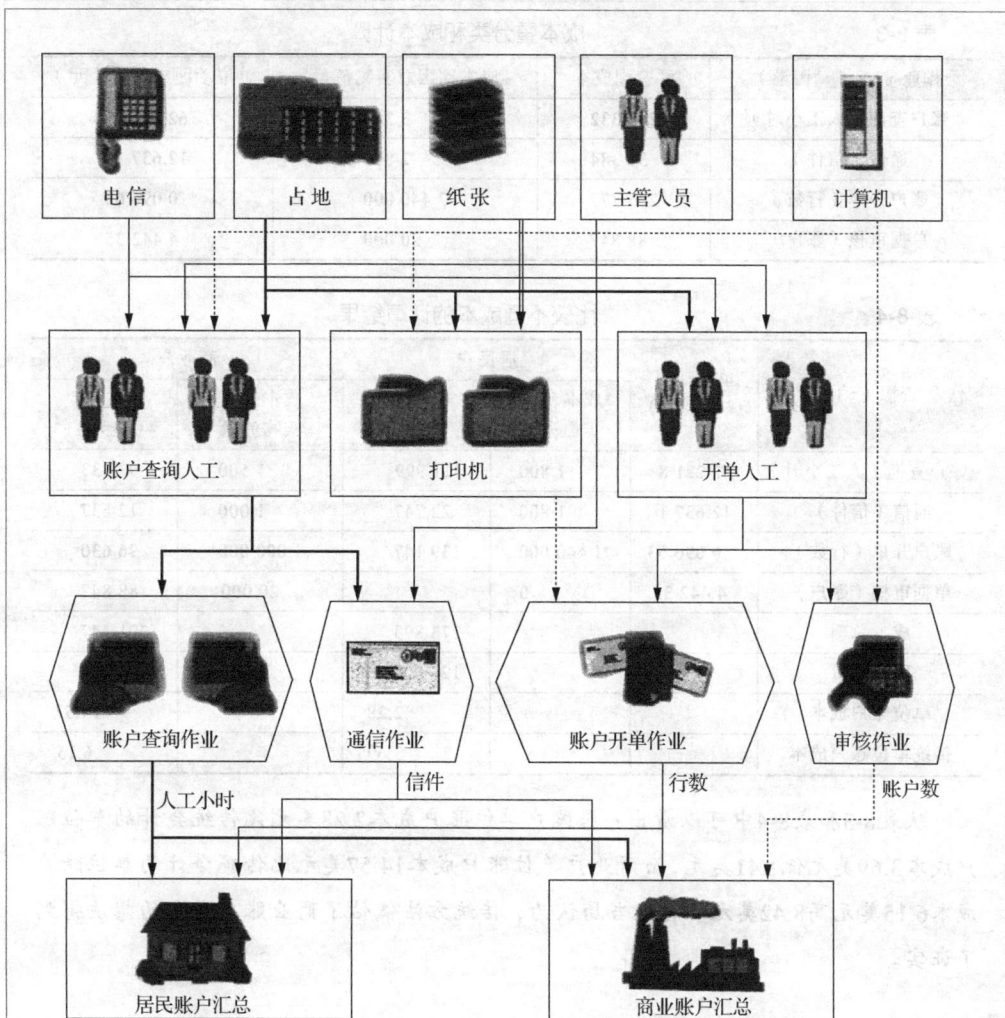

图 8-3　作业流程、资源及其相互关系流程图

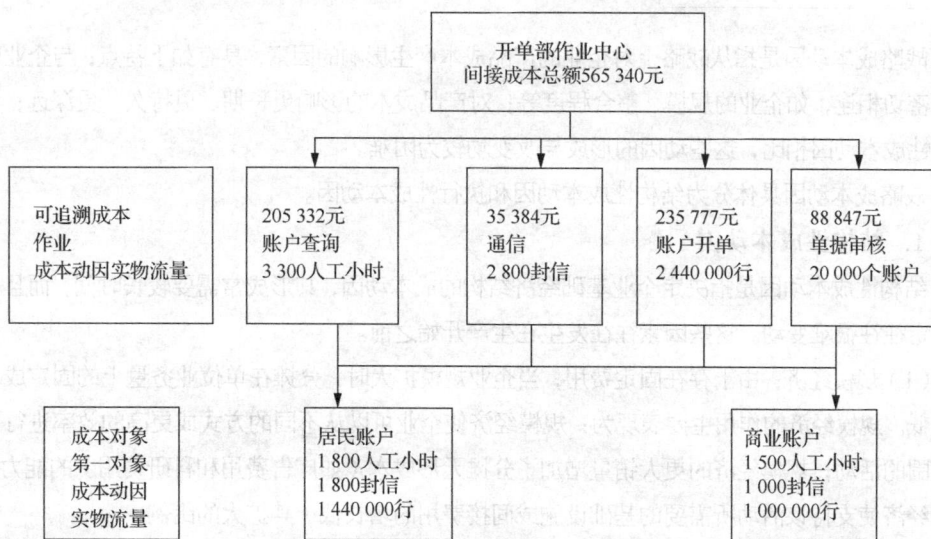

图 8-4　各作业的成本

通过对成本的重分类和计算，形成作业成本计算的关键结果（见表8-3和表8-4）。

表 8-3 成本重分类和成本计算

作业/资源（动因量）	可追溯成本	成本动因总实物流量	单位动因成本（美元）
账户查询（人工小时）	205 332	3 300	62.221 8
通信（信件）	35 384	2 800	12.637 1
账户开单（行数）	235 777	2 440 000	0.096 63
单据审核（账户）	88 847	20 000	4.442 35

表 8-4 比较不同成本的计算结果

作业/资源（动因量）	单位动因成本（元）	居民户		商业户	
		成本动因实物流量	成本（美元）	成本动因实物流量	成本（美元）
账户查询（人工小时）	62.221 8	1 800	111 999	1 500	93 333
通信（信件）	12.637 1	1 800	22 747	1 000	12 637
账户开单（行数）	0.096 63	1 440 000	139 147	1 000 000	96 630
单据审核（账户）	4.442 35	0		20 000	88 847
成本总额			273 893		291 447
账户数量			120 000		20 000
单位账户成本			2.28		14.57
传统单位账户成本			3.69		6.15

从表8-3和表8-4中可以看出：居民户单位账户成本2.28美元比传统会计的单位账户成本3.69美元低1.41美元，而商业户单位账户成本14.57美元比传统会计的单位账户成本6.15美元高8.42美元。管理当局认为，传统方法低估了商业账户成本的想法得到了证实。

8.3.2 战略成本动因

战略成本动因是指从战略上对企业的产品成本产生影响的因素，具有如下特点：与企业的战略密切相连，如企业的规模、整合程度等；对产品成本的影响更长期、更持久、更深远；与作业性成本动因相比，这些动因的形成与改变均较为困难。

战略成本动因具体分为结构性成本动因和执行性成本动因。

1. 结构性成本动因

结构性成本动因是指决定企业基础经济结构的成本动因，其形成常需要较长时间，而且一经确定往往很难变动。这些因素往往发生在生产开始之前。

（1）规模经济：由于存在固定费用，当企业规模扩大时，分摊在单位业务量上的固定成本将降低。规模经济的作用主要表现为：规模经济使企业可以从不同的方式或更高的效率进行更大范围的活动；规模经济的更大销量增加了分摊无形成本（如广告费用和科研费用）的能力；规模经济使支持该活动所需要的基础设施或间接费用的增长低于其扩大的比例。

（2）整合程度：整合是指企业为了让自己所负责的业务领域更广泛、更直接，从而使企业在业务流中向两端延伸至直接销售、零部件内制和原材料提供等。整合程度的提高可能带来效率的提高或成本的降低。整合程度的作用主要表现在以下几个方面。

① 避免使用市场所带来的额外成本如采购费用和销售费用。

② 使企业获得更多的附加值。这相当于把供应商或销售商的利润转移到企业内部。

③ 整合可使企业减少对供应商的依赖程度，是确保稳定供求的一种重要手段。

④ 整合可以带来联合作业的经济性，就像钢材生产如果直接从炼铁工序运送到工艺加工中不需重新加热的道理一样。

⑤ 整合可能带来各种无形资源的积累，包括直接面向消费者的情报，售后各方面的情报来源的确保、支配力和影响力的确立和技术知识的积蓄等。

⑥ 开办专卖店和制定送货政策，可减少假冒伪劣商品对企业的冲击。

（3）学习与溢出：企业价值活动可以经过学习提高作业效率从而使成本下降。学习与溢出的作用主要表现在以下几个方面。

① 随着时间的推移，来自用户信息的反馈对企业的作用。这表现为根据市场的反映改善产品的设计，提高优质品率。

② 通过逐步改善厂房布置、生产排程、作业进度降低成本。

③ 通过工人活动量的累积使劳动熟练程度提高。

④ 通过对同业和外部专家顾问的学习而不断改善生产技术水平和管理水平。

（4）地理位置：企业的地理位置可以以若干种方式影响企业的成本。地理位置的影响主要表现在以下几个方面。

① 工资水平和税率在不同国家、不同城市的差异，会影响企业的工资成本和纳税支出。

② 企业所处的交通便利程度及可利用的基础设施的状况，会影响企业的生产经营成本。

③ 企业所处气候、文化、观念等人文环境，不仅影响了产品的需求，而且影响了企业经营的观念和方式。

④ 地理位置可能在很大程度上决定人才的流入。处于拥有优越的生活环境、良好的文化氛围和较高生活水平城市的企业往往能吸引更多的人才。

⑤ 地理位置对营运成本有重要的影响。能源和原材料供应商的地理位置是影响产品购货成本的一个重要因素；买方的地理位置会影响企业的促销成本和销售成本如运费。

（5）技术：技术是影响企业成本的又一重要因素。任何企业都涉及大量技术，技术包含于企业的每一价值活动中，它对成本的影响主要通过两个途径实现。

① 它可以独立于其他成本动因作用于成本；

② 它还可以通过改变或影响其他成本动因间接地影响成本。技术的采用可能降低也可能提高成本。只有那些企业能保持其成本领先地位的技术变革才能为企业带来持久的成本优势。

2．执行性成本动因

执行性成本动因是指决定企业作业程序的成本动因。它是在结构性成本动因决定以后才成立的。

（1）生产能力运用模式：生产能力运用模式主要通过固定成本影响企业的成本水平。由于固定成本在相关的范围内不随产量的增加而改变，所以当企业的生产能力利用率提高，产量增加时，单位产品所分担的固定成本将会降低，从而引起企业单位成本的降低。对于固定成本所占比重较大的企业而言，生产能力运用模式将对其产生重大影响，产量的增加会带来单位成本的明显下降。

（2）联系：联系是指各种价值活动之间彼此的相互关联。这种关联可分为两类：一类是企业内部联系；另一类是企业与供应商（上游）、客户（下游）间的垂直联系。

① 企业内部联系。企业内部各种价值活动之间的联系遍布整个价值链。例如，基本生产和维修活动的联系、生产作业和内部后勤的联系、广告和直接上门推销之间的联系、品质控制与售后服务之间的联系。针对相互联系的活动，企业可以采取协调和最优化两种策略来提高效率或降低成本。协调是指通过改善企业内部各车间、各部门相互之间的关系，使活动间配合融洽，信息充分沟通，从而使整体的作业效率最高。例如，改善生产和采购协调可以降低库存。最优化则是通过工作流程的重整和工作品质的提高，使工作效率提高，进而降低成本。

② 垂直联系：垂直联系反映的是企业活动与供应商和销售渠道之间的相互依存关系。与上游供应商的联系主要是供应商的产品设计特征、服务、质量保证程序、产品运送程序和订单处理程序等。这些联系会影响企业的成本结构。

（3）全面质量管理：与传统质量管理不同的是，全面质量管理强调质量管理的范围应是全过程的质量控制，企业的每一名员工都要承担质量责任。全面质量管理的宗旨是以最少的质量成本获得最优的产品质量。

（4）员工对企业的向心力：企业各部门的每一名员工都与成本直接相关。企业只有依靠全体员工的互相配合，共同努力，才能将成本置于真正的控制中，才能实现成本管理目标。企业员工的向心力对成本的影响具体归结为两个方面：一方面是显性的成本，如物耗高、设备利用率低、废品率高；另一方面是隐性的成本，如人员不团结、职工情绪低落、对企业漠不关心。

8.4 作业成本计算

作业成本法按照"作业耗用资源，产品耗用作业"的基本思路进行成本的归集和分配，在过程中满足不同的管理需要。

8.4.1 基于作业成本法的产品成本计算

在"决策相关性"的理论基点上，作业成本计算的基本程序就是要把资源耗费价值予以分解并分配给作业，再将各作业汇集的价值分配给最终产品或服务。这一过程可以分为三个步骤。

ABC 基本理论

1. 确认作业中心，将资源耗费价值归集到各作业中心

这一步骤是价值归集的过程。在作业成本计算法下，价值归集的方向受两方面的限制：一是资源种类；二是作业中心种类。在实务操作中，对某制造中心的每一作业中心都按资源类别设立资源库，把该制造中心所耗资源价值归集到各资源库中去。例如，对生产各种笔的厂家而言，圆珠笔生产（制造中心），可以分别在制芯和制壳两个作业中心设立材料费、动力费、折旧费、办公费等资源库。这样，就可以从资源耗费的最初形态上把握各种资源并将其归集到各作业中心的状况。

2. 确认作业，将作业中心汇集的各资源耗费价值予以分解并分配到各作业成本库中

作业确认后，一般不得轻易发生变动。这样，在对资源库资源耗费价值进行分配时，面临的是已确定的作业种类。我们为每一项作业设立一个成本库，该成本计算步骤就演化为如何将资源库价值结转到作业库这一具体分配问题。解决这一分配问题，要贯彻作业成本计算的基本规则：作业量的多少决定着资源的耗用量，资源耗用量的高低与最终的产出量没有直接关系。专家们把这种资源量与作业量的关系描述为资源动因。所谓资源动因，通俗地讲，是指资源被各作业消耗的方式和原因。资源动因反映了作业对资源的消耗状况，因而是把资源户价值分解到各作业户的依据。

确立资源动因的原则是：第一，某一项资源耗费能直观地确定为某一特定产品的消耗，则该项资源耗费直接计入该特定产品成本中，此时资源动因也是作业动因，该动因可以认为是"终结耗费"，材料费往往适用于该原则；第二，如果某项资源耗费可以从发生领域区划为各作业所耗，则可以直接计入各作业成本库，此时资源动因可以认为是"作业专属耗费"，各作业发生的办公费适用这种原则，各作业按实付工资额核定应负担工资费，也适用这一原则；第三，如果某项资源耗费从最初消耗上呈混合耗费形态，则需要选择合适的量化依据将资源分解并分配到各作业，这个量化依据就是资源动因，如动力费一般按各作业实用电力度数分配等。

在成本分配过程中，各资源库价值要根据资源动因逐项分配到各作业中去。于是，可以为每个作业库按资源类别设立作业资源要素，将每个作业库各作业资源要素价值相加就形成了作业成本库价值。

3. 将各作业成本库价值分配计入最终产品成本计算单，计算完工产品成本

与传统成本计算法一样，作业成本法可以为制造中心的每一种（或批）产品设立成本计算单。在每张成本计算单中，还应按该产品生产所涉及的作业种类开立作业成本项目。这样，该成本计算步骤就是要把各作业成本库的价值结转到各产品成本计算单上，这一步骤反映的作业成本计算规则是：产出量的多少决定着作业的耗用量。

可见，作业动因是将作业库成本分配到产品或服务中去的标准，也是将作业耗费与最终产出相沟通的中介。既然作业是依据作业动因确认的，则就每一项作业而言，其动因也就已经确立了，成本计算在这一步骤并无障碍。如订单作业是一种批别动因作业，只需将该作业成本除以当期订单份数即可得到分配率；将此分配率乘以某批产品所用订单份数即可得到应计入该批产品成本计算单"订单"这个成本项目的价值。

在把作业库成本计入各产品成本计算单以后，如何得出完工产品成本就是一个简单的问题了。如果把作业成本计算法应用于财务会计，则在期末有必要在完工产品与在产品之间分配成本（此问题在后面结合实例说明），如果认为作业成本计算法只是一种管理会计手段，则用成本计算单追踪到产品全面完工即可。

8.4.2 基于作业成本法的产品成本计算举例

1. 资料

某服装厂现有定编员工 50 人，按缝纫、平整两个中心组织生产。缝纫中心每月可提供 4 000

机时，平整中心每月可提供 2 000 机时。

假设该厂生产作业的相关资料如表 8-5 至表 8-8 所示。

表 8-5　　　　　　　　　　　本月生产作业的规划

产品批别	名称	件数（件）	单位材料（主料）定额（元）	需用工时定额（工时）		完工状况
				缝纫	平整	
001	衬衣	4 000	40	1	0.5	本月完工 3 000 件
002	纯毛大衣	10	500	6	3	本月完工

表 8-6　　　　　　　　　　　本月资源耗费计算表

资源项目	材料		工资费	动力费	折旧费	办公费	合计
	主料	辅料					
金额（元）	170 000	10 000	40 000	7 000	50 000	18 000	295 000

表 8-7　　　　　　　　　　　主要参数及专属费用表

参数或费用＼作业	订单	生产规划	采购	剪裁	缝纫	平整	生产协调	厂部	编外	合计
人员定编（人）	4	6	3	2	10	8	7	8	2	50
耗电度数（度）	400	1 000	100	1 000	2 500	3 000	500	1 500		10 000
001 号未完工状态					200	800				1 000
未完工产品本作业完工率(%)					0	0				
折旧费（元）	2 000	5 000	1 000	5 000	14 000	10 000	6 000	7 000		50 000
办公费（元）	3 000	3 000	2 000	1 000	500	500	2500	5 500		18 000
材料费	本月实耗主料 170 000 元；实耗辅料 10 000 元，其中，专属 001 批 9 500 元，专属 002 批 500 元									

表 8-8　　　　　　　　　　　作业衡量参数表（作业动因量化表）

作业名称	量化单位（作业动因）	衡量参数	产品消耗		
			001 批	002 批	其他批
订单	订单份数	40	1	1	38
生产规划	规划次数	30	1	1	28
采购	采购次数	82	80	2	0
剪裁	剪裁次数	82	80	2	0
缝纫	缝纫工时（定额）	3 860	3 800	60	0
平整	平整工时（定额）	1 530	1 500	30	0
生产协调	协调次数	50	30	20	0
厂部	价值				

2. 用作业成本法计算产品成本

（1）将本月资源耗费分别记入各资源户。即将本月所耗各类资源（材料费 180 000 元，动力费 7 000 元，工资费 40 000 元，折旧费 50 000 元，办公费 18 000 元）分别记入各该资源户。

（2）将各资源户归集的价值按资源动因分配记入各作业户。

① 材料费用的分配。由于材料直接耗用于特定产品，因而按各产品定额耗费价值记入各产品成本户，材料费用超定额差异计入期间费用。材料费用的分配情况如表 8-9 所示。

表 8-9　　　　　　　　　　　　　　　材料费用分配计算表　　　　　　　　　　　　　　单位：元

资源项目作业户	材料费用		
	主料		辅料
生产成本——001	40×4 000=160 000		9 500
——002	500×10=5 000		500
期间费用	170 000-165 000=5 000		
合计	170 000		10 000

② 其他费用的分配。其他费用按资源动因分配记入各作业户，其中动力费按各单位耗电度数分配计算，工资费按各作业人员数分配计算，折旧费、办公费按前述表中所列专属费用计入。其他资源耗费的分配情况如表 8-10 所示。

表 8-10　　　　　　　　　　　　　　其他资源耗费分配计算表　　　　　　　　　　　　单位：元

资源项目	总耗费额	分配率	订单	生产规划	采购	剪裁	缝纫	平整	生产协调	厂部	期间费用
工资费	40 000	800 元/人	3 200	4 800	2 400	1 600	8 000	6 400	5 600	6 400	1 600
动力费	7 000	0.7 元/度	280	700	70	700	1 750	2 100	350	1 050	0
折旧费	50 000	专属	2 000	5 000	1 000	5 000	14 000	10 000	6 000	7000	
办公费	18 000	专属	3 000	3 000	2 000	1 000	500	500	2 500	5 500	
合计	115 000		8 480	13 500	5 470	8 300	24 250	19 000	14 450	19 950	1 600

在表 8-10 中，工资费按定编人员数分配是假定每人工资一样，由于该厂有两名编外人员，作业成本计算法认为该两人工资费用系非增值资源耗费，故应计入期间费用，而不计入产品成本。其他资源耗费如有类似情况也应类似处理。

（3）将各作业汇集费用分配记入各批别产品的成本户。

① 订单作业。订单作业的作业动因是订单份数，本月该作业争取到 40 份订单，则每份订单取得成本为：

每份订单成本=8 480÷40=212（元/份）

于是，

记入生产成本——001户的费用=212×1=212（元）

生产成本——002户的费用=212×1=212（元）

生产成本——其他批别的费用=212×38=8 056（元）

至于生产规划、采购作业、剪裁作业、生产协调作业均可比照订单作业的原理计算和分配有关费用。

② 缝纫作业。由于在做生产规划时，为每批产品确定了单件产品缝纫工时定额，在自动化作业条件下，这种规划能够做得很准确，因而，应按此定额确定各批产品实耗工时数。

001 批产品在缝纫作业有 200 件未完工，且完全未经缝纫作业处理，共耗工时数为：

（4 000-200）×1=3 800（工时）

002 批产品全部经由该作业处理，共耗用工时数为：

10×6=60（工时）

由于该作业实际生产能力为 4 000 工时，有理由认为有 140（4 000-3 800-60）工时是未使用工时。据此，得：

分配率=24 250÷4 000=6.062 5

应计入001批产品成本=3 800×6.062 5=23 037.5（元）

应计入002批产品成本=60×6.062 5=363.75（元）

应计入期间费用的耗费=140×6.062 5=848.75（元）

③ 平整作业。同样，平整作业也是该服装厂主要作业，生产规划部门为每批产品设定了单件工时定额。

001 批产品定额消耗工时为：

（4 000-200-800）×0.5=1 500（工时）

002 批产品定额消耗工时为：

10×3=30（工时）

平整中心可供工时为 2 000 工时，未使用工时为 470（2 000-1 500-30）工时，据此，得：

分配率=19 000÷2 000=9.5

应计入001批产品成本=9.5×1 500=14 250（元）

应计入002批产品成本=30×9.5=285（元）

应计入期间费用成本=470×9.5=4 465（元）

④ 厂部作业。厂部作为一项作业，进行的是价值管理，其职能是对可控范围内的费用开支负责。对于本厂所产产品而言，已纳入生产规划的定额材料费用投入可以认为是厂部不可控费用，其他费用均可认为是可控费用，其价值投入均与厂部管理有关。根据前面计算，每批产品的成本和期间费用厂部可控部分分别为：

001批产品成本=212+450+5 336+23 037.5+14 250+8 670+8 080=60 035.5（元）

002批产品成本=212+450+134+220+363.75+285+5 780=7 444.75（元）

其他批别产品成本=8 056+12 600=20 656（元）

期间费用=5 000+848.75+1 600+4 465=11 913.75（元）

厂部费用分配率=19 950÷（60 035.5+7 444.75+20 656+11 913.75）=0.199 4

应计入001批产品成本的厂部费用=0.199 4×60 035.5=11 971.08（元）

应计入002批产品成本的厂部费用=0.199 4×7 444.75=1 484.48（元）

应计入其他批产品成本的厂部费用=0.199 4×20 656=4 118.81（元）

应计入期间费用的厂部费用=19 950-11 971.08-1 484.48-4 118.81=2 375.63（元）

（4）列示各批别产品及期间费用成本计算单。根据上述计算，各批别产品的成本项目按作业列示，列示成本计算单如表 8-11 所示。

表 8-11　　　　　　　　　　　　　成本计算单　　　　　　　　　　　　单位：元

| 项目 | 材料 | | 订单 | 生产规划 | 采购 | 剪裁 | 缝纫 | 平整 | 生产协调 | 厂部 | 其他 | 合计 |
	主料	辅料										
001 批	160 000	9 500	212	450	5 336	8 080	23 037.5	14 250	8 670	11 971.08		241 506.58

项目	材料		订单	生产规划	采购	剪裁	缝纫	平整	生产协调	厂部	其他	合计
	主料	辅料										
002 批	5 000	500	212	450	134	220	363.75	285	5 780	1 484.48		14 429.23
其他批			8 056	12 600						4 118.81		24 774.81
期间费用	5 000						848.75	4 465		2 375.63	1 600	14 289.38
合计	170 000	10 000	8 480	13 500	5 470	8 300	24 250	19 950	14 450	19 950	1 600	295 000

（5）期末将成本在产品与完工产品之间进行分配，计算产成品成本。

① 001 批产品。001 批产品本月没有全部完工，按照表 8-5、表 8-6 的资料，有 200 件产品滞留缝纫作业，且完全未经由缝纫作业；有 800 件产品滞留平整作业，也完全未经由平整作业。据此，在不考虑材料投入的情况下，有 4 000 件产品经由订单、生产规划、采购、剪裁作业；有 3 800 件产品经由缝纫作业；有 3 000 件产品经由平整、生产协调作业。

完工的 3 000 件产品的总计作业成本为：

（212+450+5 336+8 080）×3 000÷4 000+23 037.5×3 000÷3 800+（14 250+8 670）×

3 000÷3 000=51 666（元）

未完工产品的作业成本为：

（212+450+5 336+8 080）×1 000÷4 000+23 037.5×800÷3 800=8 369.5（元）

由于厂部成本属于价值管理费用，因而要在完工产品和在产品之间进行分配：

分配率=11 971.08÷（51 666+8 369.5）≈0.199 4

完工产品应负担费用=51 666×0.199 4≈10 302.2（元）

在产品应负担费用=8 369.5×0.199 4≈1 668.88（元）

由于主料和辅料在生产开始时一次投入，因而应按定额（主料）和完工产品产量与在产品产量平均分配（辅料）：

完工产品应负担的主料=3 000×40=120 000（元）

在产品应负担的主料=1 000×40=40 000（元）

完工产品应负担的辅料=（9 500÷4 000）×3 000=7 125（元）

在产品应负担的辅料=（9 500÷4 000）×1 000=2 375（元）

因此，完工产品及在产品的总成本计算如下：

完工产品的总成本=51 666+10 302.2+7 125+120 000=189 093.2（元）

在产品的总成本=8 369.5+1 668.88+2 375+40 000=52 413.38（元）

② 002 批产品。由于 002 批产品本月全部完工，因此生产成本明细账中归集的费用（14 429.23 元）均为完工产品成本。

③ 其他批别产品。由于只对已投产产品开设成本计算单，在以后成本计算期，对已投产产品应于投产时将相关成本按作业成本项目从"其他批别"明细账中转入各自成本计算单；如果某产品经研究不投产，则相关成本应转入"期间费用"账户。

④ 期间费用。期间费用于月末直接转入"本年利润"账户的借方，用当期利润予以补偿。

思考题

1. 什么是作业？作业有什么特点？
2. 按照对价值的贡献，作业应该如何分类？
3. 什么是成本动因？成本动因的确定需要注意哪些问题？
4. 什么是资源动因？资源动因在作业成本计算法中有什么作用？
5. 作业成本计算法是如何将成本计算与成本管理相结合的？

练习题

某企业专门制造和销售X110型打印机，采用作业成本计算法，其产品成本由直接成本（直接材料）和四个作业中心成本构成。这四个作业中心及其作业动因的资料如表8-12所示。

表 8-12　　　　　　　　　　四个作业中心的作业动因的资料

作业中心	作业动因	分配率
材料管理	部件数量	10 元/个
机械制造	机器小时	65 元/小时
组装	装配小时数	80 元/小时
检验	检验小时数	105 元/小时

A公司从该企业订购了50台X110型打印机，每台机器直接材料成本为2 500元，需要50个部件、10个机器小时、16个装配小时和5个检验小时。

要求： 计算A公司订购的X110型打印机的总成本和单位成本。

第9章
标准成本管理

⭐ 学习目标

1. 了解标准成本及其分类，掌握标准成本在成本管理中的作用。

2. 理解标准成本差异的内涵，掌握标准成本差异的分析思路和方法。

3. 掌握变动成本差异的计算方法，正确理解变动成本差异对成本管理的意义，为掌握和应用标准成本管理奠定基础。

4. 掌握固定成本差异的计算方法，正确理解固定成本差异对成本管理的意义，为掌握和应用标准成本管理奠定基础。

📄 引导案例

孙教授在讲标准成本时说过一个故事。年轻时，他在某工厂做车工，一天在车制螺杆时，任务要求车制6圈，但他发现，如果手劲小一点，车制5圈就可以了。当天他超额完成任务。但当他高高兴兴地向车间主任邀功时，却受到车间主任的严厉批评。因为螺杆车的圈数不同，螺距就会不同，螺帽和螺杆是不匹配的，结果螺杆全部作废！

请问：成本差异是超支好还是节约好呢？

9.1 标准成本及标准成本差异

标准成本的确定及其成本差异的计算是标准成本管理的两项重要内容，对标准成本管理起着重要的支撑作用。

9.1.1 标准成本及其分类

标准成本是在正常生产经营条件下应该实现的，可以作为控制成本开支、评价实际成本、衡量工作效率的依据和尺度的一种目标成本。根据所要求达到的目的的不同，标准成本分为理想标准成本、正常标准成本和现实标准成本。

1. 理想标准成本

理想标准成本是最佳生产经营条件下可以达到的成本水平。它是排除了一切失误、浪费和闲置等因素，根据理论耗用量、最佳价格水平以及最高生产能力制定的标准成本。理想标准成本是成本管理和控制的终极目标，是企业努力的方向。

2．正常标准成本

正常标准成本是在正常生产经营条件下应该达到的成本水平，它是根据正常耗用量、正常价格和正常生产经营能力利用程度制定的标准成本。正常标准成本反映企业过去一段时期实际成本水平的平均值，反映该行业的平均价格、平均生产能力和技术能力。在生产技术和经营管理条件变动不大的情况下，是一种可以较长时间采用的标准成本。

3．现实标准成本

现实标准成本是在现有的生产条件下应该达到的成本水平。它是根据产品现在所采用的价格水平、生产耗用量以及生产经营能力利用程度而制定的标准成本。这种标准成本最接近实际成本，最切实可行，通常认为它是能激励工人而制定的标准，并为管理层提供衡量的标准。在经济形势变化无常的情况下，这种标准成本最为合适。与正常标准成本不同的是，它需要根据现实情况的变化不断进行修改，而正常标准成本则可以保持较长一段时间固定不变。

9.1.2　标准成本制定的基本方法

标准成本管理的前提和关键是标准成本的制定。为了便于进行成本控制、成本核算和成本差异分析工作，标准成本可以按车间、分产品和成本项目分别反映。

标准成本的成本项目与会计日常核算所使用的成本项目应当一致，直接材料可以按材料的不同种类或规格详细列出标准，直接人工可以按不同工种列出标准，制造费用应按固定制造费用和变动制造费用分项列出标准。将各个成本项目的标准成本加总，即构成产品标准成本。

各个成本项目的标准成本，通常是由数量标准和价格标准两个因素决定的，即某成本项目的标准成本=数量标准×价格标准。在直接材料标准制定中，数量标准表现为材料消耗定额，价格标准表现为材料的计划单价；在直接人工标准制定中，数量标准表现为工时定额，价格标准表现为计划小时工资率；在制造费用标准制定中，数量标准是指工时定额，价格标准是指制造费用的分配率。制造费用分配率一般以制造费用预算数除以按计划产量计算的定额工时来确定，即制造费用分配率=制造费用预算数/（工时定额×计划产量）。制造费用预算数，一般要分固定制造费用和变动制造费用进行分别确定，固定制造费用的预算数，只能按总额来确定，所以原则上，制造费用分配率=单位变动制造费用+单位固定制造费用。

9.1.3　标准成本差异

标准成本差异是指实际成本与标准成本之间的差额，也称标准差异。成本差异按成本的构成可以分为直接材料成本差异、直接人工成本差异和制造费用差异。

直接材料成本差异、直接人工成本差异属于变动成本。决定变动成本数额的因素是价格和耗用数量。所以，对于直接材料成本差异、直接人工成本差异按其形成原因可分为价格差异和数量差异。制造费用差异按其形成的原因和分析方法的不同分为变动制造费用差异和固定制造费用差异两部分。变动制造费用差异属于变动成本，同上，变动制造费用差异按其形成原因也可分为价格差异和数量差异。固定制造费用是固定成本，不随业务量的变动而变动，其差异不能简单地分为价格因素和耗用数量因素。固定制造费用差异可分为支出差异、生产能力利用差异和效益差异。

9.2 变动成本标准的制定及其差异的计算、分析和控制

变动成本由直接材料成本、直接人工成本和变动制造费用构成，因而，变动成本标准的制定、成本差异的计算及其分析可以按这三个部分分别进行。另外，对变动成本差异的计算、分析和控制所采用的思路和方法，一定程度上也可以用于对期间费用中变动部分的分析。

9.2.1 变动成本标准的制定

一般来说，产品标准成本的制定通常要由业务、计划、会计等部门共同参与。在零、部件不多的情况下，一般是先制定零件标准成本，然后再汇总计算部件和产成品的标准成本。如果构成产品的零、部件较多，则为了简化计算工作量，也可以根据列有零件原材料消耗标准、工序计划和工时消耗标准的零件标准卡，以及原材料计划单价、计划工资率和费用统计，计算部件标准成本，然后汇总计算产成品标准成本；或者根据零、部件标准卡直接计算产成品标准成本。

零件标准卡、部件标准成本计算表、产品标准成本计算表的格式分别如表 9-1～表 9-3 所示。

表 9-1 　　　　　　　　　　　　　零件标准卡

零件编号：302　　　　　　　　　　零件名称：甲　　　　　　　　　日期：2017 年 6 月

材料编号	材料名称	计量单位	材料消耗标准
331	×××	千克	4
工序	工时标准		累计工时标准
1	3.5		3.5
2	1.5		5
3	1		6
4	3		9

表 9-2 　　　　　　　　　　　　部件标准成本计算表

部件编号：417　　　　　　　　　　部件名称：A　　　　　　　　　日期：2017 年 6 月

所用零件名称	所用零件数量	部件材料费用标准							部件工时标准
		302			303			金额合计	
		消耗标准	计划单价	金额	消耗标准	计划单位	金额		
甲	2	8	5	40				40	18

所用零件名称	所用零件数量	部件材料费用标准							部件工时标准
		302			303			金额合计	
		消耗标准	计划单价	金额	消耗标准	计划单位	金额		
乙	1				6	8.5	51	51	12
装配									2
合计				40			51	91	32

标准成本项目					
原材料	工资及福利费		制造费用		标准成本合计
	计划工资率	金额	计划费用率	金额	
91	3	96	4.5	144	331

表 9-3 产品标准成本计算表

产品编号：201　　　　　　　　产品名称：子　　　　　　　　日期：2017 年 6 月

所用部件名称	耗用数量	单位标准成本	标准成本
A	1	91	91
B	3	102	306
C	2	125	250
合计	—	—	647

9.2.2 直接材料成本差异的计算、分析和控制

1. 直接材料成本差异的计算

直接材料成本差异是指一定产量的产品的直接材料实际成本与直接材料标准成本之间的差异，其计算公式如下：

$$直接材料成本差异=直接材料实际成本-直接材料标准成本$$

$$=（单位产品材料实际消耗量×单位材料实际价格$$

$$-单位产品材料消耗定额×单位材料标准价格）×实际产量$$

直接材料成本属于变动成本，其成本差异形成的原因（即成本动因）包括价格差异和数量差异。其中，价格差异是实际价格脱离标准价格所产生的差异，其计算公式如下：

$$材料价格差异=（实际价格-标准价格）×材料实际消耗总量$$

$$=（实际价格-标准价格）×单位产品材料实际消耗量×实际产量$$

数量差异是单位产品实际材料耗用量脱离单位标准材料耗用量所产生的差异，其计算公式如下：

$$材料数量差异=（材料实际消耗总量-实际产量时的材料标准耗用量）×标准价格$$

$$=（单位产品材料实际消耗量-单位产品材料消耗定额）$$

$$×标准价格×实际产量$$

以上公式综合如下：

① 实际价格×实际用量

② 标准价格×实际用量

③ 标准价格×标准用量

材料价格差异=①-②

材料数量差异=②-③

材料成本差异=①-③

例9-1 华英公司本期生产甲产品200件，耗用A 材料900千克，A材料的实际价格为每千克100元。假设A材料的标准价格为每千克110元，单位甲产品的标准用量为5千克A材料，那么，A材料的成本差异分析如下：

材料价格差异=（100-110）×900=-9 000（元）

材料数量差异=110×（900-1 000）=-11 000（元）

材料成本差异=100×900-110×1 000=-20 000（元）

或：   =-9 000+（-11 000）=-20 000（元）

从上述计算结果可知，材料价格方面的原因，使材料成本下降了9 000元，而材料用量的节约使材料成本下降了11 000元。

2. 直接材料成本差异的分析

分析直接材料成本差异应注意以下几点。

（1）不能简单依据成本差异的方向（节约或超支）来判断成本控制效果的好坏，如节约就好，超支就不好。因为成本的发生是为了满足预期目标或目的的需要，进而实现价值的增值。因此，在实现预期目标时，成本的达成或节约才是有利的（也是有价值的）；反之，如果不能实现预期的目标，则成本的节约是不利的（也是没有价值的）。例如，从北京到广州出差，如果任务紧急，坐飞机显然是最优选择；如果任务不紧急，坐火车显然也是可以选择的。任务与成本相比，任务第一，成本第二，成本为保证任务实现服务。

（2）要确定成本差异的责任部门。材料价格差异通常应由采购部门负责，因为影响材料采购价格的因素（如采购批量、供应商的选择、交货方式、材料质量、运输工具等）一般都是由采购部门控制并受其决策的影响。材料数量差异通常应由生产部门负责，因为影响材料用量的因素（如任务安排、人员调配、设备使用、现场组织等）一般都是由生产部门控制并受其决策的影响。

（3）要明确成本差异产生原因并确定责任。虽然材料价格差异通常应由采购部门负责，但是有些因素是采购部门无法控制的。例如，通货膨胀因素的影响、国家对原材料价格的调整等。因此，材料价格差异一定要做进一步的分析、研究，查明产生差异的真正原因，分清各部门的经营责任。只有在科学分析的基础上，才能对材料价格差异进行有效的控制。同理，影响材料用量的因素也是多种多样的，包括生产工人的技术熟练程度和对工作的责任感、材料的质量、生产设备的状况等。一般来说，用量超过标准的原因大多是工人粗心大意、缺乏培训或技术素质较低等，应由生产部门负责。但用量差异有时也会由其他部门的原因所造成，例如，采购部门购入了低质量的材料，导致生产部门用料过多，由此而产生的材料用量差异应由采购部门负责；再如，由于设备管理部门，生产设备不能完全发挥其生产能力，造成材料用量差异，则应由设备管理部门负责。找出和分析造成差异的原因是进行有效控制的基础。

3. 直接材料成本差异的管理与控制

控制直接材料成本差异通常采用以下三种方法。

第一，限额法。也称差异凭证法，是指凡符合标准的材料，都应根据限额领料单领发，凡超过标准的领发或领用代用材料，如果是增加产品产量发生的超额用料，需办理追加限额手续，按限额领料单领用；如果未办理追加手续，则应另行填制差异凭证。差异凭证的签发必须经过一定的审批手续，在差异凭证中，应填写差异的数量、金额以及发生差异的原因，其中采用代用材料、利用废料和材料质量低劣等原因而引起的脱离定额差异，通常要由技术部门鉴定审批。

在每批生产任务完成以后，财务部门应根据车间余料编制退料单，办理退料手续。退料单中所列的原材料数额和限额领料单中的原材料余额，都是原材料脱离定额的节约差异。

例9-2 某限额领料单规定的产品数量为1 000件，每件产品的材料消耗标准为5千克，则领料限额为5 000千克；本月实际领料4 800千克，从领料限额与实际领料数相比，领料差异为节约200千克，那么实际用料差异是多少呢？

如果本期投产产品的数量符合限额领料单规定的产品数量，即也是1 000件，且期初、期末均无余料，则上述少领200千克的领料差异就是用料的节约差异。

如果本期投产产品数量仍为1 000件，但车间期初余料为100千克，期末余料为120千克，则材料的标准消耗量为5 000（1 000×5）千克，而材料的实际消耗量为4 780（4 800+100-120）千克，用料节约差异为220千克而非200千克。

如果本期投产的数量为900件，车间期初余料为100千克，期末余料为120千克，则材料标准消耗量为4 500（900×5）千克，而材料实际消耗量为4 780（4 800+100-120）千克，用料节约差异为超支280千克。

第二，切割法。切割法适用于必须经过切割的板材、棒材和棍材等。采用该法控制用料时，应先采用限额法控制领料。

切割法用料差异的计算是把切割后材料的数量乘上定额，得到切割后的材料的定额耗用量，与材料实际耗用量相比，其差额就是定额差异。如果企业切割的材料很重要，则可设置材料切割核算单进行差异的核算。材料切割核算单的格式如表9-4所示。

表9-4　　　　　　　　　　　　　材料切割核算单

材料编号或名称：2156　　　　　　　　计量单位：千克　　　　　　　　计划单价：7.5 元
产品名称：甲　　　　　　　　　　零件编号或名称：225　　　　　　　　图纸号：609
切割工人姓名：唐堂　　　　　　　　　　　　　　　　　　　　　　　机床编号：312
发交切割日期：2017 年 6 月 3 日　　　　　　　　　　　完工日期：2017 年 6 月 8 日

发料数量		退回余料数量		材料实际消耗量		废料实际回收量	
125		5		120		4.5	
单件消耗定额	单件回收废料定额	应割成的毛坯数量	实际割成毛坯数量	材料定额消耗量		废料定额回收量	
4.5	0.1	26	23	103.5		2.3	
材料脱离定额差异		废料脱离定额差异			脱离定额差异原因		责任人
数量	金额	数量	单位	金额	未按规范操作		吕亚力
+16.5	123.75	-2.2	0.5	-1.1			

第三，盘存法。在大量生产且不能按照上述分批核算原材料脱离定额差异的情况下，除仍要使用限额领料单等定额凭证和超额领料单等差异凭证，以便控制日常材料的实际消耗外，应定期（按工作班、工作日或按周、旬等）通过盘存的方法核算差异。

所谓盘存法是先根据产量凭证和在产品盘存资料，获得完工产品数量和月末在产品数量，再根据月初在产品数量，倒算出产品的投产数量，以此乘以消耗定额，算出标准消耗量，根据领料、退料等凭证，算出实际消耗量，再将材料实际消耗量与标准消耗量相比，确定材料脱离标准的差异。

材料脱离标准差异的计算公式是：

材料实际耗用量=期初余料+本期领料-退料-期末余料

材料标准耗用量=本期投产产品数量×材料消耗标准

材料脱离标准差异=材料实际耗用量-材料标准耗用量

其中：本期投产产品数量=本期完工产品数量+期末在产品数量-期初在产品数量

9.2.3 直接人工成本差异的计算、分析和控制

1. 直接人工成本差异的计算

直接人工成本差异是指一定产量产品的直接人工实际成本与直接人工标准成本之间的差额，其计算公式如下：

直接人工成本差异=直接人工实际成本-直接人工标准成本

=（单位产品工时实际消耗量×实际工资率-单位产品工时消耗定额

×标准工资率）×实际产量

同样，直接人工成本属于变动成本，其成本差异包括直接人工工资率差异和直接人工工时耗用量差异。直接人工工资率差异也称直接人工价格差异，类似材料价格差异；直接人工工时耗用量差异类似于材料用量差异。

直接人工工资率差异是指实际工资率脱离标准工资率所产生的差异，其计算公式如下：

直接人工工资率差异=（实际工资率-标准工资率）×单位产品工时实际消耗量

×实际产量

直接人工工时耗用量差异是指单位实际人工工时耗用量脱离单位标准人工工时耗用量所产生的差异，其计算公式如下：

直接人工工时耗用量差异=（单位产品工时实际消耗量×实际产量

-单位产品工时消耗定额×实际产量）×标准工资率

以上公式综合如下：

① 实际工资率×实际工时

人工工资率差异=①-②

② 标准工资率×实际工时

直接人工成本差异
=①-③

人工工时耗用量差异=②-③

③ 标准工资率×标准工时

例9-3 华英公司本期生产甲产品200件，实际耗用人工8 000小时，实际工资总额80 000元，平均每工时10元。假设标准工资率9元，单位产品工时消耗定额为28小时，那么，直接人工成本差异分析如下：

$$直接人工工资率差异=（10-9）×8\,000=8\,000（元）$$

$$直接人工工时耗用量差异=9×（8\,000-5\,600）=21\,600（元）$$

$$直接人工成本差异=10×8\,000-9×200×28=29\,600（元）$$

或： $$=8\,000+21\,600=29\,600（元）$$

通过计算可知，由于实际工资率高于标准工资率，造成直接人工成本上升8 000元；单位实际人工工时耗用量超过单位标准人工工时耗用量，导致直接人工成本上升21 600元。

2. 直接人工成本差异的分析和控制

在计件工资形式下，工资成本属于直接费用，其控制方法与材料标准差异的控制方法相同，即凡符合标准范围内的生产工人工资，要登记在正常的产量记录之中，对于偏离标准的差异要登记在专设的差异凭证之中。

在计时工资形式下，生产工人工资属于间接计入费用，影响其偏离标准的因素有两个：一是生产工时，二是小时工资率。因此，要使生产工人工资不超支，必须降低单位小时的生产工资和单位产品的生产工时。为了有效地加强生产工人工资的日常控制，可重点从三个方面着手：(1)控制生产工资总额不超过计划；(2)监督生产工时的利用，控制非生产工时不超过计划，使生产工时充分利用；(3)控制单位产品的生产工时不超过工时定额。

因此，实际工资率高于标准工资率，可能是由于生产过程中使用了工资级别较高、技术水平较高的工人从事了技术要求较低的工作，从而造成了浪费，而人工效率差异是考核每个工时生产能力的重要指标，降低单位产品成本的关键在于不断提高工时的生产能力。影响人工效率的因素是多方面的，包括生产工人的技术水平、生产工艺过程、原材料的质量以及设备的状况等。所以，找出差异的同时要分析产生差异的具体原因，分清不同的责任部门，才能采取有效的控制措施。

对工资偏离标准的差异，企业应及时查找原因，采取措施，以促使企业节约工资费用，降低产品成本。

9.2.4 变动制造费用成本差异的计算、分析和控制

变动制造费用成本差异是指一定产量产品的实际变动制造费用与标准变动制造费用之间的差额，其计算公式如下：

$$变动制造费用成本差异=实际变动制造费用-标准变动制造费用$$

$$=实际分配率×实际工时-标准分配率×标准工时$$

$$=（实际分配率×单位产品工时实际消耗量-标准分配率$$
$$×单位产品工时消耗定额）×实际产量$$

其中：

$$实际分配率=\frac{实际变动制造费用}{实际工时}$$

变动制造费用差异包括变动制造费用分配率差异和变动制造费用效率差异，其中：变动制造费用分配率差异类似于材料价格差异和直接人工工资率差异，变动制造费用效率差异类似于材料用量差异和直接人工效率差异，具体计算公式如下：

$$变动制造费用分配率差异=（实际分配率-标准分配率）×实际工时总额$$
$$=（实际分配率-标准分配率）×单位产品工时实际消耗量$$
$$×实际产量$$

$$变动制造费用效率差异=（实际工时-标准工时）×标准分配率×实际产量$$

$$变动制造费用差异=实际变动制造费用-标准变动制造费用$$
$$=变动制造费用分配率差异+变动制造费用效率差异$$

以上公式综合如下：

① 实际分配率×实际工时 ⎱
变动制造费用
分配率差异=①-②

② 标准分配率×实际工时 ⎱ 变动制造费用差异 =①-③
变动制造费用
效率差异=②-③

③ 标准分配率×标准工时

例9-4 华英公司本期生产甲产品200件，实际耗用人工8 000小时，实际发生变动制造费用20 000元，变动制造费用实际分配率为2.5元/直接人工工时。假设变动制造费用标准分配率为3元/直接人工工时，标准耗用人工6 000小时。那么，变动制造费用差异的计算结果如下：

$$变动制造费用分配率差异=（2.5-3）×8 000=-4 000（元）$$
$$变动制造费用效率差异=3×（8 000-6 000）=6 000（元）$$
$$变动制造费用差异=20 000-3×6 000=2 000（元）$$

或：
$$=-4 000+6 000=2 000（元）$$

由于变动制造费用是由许多明细项目组成的，并且与一定的生产水平相联系，因而仅通过上例中的差异计算来反映变动制造费用差异总额，并不能达到日常控制与考核的要求。因此，

（1）按照"二八"原则，对项目数占20%但金额占80%的成本项目，应逐一进行分析，以确保重点控制的有效性。

（2）按照成本动因找出关联因子，如车间范围内属于照明用电的电费，取决于照明灯具的总功率、照明时间和每度电的价格。

（3）按成本效益原则对差异进行评价。如果某车间日工作时间为8小时，而实际照明为9

小时，显然存在成本浪费问题。

（4）根据变动制造费用各明细项目的弹性预算与实际发生数进行对比分析，并相应采取必要的控制措施。

9.3 固定制造费用成本差异的计算、分析和控制

固定制造费用成本是企业内的生产单位（如车间）在产品生产过程中发生的间接费用，如固定资产折旧、照明用电、管理人员工资等。对固定制造费用成本差异的计算、分析和控制所采用的思路和方法，一定程度上可以用于对期间费用中固定部分的分析。

费用节约额是利润增加额吗？

9.3.1 固定制造费用成本差异的计算

固定制造费用成本差异是指一定期间的实际固定制造费用与标准固定制造费用之间的差额。其中：

固定制造费用成本差异=实际固定制造费用-标准固定制造费用

标准固定制造费用=固定制造费用标准分配率×标准工时

固定制造费用标准分配率=固定制造费用÷预算工时

固定制造费用是固定成本，它在一定业务量范围内不随业务量的变动而变动。因此，固定制造费用成本差异不能简单地分为价格差异和数量差异两种类型。根据固定制造费用不随业务量的变动而变动的特点，在计算固定制造费用标准分配率时，必须设定一个预算工时。实际工时与预算工时之间的差异造成的固定制造费用差异为固定制造费用生产能力利用程度差异。因此，固定制造费用差异除了像变动制造费用那样包括开支差异和效率差异外，还包括生产能力利用差异。这三种差异的形成，可以用下列公式表示：

① 实际分配率×实际工时 ⎱
                     固定制造费用
                     开支差异 =①-②

② 标准分配率×预算工时 ⎱
                     固定制造费用
                     能力差异 =②-③   固定制造费用
                                         差异=①-④

③ 标准分配率×实际工时 固定制造费用
                     效率差异 =③-④

④ 标准分配率×标准工时

例9-5 华英公司本期预算固定制造费用为2 400元，预算工时为1 000小时，实际耗用工时1 200小时，实际固定制造费用为2 600元，标准工时为1 100小时。

（1）根据公式可求出标准分配率和实际分配率。

固定制造费用标准分配率=2 400÷1 000=2.4

固定制造费用实际分配率=2 600÷1 200≈2.17

（2）根据上述公式求出开支差异、效率差异和生产能力利用差异。

固定制造费用开支差异=2 600-2 400=200（元）

固定制造费用效率差异=2.4×（1 200-1 100）=240（元）

固定制造费用能力差异=2.4×（1 000-1 200）=-480（元）

标准固定制造费用=2.4×1 100=2 640（元）

所以：　固定制造费用差异=2 600-2 640=-40（元）

或：　　　　　　　　　=200+240-480=-40（元）

9.3.2　固定制造费用成本差异的分析和控制

在一定的业务范围内，固定制造费用不随业务量的变动而变动，表现为相对的固定性。对固定制造费用的控制和分析通常是通过编制固定制造费用预算以及将实际发生数与预算数的对比来进行的。

由于固定制造费用是由各个部门的众多明细项目构成的，因此，固定制造费用预算应就每个部门及明细项目分别进行编制。于是，固定制造费用应该按每个部门及明细项目分别记录，固定制造费用成本差异的分析和控制也应该就每个部门及明细项目分别进行。

（1）与变动制造费用成本差异分析同理，应按照"二八"原则，逐一对项目数占20%但金额占80%的成本项目进行分析，以确保重点控制的有效性。

（2）根据经验数据、预算数据和管理要求确定各明细项目的标准，编制预算、进行控制。如按定岗、定员、定编的要求确定员工的类别、数量、工资标准等，为工资费用的控制提供依据。

（3）将固定制造费用各明细项目的固定预算与实际发生数进行对比、分析，按成本效益原则对差异进行评价，并采取必要的控制措施。就预算差异来说，其产生的原因可能是：资源价格的变动（如办公用品价格的变动、工资率的增减、电价和水价的提高等），某些固定成本（如职工培训费、折旧费、办公费等）因管理决策而有所增减，资源数量比预算有所增减（如职工人数的增减），为了完成预算而推迟某些固定成本的开支等。所有这些都应分不同的情况进行分析和控制。

思考题

1. 你是如何理解"成本超支是对成本目标的偏离，因此越小越好"这句话的？

2. 你是否同意"材料用量差异一定是生产主管的责任"这句话？为什么？

3. 是不是所有企业都可以采用标准成本法进行成本管理和控制？

1. 华英公司 2018 年 3 月的固定制造费用预算为 168 000 元，预算工时为 672 00 工时，实际耗用工时为 67 600 工时，实际固定制造费用 171 760 元，标准工时为 62 400 工时。请根据以上资料计算以下指标。

（1）固定制造费用开支差异；

（2）固定制造费用能力差异；

（3）固定制造费用效率差异；

（4）固定制造费用差异。

2. ①华伦公司采用标准成本系统计算成本，其存货也按标准成本计价。表 9-5 是华伦公司其中一种产品"智宝"的标准成本卡。华伦生产的多种产品也使用原材料 L，智宝是其中一种。

表 9-5   标准成本卡   产品：智宝   截至 2018 年 12 月 31 日

	原材料 L	直接人工	变动制造费用	固定制造费用	
用量	5	4	4	4	合计
单价	7	9	3	5	
小计	35	36	12	20	103

华伦公司的年结在每年的 12 月 31 日。

智宝 2018 年 12 月的预算产量是 1 000 件，于 2018 年 12 月中，实际转移至存货的制成品共 965 件。

2018 年 12 月的实际数据如下：

购入原材料 L	4 800 千克，成本 36 480 元
发至生产工序的原材料 L	4 840 千克
直接人工	4 000 小时，每小时 9.20 元
变动制造费用	11 900 元
固定制造费用	19 800 元

要求：

（1）计算 2018 年 12 月的下列差异：直接材料价格差异（原材料 L）、直接材料用量差异（原材料 L）、直接人工工资率差异、直接人工效率差异、变动制造费用耗用差异、变动制造费用效率差异、固定制造费用预算差异、固定制造费用产量差异。

（2）请指出直接材料用量差异和直接人工工资率差异的可能原因。

（3）请解释固定制造费用数量差异的意义及对管理人员的用处。

（4）你如何向管理层解释各种差异之间的相互关系和意义？

---

① 黄纬勤，张纯义，朱建国. 管理会计. 北京：中国人民大学出版社，2011.

3. 中盛公司打算解雇采购员小刘，因为公司发现小刘以大量采购方式来获得价格优惠，从而造成大量资金占用在存货上。而小刘认为，公司的要求是达到标准，至于如何达到标准并不重要。他还强调，只有通过大量采购才能达到价格标准，否则就会出现不利价格差异。

通过本案例的分析，你认为：

（1）小刘为什么购进大量的原材料？你认为这种行为就是以价格优惠为目标吗？如果不是，那么目标又是什么？

（2）小刘应该被解雇吗？请解释。

第10章
预算管理

★ 学习目标

1. 理解预算、预算管理的概念，掌握预算管理的本质。
2. 理解预算管理全面性的要求并体会全面预算管理的真正内涵。
3. 了解预算编制方法的要求及适用性，重点掌握经营预算的编制以及财务预算的编制。
4. 掌握经营预算、资本支出预算、财务预算之间的勾稽关系，从而理解物流管理与资金管理的统一，最终掌握预算管理的价值创造本质。

引导案例

财务处小李在确定期初借款余额、本期借款、还款金额及期末借款余额的基础上，计算并编制了借款利息预算。小李的工作得到了领导的表扬，但领导的一席话让他深思："编制借款利息预算的依据是什么？如果只知其然而不知其所以然，不过就是一个记账型会计"。那么，编制借款利息预算的依据是什么呢？

10.1 预算与预算管理

确立预算的内涵，明确预算与预算管理的关系，才能有效地适应环境需要进行预算管理。

10.1.1 预算

预算是面向未来，基于业务活动和生产经营过程，对企业某一特定期间的资源进行优化配置的规划，其重点在于通过对资源的优化配置达到价值最大增值的目的。

预算对企业经营一定有利吗？

管理学教授戴维·奥利曾强调：预算是为数不多的几个能把组织的所有关键问题融合于一个体系之中的管理控制方法，现已成为大型工商企业的标准作业程序。[①]杰罗尔德·L.齐默尔曼在对美国400家大型公司的调查结果显示，预算的应用十分普遍（见表10-1），而对我国大中型企业的预算管理调查结果也说明了这一点（见表10-2）。

---

① [美]杰罗尔德·L.齐默尔曼.决策与控制会计.大连：东北财经大学出版社，2012.

表 10-1 美国 400 家大型公司的调查结果

行业	运用预算的企业所占百分比（%）
商业银行	98
服务机构	100
人寿保险公司	96
大型生产制造公司	100
批发商与零售商	97
交通运输企业	94
公共事业公司	96
其他	83

表 10-2 中国大中型企业的预算管理调查结果[①]

预算管理内容	采掘业	制造业	建筑业	流通业	其他行业	总体比例（%）
利润预算	100	100	100	100	71	93
生产成本预算	100	89	67		57	59
管理费用预算	100	100	100	89	86	96
财务费用预算	82	89	100	74	29	79
销售量预算	55	89	67	74	14	67
资本支出预算	64	78	33	47	43	59
存货预算	73	67		47		50
应收账款预算	55	67	67	47	0	48
现金预算	55	39	33	21	29	36
应付账款预算	45	28	0	32	0	28

10.1.2 预算管理

预算管理属于事前管理，具有计划、控制和评价职能，强调目标管理，强调成本效益原则。例如，营销部门申请 20 万元购买一辆轿车。预算管理必然在完成下列提问中进行流程管理和效益分析。

（1）购买轿车的目的是什么？如果只是"别的部门有，我也应该有"，则理由不充分，该购车申请将被否决；如果是"在面向大客户加强管理时，有车更快捷、方便"，则理由可以接受，该购车申请将被继续审核。

（2）购买轿车的经济审核——值得去做吗？这时的问题可能是：购买轿车在面向大客户加强管理的过程中，将会带来多少经济利益。因为企业是营利组织，只有企业中所有部门的所有人的所有活动都能产生经济利益时，企业才能实现组织的最终目标。于是，按成本效益原则判断，企业的所有事项和活动分为三类：必须做、可以做、不能做。所谓必须做，是指为完成目标预算必须开支的费用，如材料购置、人工工资、动力费用等；所谓可以做，是指成本效益比大于 1 的事项和活动，在资金满足必须做而有富余的情况下，根据企业需要可以发生的；所谓不能做，是指成本效益比小于 1 的事项和活动，即使资金富余也不可以发生。如果营销部门测算的结果是 20 万元购买轿车将带来 80 万元的增加利益，成本效益比为 4，则该购车申请作

---

① 资料来源：《全面预算不是计划和预算的简单转换》，2001 年 1 月 18 日中国财经报。

为可以做事项被保留。在对可以做事项排序后，20万元资金安排在预算中用于购买轿车。

（3）结果考核——完成的如何？如果预算是管理循环的开始，则考核是管理循环的结束。如果花了20万元资金购买轿车，带来了80万元的增加利益，则实现预算目标，圆满完成预算；但如果花了10万元资金购买轿车，只带来30万元的增加利益，你作为上级管理者将如何进行后续管理？是表扬，还是批评？

显然，以预算编制为起点，到中期决算和年终决算包含的预算执行监督与考评，形成了企业的预算管理体系。

10.1.3 战略对预算的影响

当预算管理与企业短期经营计划相结合时，形成日常预算管理；当预算管理与企业战略规划相结合时，形成战略预算管理。战略对预算的影响，首先表现在通过有效的战略管理流程（见图10-1）实现战略落地。

图10-1 战略管理流程

战略管理流程由价值链分析、战略规划、实施和过程控制、计量和评估四个步骤构成，在实施过程中，通过持续改进来适应环境并发挥战略的引导作用。

战略对预算的影响还表现在预算编制的具体流程上（见图10-2）：通过确定战略目标，反映不同战略的企业管理和预算管理的要求。这些要求又通过平衡计分卡的不同维度及预算目标得以体现，并以组织创新为基础，编制企业预算。

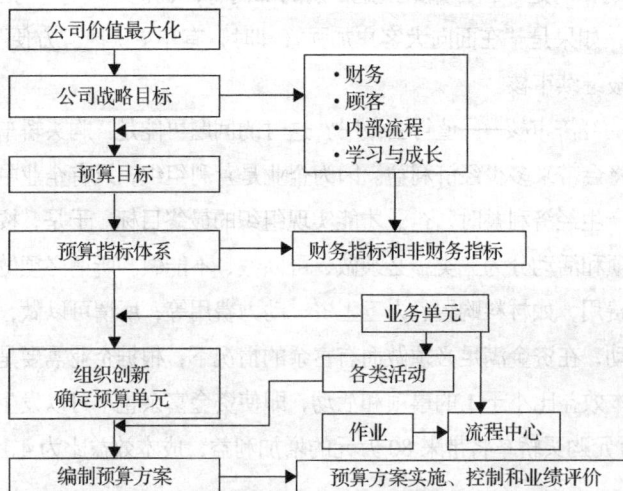

图10-2 战略对预算的影响

10.2　预算管理体系

预算管理体系包括预算管理的组织机构和预算的内容体系（结构和内容）。

10.2.1　预算管理的组织机构

预算管理是企业的一项重大管理活动，也是一项工作量大、涉及面广、时间性强、操作复杂的系统工程。为保证预算工作的有序进行和实施，建立、健全预算管理的组织体制是实现预算功能的保障。

1．预算管理委员会

预算管理委员会属于公司治理层，直接归属于公司董事会，通常由企业的总经理和分管采购、生产、销售、人力资源、财务等主要职能部门的负责人组成，其主要职责如下。

（1）制定预算管理制度（包括预算编制制度、预算变更制度、决算分析制度、内部仲裁制度、责任转账制度等），明确预算管理的政策、措施、办法和要求等；

（2）根据战略规划和年度经营目标拟定预算目标，并确定预算目标分解方案、预算编制方法和程序；

（3）组织编制、综合平衡预算，并下达经批准的正式年度预算；

（4）审议预算调整方案，并协调解决预算编制和执行过程中遇到的重大问题；

（5）审议预算考核和奖惩方案，并对预算的执行情况进行考核。

2．预算日常管理机构

预算日常管理机构是负责预算管理的常设管理机构，一般设在财会部门或经营部门，其主要职责如下。

（1）按照预算管理委员会的要求拟订各项预算管理制度，并负责检查预算管理制度的执行情况；

（2）根据预算管理委员会拟定的预算目标，拟订年度预算总目标分解方案及有关预算编制程序、方法的草案，报预算管理委员会审定；

（3）组织和指导各级预算执行单位开展预算编制工作，并预审各预算执行单位的预算初稿，综合平衡，及提出修改意见和建议；

（4）汇总编制预算草案；

（5）负责跟踪、监控预算执行情况，并定期将各预算执行单位的预算执行情况进行汇总、分析后，将有关分析报告提交预算管理委员会并提出决策建议；

（6）协调解决预算编制和执行中的有关问题，并审查各预算执行单位的预算调整申请，汇总后制定年度预算调整方案，提交预算管理委员会审议；

（7）向预算管理委员会提交预算考核和奖惩方案，并组织开展对预算执行单位的预算执行情况的考核，将考核结果和奖惩建议提交预算管理委员会。

3．预算的执行单位

预算的执行单位是指在实现预算总目标的过程中，能够按照其所起的作用和所负的职责，承担一定的经济责任并享有相应权利和利益的企业内部预算责任单位，如职能部门、所属分

（子）公司等。预算执行单位的划分通常与企业的组织机构设置一致。

预算执行单位在预算管理委员会及其日常预算管理机构的指导下开展工作，其主要职责如下。

（1）提供编制预算的各项基础资料，并负责本单位预算的编制和上报工作；

（2）分解、落实本单位的预算指标，并监督检查本单位的预算执行情况；

（3）及时分析、报告本单位的预算执行情况，解决预算执行中的问题；

（4）根据内外部环境变化及企业预算管理制度，提出预算调整申请；

（5）组织实施本单位内部的预算考核和奖惩工作；

（6）配合预算管理部门做好企业总预算的综合平衡、执行监控、考核奖惩等工作。

10.2.2 预算的结构和内容

1. 预算的结构

通常情况下，企业预算（见图 10-3）包括面向某一年度（或一个经营周期）的经营预算（也称业务预算）、超过一个年度（或一个经营周期）的资本预算以及财务预算（各项子预算的资金安排，如筹资预算、现金预算，以及最终形成预计的利润表、现金流量表、资产负债表）。

图 10-3　预算的结构

从预算编制的主体看，经营预算、资本预算通常由业务部门结合自身情况编制。而这两项预算汇总出来的资源缺口或资源冗余，则需要财务部门统筹安排，所以，筹资预算、现金预算以及预计报表属于财务预算。财务预算与业务预算密切相关，是在业务预算的基础上用货币的形式反映企业未来某一特定时期内与现金收支、资金需求、资金融通、营业收入、成本及财务状况和经营成果等方面相关的详细计划，是用货币表示的企业财务计划。

2. 预算的内容

（1）经营预算。经营预算是对业务活动及管理活动的预算，包括销售预算、生产预算（由直接材料预算、直接人工预算、制造费用预算、期末产成品存货预算等预算构成）、成本预算、销售及管理费用预算。

（2）资本预算。资本预算是对资本支出活动及其效果的预算，主要包括投资预算、筹资预算、股利分配预算等。

（3）财务预算。财务预算量化了企业管理层对未来收入、现金流量及财务状况的预期，包括现金预算表、预计收益表、预计资产负债表。

上述各预算的关系及编制流程如图 10-4 所示。

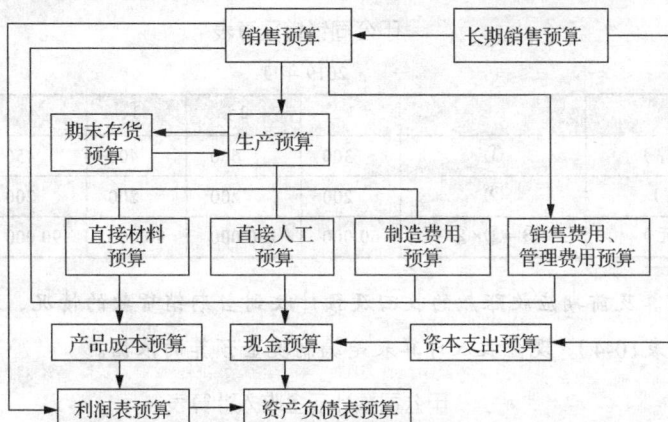

图 10-4　预算编制流程

可见，预算的编制是起点也是决定预算管理效果最为重要的因素。预算的编制以销售预算为起点，进而对生产、成本费用以及现金收支等各个方面进行预测，并在这些预测的基础上，最终形成一套包括预计资产负债表、预计利润表及其附表等在内的预计财务报表，用以反映企业在未来期间的财务状况和经营成果。

10.3　预算编制流程

制造企业预算编制的顺序通常是先编制销售预算，然后再按照"以销定产"的要求，依次编制生产预算、直接材料采购预算、直接人工预算、制造费用预算、销售及管理费用预算等，以形成完整的经营预算，在基于各项专门决策的资本支出预算编制完成后，最终编制财务预算。

10.3.1　经营预算

经营预算是对未来一定期间产品生产（或劳务提供）过程及其结果的规划，预算期间通常为一年，与企业的会计年度一致。

1. 销售预算

销售预算往往是其他预算编制的起点，销售预测的准确程度对整个预算的科学合理性起着至关重要的作用。销售预算编制的根据主要是：（1）市场需求及销售量预测；（2）销售单价及变动预测；（3）销售的收款条件。在上述预测和分析的基础上，计算销售收入预算值：

销售收入预算值=预计销售量×销售单价

为了便于编制财务预算，在编制销售预算的同时，应编制现金收入计算表，以反映销售所得现金数额。现金收入计算表应列示每月或每旬的现金收入额。

例10-1　甲公司只生产一种产品，销售单价为200元，预算年度内4个季度的销售量经测算分别为300件、600件、400件和450件。根据以往经验，销货款在当季可收到70%，其余部分将在下一季度收到。预计预算年度第1季度可收回上年第4季度的应收账款18 000元。

根据上述资料，首先编制销售预算表（见表10-3）。

表 10-3　　　　　　　　　　　甲公司销售预算表

2019 年度

季度		1	2	3	4	全年
预计销售量（件）	①	300	600	400	450	1 750
销售单价（元）	②	200	200	200	200	200
预计销售额（元）	③=①×②	60 000	120 000	80 000	90 000	350 000

根据销售预算及前期应收账款的收回及预计收到当期销货款的情况，编制预计现金收入计算表（见表10-4）。现金收入计算表是编制现金预算的依据。

表 10-4　　　　　　　　　　甲公司预计现金收入计算表

2019 年度　　　　　　　　　　　　　　　　　　　　　　单位：元

季度		1	2	3	4	全年
预计销售量（件）	①	60 000	120 000	80 000	90 000	350 000
收到上季应收销货款	②=上季①×30%	18 000	18 000	36 000	24 000	96 000
收到上季应收销货款	③=①×70%	42 000	84 000	56 000	63 000	245 000
现金收入合计	④=②+③	60 000	102 000	92 000	87 000	341 000

2. 生产预算

生产预算是为生产活动编制的预算，编制预算的主要依据是预算期全年及各季度的销售数量。计算方法为：

预计生产量=预计销售量+预计期末产成品存货量-预计期初产成品存货量

在进行生产预算时，不仅要考虑到企业的销售情况，同时还要考虑到预算期期初和期末的存货量，目的就是要尽可能地降低产品的单位成本，避免由于存货过多而造成的资金积压和浪费，或由于存货不足、无货销售而导致收入下降的情况发生。生产预算一般只确定预算期的预计产量，不涉及任何成本金额，故无须编制现金支出计算表。

例10-2　依【例10-1】的资料，如果甲公司期末存货量为下一季度销售量的10%，预算年度第1季度期初存货量为50件，预算年度期末存货量为40件。

根据销售预算的预计销售量和上述有关数据，可编制预算年度的生产预算表（见表10-5）。

表 10-5　　　　　　　　　　　甲公司生产预算表

2019 年度　　　　　　　　　　　　　　　　　　　　　　单位：件

季度		1	2	3	4	全年
预计销售量（件）	②	300	600	400	450	1 750
加：预计期末存货量	②=下季①×10%	60	40	45	40	40
减：期初存货量	③=上季②	50	60	40	45	50
预计生产量	④=①+②-③	310	580	405	445	1 740

生产预算表中的数据通常以实物计量，但是在多品种的情况下，也可以采用货币单位来计量。

3. 直接材料采购预算

预计生产量确定以后，按照单位产品的直接材料消耗量，同时考虑预计期初、期末的材料存货量，便可以编制直接材料预算：

预计直接材料采购量=预计生产量×单位产品耗用量+预计期末材料存货
−预计期初材料存货

根据计算所得到的预计直接材料采购量，不仅可以安排预算期内的采购计划，同时也可得到直接材料的预算额：

直接材料预算额=直接材料预计采购量×直接材料单价

为了便于编制财务预算，应在编制直接材料预算的同时编制现金支出计算表，表中各季度现金支出包括本季度采购现金支出和支付上季度采购款两个部分。

例10-3 依【例10-2】资料，如果甲公司所生产的产品只需要一种原材料，单位产品消耗原材料定额为4千克，每千克单位成本为12元，每季度末的材料存量为下一季度生产用量的30%，每季度的购料款当季付60%，其余款项在下一季度支付。预算年度第1季度应付上年第4季度赊购材料款为6 000元，估计预算年度期初材料存量为510千克，期末材料存量为500千克。

生产预算确定后，就可以根据预计的生产量和上述单位产品的材料消耗定额，及期初、期末的材料存量，编制材料采购预算表（见表10-6）。

表 10-6　　　　　　　　　　　甲公司材料采购预算表

2019 年度　　　　　　　　　　　　　　　　　　　单位：千克

季度		1	2	3	4	全年
预计生产量（件）	①	310	580	405	445	1 740
单位产品材料消耗定额	②	4	4	4	4	4
生产需要量	③=①×②	1 240	2 320	1 620	1 780	6 960
加：期末存量	④=下季③×30%	696	486	534	500	500
减：期初存量	⑤=上季④	510	696	486	534	510
材料采购量	⑥=③+④-⑤	1 426	2 110	1 668	1 746	6 950

在编制材料采购预算后，还要根据材料采购预算的预计材料采购量、单位成本和有关材料采购款的支付情况，编制材料采购现金支出计算表（见表10-7）。

表 10-7　　　　　　　　　　　甲公司材料采购现金支出计算表

2019 年度　　　　　　　　　　　　　　　　　　　单位：元

季度		1	2	3	4	全年
材料采购量（千克）	①	1 426	2 110	1 668	1 746	6 950
材料单位成本	②	12	12	12	12	12
预计材料采购额	③=①×②	17 112	25 320	20 016	20 952	83 400
应付上季赊购款	④=上季③×40%	6 000	6 844.8	10 128	8 006.4	30 979.20
应付本季现购款	⑤=③×60%	10 267.2	15 192	12 009.6	12 571.2	50 040
现金支出	⑥=④+⑤	16 267.2	22 036.8	22 137.6	20 577.6	81 019.2

4．直接人工预算

直接人工预算与直接材料预算相似，也是在生产预算的基础上进行的。直接人工预算编制的根据是：生产预算中的每季预算生产量、单位产品的工时定额、单位工时的工资率（包括基本工资、各种津贴及社会保险费等）。相关计算公式如下：

$$直接人工预算额=预计生产量×单位产品直接人工小时×小时工资率$$

例10-4 依【例10-3】的资料，如果甲公司在预算期内所需直接人工工资率均为5元，单位产品的定额工时为3小时，并且A公司以现金支付的直接人工工资均于当期付款。

根据所给的直接人工工资率、单位产品的定额工时和产品的预计生产量，就可以编制直接人工预算表（见表10-8）。

表 10-8 甲公司直接人工预算表

2019 年度

季度		1	2	3	4	全年
预计生产量（件）	①	310	580	405	445	1 740
单位产品工时定额（小时）	②	3	3	3	3	3
总工时用量（小时）	③=①×②	930	1 740	1 215	1 335	5 220
单位工时工资率（元）	④	5	5	5	5	5
预计直接人工成本（元）	⑤=③×④	4 650	8 700	6 075	6 675	26 100

5．制造费用预算

制造费用预算是除直接材料和直接人工以外的其他制造费用项目的计划。这些费用项目按照与生产量的相关性（即成本性态），通常可分为变动制造费用和固定制造费用两类。不同性态的制造费用，其预算的编制方法也完全不同。因此，在编制制造费用预算时，通常是将两类费用分别进行编制的。

变动制造费用与生产量之间存在着线性关系，因此其计算方法为：

$$变动制造费用预算额=预计生产量×单位产品预定分配率$$

固定制造费用与生产量之间不存在线性关系，其预算通常都是根据上年的实际水平，经过适当的调整而取得的。

为了便于编制财务预算，编制制造费用预算的同时，还要编制现金支出计算表，但要注意，有些制造费用不必在预算期支付现金，如折旧费等，因此这些费用不应被列入现金支出计算表。

例10-5 假定预测甲公司在预算期间的变动间接制造费用为31 320元（其中间接人工10 000元、间接材料8 000元、水电费12 000元、维修费1 320元），固定间接制造费用46 980元（其中管理人工工资12 000元、维护费4 980元、保险费10 000元、设备折旧费20 000元），其他条件同前例。甲公司的变动间接制造费用分配率按产量计算，以现金支付的各项间接制造费用均于当期付款。

根据所给条件，可求出变动间接制造费用分配率：

$$变动间接制造费用分配率=变动间接制造费用÷预算期生产总量$$

$$=31\ 320÷1\ 740=18$$

根据所求出的变动间接制造费用分配率可编制间接制造费用预计现金支出计算表（见表10-9）。

表 10-9　　　　　　　　甲公司间接制造费用预计现金支出计算表

2019 年度　　　　　　　　　　　　　　　　　　　　单位：元

季度		1	2	3	4	全年
预计生产量（件）	①	310	580	405	445	1 740
变动间接制造费现金支出	②=①×18	5 580	10 440	7 290	8 010	31 320
固定间接制造费用	③=46 980÷4	11 745	11 745	11 745	11 745	46 980
减：折旧	④=20 000÷4	5 000	5 000	5 000	5 000	20 000
间接制造费现金支出合计	⑤=②+③-④	12 325	17 185	14 035	14 755	58 300

6. 期末产成品存货预算

期末产成品存货不仅影响生产预算，而且其预计金额也直接对预计损益表和预计资产负债表产生影响，其预算方法为：先确定产成品的单位成本，然后将产成品的单位成本乘以预计的期末产成品存货量即可。

例10-6　假定预测甲公司在预算期间的变动销售及管理费用总计为3 500元，按销售量计算分配率；固定销售及管理费用为13 600元。

根据表10-3～表10-9的内容，可编制产品单位成本及期末存货预算表（见表10-10）。

表 10-10　　　　　　　　甲公司产品单位成本及期末存货预算表

2019 年度　　　　　　　　　　　　　　　　　　　　单位：元

成本项目		价格标准	用量定额	合计金额
直接材料	①	12 元/千克	4 千克	48
直接人工	②	5 元/工时	3 工时	15
制造费用	③=（31 320+46 980）÷1 740			45
产品单位成本	④=①+②+③			108
产品期末存货量（件）	⑤			40
产品期末存货成本	⑥=④×⑤			4 320

7. 销售成本预算

销售成本预算是在生产预算的基础上，按产品对其成本进行归集，计算出产品的单位成本，然后得到销售成本的预算，计算公式如下：

销售成本预算=产品单位成本×预计销售量

例10-7　依【例10-1】的资料，可编制销售成本预算表（见表10-11）。

表 10-11　　　　　　　　甲公司销售成本预算表

2019 年度

季度		1	2	3	4	全年
预计销售量（件）	①	300	600	400	450	1 750
单位成本（元）	②	108	108	108	108	108
预计销售额（元）	③=①×②	32 400	64 800	43 200	48 600	189 000

8. 销售费用预算

销售费用预算是为产品销售活动编制的预算。编制销售预算的主要依据是预算期全年各季度的销售量及各种有关的标准价格资料。

为了便于编制财务预算，在编制销售费用预算的同时还要编制现金支出计算表。

销售费用预算也可以和管理费用预算合并编制。

预算一定先编销售预算吗？

9. 管理费用预算

管理费用预算是为管理部门的行政管理活动编制的预算。管理费用分为固定费用和变动费用两部分，其中，固定费用再进一步区分为约束性固定费用和酌量性固定费用两类。约束性固定费用是为了完成基本生产经营职能而必须发生的费用，通常包括管理人员工资、福利费、房屋租金、房屋折旧等。这部分费用的预算编制应该本着人员精简、经费节约的原则。酌量性固定费用包括会议费、广告费、差旅费、日常办公费用等。这部分费用的预算编制应充分考虑效率、节约的原则，具体编制方法为：可以根据实际情况采用增量预算法或零基预算法。

根据上述条件及前述例子中的资料，可编制销售及管理费用预算表（见表 10-12）。

表 10-12 　　　　　　　　　　　甲公司销售及管理费用预算表

季度		2019 年度				单位：元
		1	2	3	4	全年
预计销售量（件）	①	300	600	400	450	1 750
变动销售及管理费用分配率	②=3 500÷1 750	2	2	2	2	2
变动销售及管理费用现金支出	③=②×①	600	1 200	800	900	3 500
固定销售及管理费用现金支出	④=13 600÷4	3 400	3 400	3 400	3 400	13 600
现金支出总额		4 000	4 600	4 200	4 300	17 100

10.3.2 资本预算

资本预算是指企业为那些在预算期内不经常发生的投资项目、筹资活动或一次性的专门业务活动（如股利分配）所编制的预算，主要包括根据投资决策所编制的投资预算、根据企业竞争战略和发展需要而编制的筹资预算、依据预算期经营成果的预测而编制的股利分配预算、研究与开发预算等。

其中，投资预算是资本预算最常见和最重要的部分，是根据各投资项目（如购置固定资产、无形资产等活动）所编制的预算，需要详细列出该项目在生命周期内的各个年度的现金流出量和现金流入量的明细资料。它的格式和内容较为复杂，需要企业结合实际情况进行设计（见表 10-13～表 10-15）。投资预算包括对外投资预算和对内投资预算。

表 10-13 　　　　　　　　　　　甲公司工程项目支出概算总表

2019 年度 　　　　　　　　　　　　　　　　　　　　　　　　　　单位：元

项目	预算	实际	差异
A 项目			
B 项目			
C 项目			
合计			

表 10-14 甲公司 A 工程项目支出预算表

2019 年度 单位：元

项目	预算	实际	差异
工资及福利			
材料			
设备			
建安费用			
其他			
合 计			

表 10-15 甲公司 A 项目工程进度报告书

2019 年度 单位：元

项目	预算		实际		差异	
	时间	费用	时间	费用	时间	费用
开始日期						
-甲阶段						
-乙阶段						
-丙阶段						
完工日期						
合 计						

10.3.3 财务预算

财务预算是反映企业在预算期内有关现金收支、经营成果和财务状况的预算。财务预算是在经营预算和资本预算的基础上，按照一般会计原则和方法编制出来的。这样，财务预算就成为各项经营业务和资本决策的整体计划，故也称"总预算"；各种业务预算和资本预算，就称为"分预算"。财务预算主要包括现金预算、预计资产负债表、预计利润表、预计现金流量表。

1. 现金预算

现金预算是所有有关现金收支预算的汇总，通常包括现金收入、现金支出、现金多余或现金不足，以及资金的筹集与应用等四个组成部分。现金预算是企业现金管理的重要工具，有助于企业合理地安排和调动资金，降低资金的使用成本。

例10-8 假定甲公司预计在第1季度花费94 000元购置设备。期末现金余额不得少于20 000元，否则将向银行借款，借款利率为年息10%。预计预算期期初现金余额为45 000元。预算期按季度编制现金预算。

根据上述资料和【例10-7】中的各项预算的数据，可编制现金预算表（见表10-16）。

表 10-16 　　　　　　　　　　　甲公司现金预算表

2019 年度　　　　　　　　　　　　　　　　　　　单位：元

季度	1	2	3	4	全年
期初现金余额	45 000	26 257.8	58 236	86 288.4	45 000
加：现金收入（表 10-4）					
收回赊销款和现销收入	60 000	102 000	92 000	87 000	341 000
可动用现金合计	10 5000	128 257.8	150 236	173 288.4	386 000
减：现金支出					
直接材料（表 10-7）	16 267.2	22 036.8	22 137.6	20 577.6	81 019.2
直接人工（表 10-8）	4 650	8 700	6 075	6 675	26 100
间接制造费用（表 10-9）	12 325	17 185	14 035	14 755	58 300
销售和管理费用（表 10-12）	4 000	4 600	4 200	4 300	17 100
购置设备	94 000				94 000
支付所得税	17 500	17 500	17 500	17 500	70 000
现金支出合计	148 742.2	70 021.8	63 947.6	63 807.6	346 519.2
现金节余或不足	（43 742.2）	58 236	86 288.4	109 480.8	39 480.8
筹措资金					
向银行借款	70 000				70 000
归还借款				70 000	70 000
支付利息				7 000	7 000
期末现金余额	26 257.8	58 236	86 288.4	32 480.8	32 480.8

2．预计资产负债表

预计资产负债表反映的是企业预算期期末各账户的预计余额，企业管理当局可以据此了解到企业未来期间的财务状况，以便采取有效措施，防止企业不良财务状况的出现。

预计资产负债表是在预算期期初资产负债表的基础上，根据经营预算、资本支出预算和现金预算的有关结果，对有关项目进行调整后编制而成的。

例10-9 假定甲公司预算期初的资产负债表（见表10-17）。

表 10-17 　　　　　　　　　甲公司 2019 年期初资产负债表　　　　　　　单位：元

流动资产		流动负债	
现金	45 000	应付账款	6 000
应收账款	18 000	长期负债	
原材料存货	6 120	负债合计	6 000
产成品存货	5 400		
合计	74 520		
固定资产		所有者权益	
土地	60 000	实收资本	200 000
房屋及设备	240 000	盈余公积	128 520
减：折旧	40 000	所有者权益合计	328 520
合计	260 000		
资产总计	334 520	负债及所有者权益总计	334 520

根据表10-17和10.3.1节中的各例的数据，可编制出预计资产负债表和预计利润表（见表10-18、表10-19）。

表 10-18
甲公司预计资产负债表

2019 年 12 月 31 日
单位：元

流动资产			
现金	①	表 10-16	32 480.8
应收账款	②=90 000×30%	表 10-3	27 000
原材料存货	③=500×12	表 10-6，表 10-7	6 000
产成品存货	④	表 10-10	4 320
合计	⑤=①+②+③+④		69 800.8
固定资产			
土地	⑥=60 000		60 000
房屋及设备	⑦=240 000+94 000	表 10-16	334 000
减：折旧	⑧=40 000+20 000	表 10-9	60 000
合计	⑨=⑥+⑦-⑧		334 000
资产总计	⑩=⑤+⑨		403 800.8
流动负债			
应付账款	a=20 952×40%	表 10-7	8 380.8
长期负债			
负债合计	b=a		8 380.8
所有者权益			
实收资本	c		200 000
盈余公积	d=128 520+66 900		195 420
所有者权益合计	e=c+d		395 420
负债及所有者权益总计	f=b+e		403 800.8

表 10-19
甲公司预计利润表

2019 年度
单位：元

销售收入	①	（表 10-4）	350 000
减：销售成本	②=1 750×108	（表 10-11）	189 000
销售毛利	③=①-②		161 000
减：销售及管理费用	④	（表 10-12）	17 100
营业净利润	⑤=③-④		143 900
减：利息费用	⑥	（表 10-16）	7 000
税前利润	⑦=⑤-⑥		136 900
减：所得税	⑧	（表 10-16）	70 000
净利润	⑨=⑦-⑧		66 900

3．预计利润表

预计利润表（见表10-19）是在上述各经营预算的基础上，按照权责发生制的原则编制的，其编制方法与编制一般财务报表中的利润表相同。预计利润表揭示的是企业未来的盈利情况，企业管理当局可据此了解企业的发展趋势，并适时调整其经营策略。

4. 预计现金流量表

预计现金流量表反映预算期现金流量变动情况及结果，是根据各项业务预算、专门预算和其他预算编制的。

10.4　预算编制方法

预算编制方法各有其特点和适用性，把握预算编制方法的根本在于其适用性。

1. 零基预算

零基预算的全称为"以零为基础编制的计划和预算"，主要用于对各项费用的预算，其主要特点是各项费用的预算数完全不受以往费用水平的影响，而是以零为起点，根据预算期企业实际经营情况的需要，并按照各项开支的重要程度来编制预算。

零基预算的编制步骤如下。

（1）确定预算期的生产经营目标，如利润目标、销售目标或生产目标等，以便于各部门据此制订各项固定费用的支出方案。

（2）对预算期各项费用的支出方案进行成本—效益分析及综合评价，权衡轻重缓急，划分成不同等级并排出先后顺序。

（3）按照已排出的等级和顺序，并根据企业预算期可用于费用开支的资金数额分配资金，落实预算。

例10-10　A公司采用零基预算法编制预算期2018年度的销售及管理费用预算，基本编制程序如下。

首先，企业销售及管理部门根据预算期利润目标及销售目标等，经讨论、研究，确定出2018年所需发生的费用项目及支出数额为：

1.	保险费	3 000万元
2.	广告费	5 000万元
3.	租金	1 500万元
4.	办公费	7 000万元
5.	差旅费	2 000万元
6.	培训费	5 000万元
	合计	23 500万元

其次，对各费用项目中属于选择性固定成本的广告费、培训费参照历史经验，经过成本效益分析，得到的结果如表10-20所示。

表 10-20　　　　　　　　　　　成本效益分析表

项目	成本（万元）	收益（万元）	成本收益率
广告费	1	40	1∶40
培训费	1	25	1∶25

然后，将所有费用项目按照性质和轻重缓急，排出开支等级及顺序。

第一等级：保险费、租金、办公费和差旅费，属于约束性固定成本，为预算期必不可少的开支，应全额得到保证。

第二等级：广告费，属于选择性固定成本，可以根据预算期企业资金供应情况酌情增减，但由于广告费的成本收益率高于培训费，因而列入第二等级。

第三等级：培训费，也属于选择性固定成本，根据预算期企业资金供应情况酌情增减，但由于培训费的成本收益率小于广告费，因而列入第三等级。

最后，如果A公司预算期可用于销售及管理费用的资金数额为21 000万元，则可以根据所排列的等级和顺序分配落实预算资金。

第一等级的费用项目所需资金应全额满足：

1. 保险费		3 000万元
2. 租金		1 500万元
3. 办公费		7 000万元
4. 差旅费		2 000万元
合计		13 500万元

剩余的可供分配的资金数额为7 500（21 000-13 500）万元，按成本收益率的比例分配广告费和培训费，则广告费可分配资金为：

$$7\ 500 \times 40 \div (40+25) = 4\ 615（万元）$$

培训费可分配资金为：

$$7\ 500 \times 25 \div (40+25) = 2\ 885（万元）$$

与传统预算方法相比，零基预算不是以承认现实的基本合理性为出发点，而是以零为起点，从而避免了原来不合理的费用开支对预算期费用预算的影响，因而具有能够充分合理、有效地配置资源，以及减少资金浪费的优点，特别适用于那些较难分辨其产出的服务性部门。但是，零基预算的方案评级和资源分配具有较大的主观性，容易引起部门间的矛盾。

2. 固定预算

固定预算不考虑预算期内业务水平可能发生的变动，只按预算期内某一预估的业务量（如产量、销售量、利润等）水平编制预算。上节编制经营预算时，采用的就是固定预算的编制方法。固定预算适用于业务量稳定的企业或企业内部的职能部门（见图10-5）。

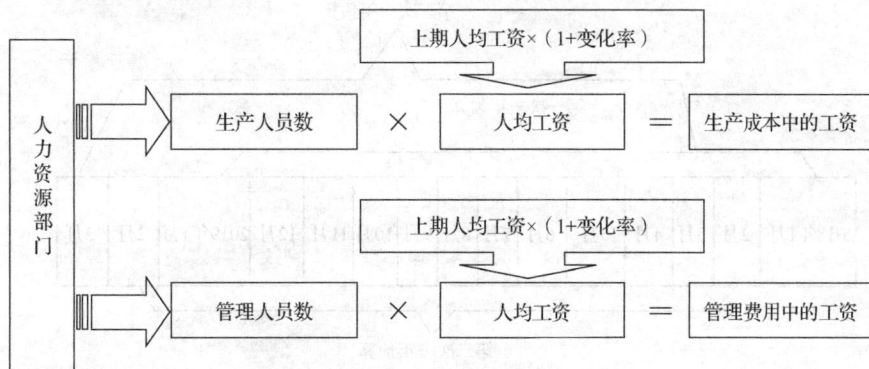

图 10-5 工资费用预算的影响与确定

3．弹性预算

由于市场等因素的影响，预算期的各项指标（如销售量、售价，及各种变动成本费用等）都可能发生变化。弹性预算就是充分考虑到预算期各项指标可能发生的变化，而编制出的能适应不同变化情况的预算，从而使得预算对企业预算期的实际情况更加具有针对性，这种预算方法也称作动态预算。

在实际工作中，可以根据企业当时的实际业务情况选择执行相应的预算，并按此预算对各部门的预算执行情况进行评价与考核。可见，弹性预算比固定预算更便于区分和落实责任。

例10-11 设A公司预算期产品销售单价为200元，单位变动成本为80元，固定成本总额为46 600元。A公司充分考虑了预算期产品销售量发生变化的可能，因而，分别编制出销售量为1 550件、1 650件、1 750件、1 850件和1 950件时的弹性利润预算表（见表10-21）。

表 10-21 　　　　　　　　　　　　A 公司弹性利润预算表

2019 年度　　　　　　　　　　　　　　　　　　单位：元

销售量（件）	1 550	1 650	1 750	1 850	1 950
销售收入（单价 200 元）	310 000	330 000	350 000	370 000	390 000
减：变动成本 （单位变动成本 80 元）	124 000	132 000	140 000	148 000	156 000
边际贡献	186 000	198 000	210 000	222 000	234 000
减：固定成本	46 600	46 600	46 600	46 600	46 600
营业净利	139 400	151 400	163 400	175 400	187 400

4．滚动预算

滚动预算也叫"永续预算"或"连续预算"。它与一般预算的重要区别在于其预算期不是固定在某一期间（一般预算的预算期通常是一年，并且保持与会计年度相一致）。它的预算期一般也是一年，但是每执行完 1 个月后，就要将这个月的经营成果与预算数相对比，从中找出差异及原因，并据此对剩余 11 个月的预算进行调整，同时自动增加 1 个月的预算，使新的预算期仍旧保持为一年。滚动预算示意图如图 10-6 所示。

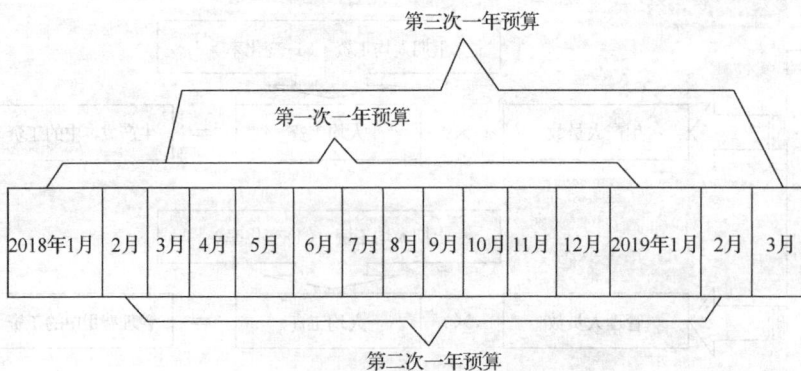

图 10-6　滚动预算示意图

滚动预算的编制基本上是按其他的预算方法进行，但是它对近期 3 个月内的预算比较详细具体，而对其后 9 个月的预算则较为笼统，因为远期的市场等因素一般较难预测。

滚动预算在执行过程中，由于随时对预算进行调整，从而可以避免由于预算期过长导致预算脱离实际、无法指导实际工作的情况的发生。并且滚动预算长期保持一年的预算期，使企业管理当局对企业的未来有一个较为稳定的视野，有利于保证企业的经营管理工作能稳定、有序地进行。但是，滚动预算的延续工作将耗费大量的人力、物力，代价较大。

🎞 思考题

1. 在确定预算标准时，往往存在讨价还价现象，从而出现："鞭打快牛""一天轻松，一年难过；一天难过，一年轻松"的现象。你认为应该如何确定预算标准才能解决预算松弛或预算过严的问题？

2. 有人说：在编制预算的过程中，上下级之间往往处于对立面，因而出现了："一刀切""头戴三尺帽，不怕砍三刀"及"期末狂欢"的现象。你认为怎么做才能解决预算协调的问题？

3. 有人说："永远不变的是变化"，以至于"年度预算，编制一年"，预算编制"耗时耗力，得不偿失"。你对此有何感想？怎样才能解决环境变动下的预算管理有效性问题？

4. 一个企业只能采用一种预算编制方法吗？为有效控制企业的经营活动和结果，企业能否结合使用各种预算编制方法？试结合不同类型企业进行思考。

5. 预算对企业中的每个人，包括预算编制者、使用预算进行决策者以及预算被评价者可能产生哪些行为影响及道德问题？

◎ 练习题

假设现金在期末的最低余额为 5 000 元，银行借款起点为 1 000 元，贷款利息每年为 5%，还本时付息。

要求： 将表 10-22 中的空缺数据按照其内在的联系填补齐全。

表 10-22　　　　　　　　　　　现金预算表　　　　　　　　　　　单位：元

项目	1 季度	2 季度	3 季度	4 季度	全年
期初现金余额	4 500				
加：现金收入	10 500		20 000		66 500
可动用现金合计					
减：现金支出					
直接材料费用	3 000	4 000	4 000		15 000
直接人工费用		1 500			
间接制造费用（付现）	1 200	1 200	1 200	1 200	
销售和管理费用	1 000	1 000	1 000	1 000	4 000

项目	1 季度	2 季度	3 季度	4 季度	全年
购置设备	5 000	—	—	—	
支付所得税	7 500	7 500	7 500		30 000
现金支出合计	19 000		15 300		64 800
现金多余或不足					
筹措资金					
向银行借款		1 000			
归还借款			5 000	5 000	
支付利息					
期末现金余额		5 800			

第11章
业绩考评

⭐ 学习目标

1. 了解以企业为主体的业绩考评指标的优缺点，并明确它对改进业绩考评所起的桥梁作用。
2. 了解责任中心的实质，掌握不同责任中心业绩考评的思路和方法。
3. 了解EVA的经济内涵，掌握EVA业绩考评的思路和方法。
4. 掌握平衡计分卡的评价思路和方法，并能在工作中加以应用。
5. 掌握不同考评对象的特点，为全面掌握业绩考评奠定基础。

📑 引导案例

2018年年初，甲公司正在进行2017年度考核。甲公司的子公司2017年实现利润从2016年的3 500万元增加到5 000万元，利润率也提升为12%。甲公司的总经理在肯定子公司所取得的进步的同时，强调还有潜力可挖。例如，资产占有量大，资产创利能力弱；在利用负债杠杆方面距行业平均水平仍有差距；虽然利润率提升到12%，只能说明比过去做得好，但距行业平均利润率15%仍有差距……那么，甲公司的子公司怎么做才能做得更好呢？

11.1 以企业为主体的业绩考评

基于委托代理理论和激励理论，企业的所有者要对企业进行考评。而以企业为主体的业绩考评主要表现为所有者对企业最高管理层进行的业绩考评，也表现为集团公司对子公司、分公司进行业绩考评。

委托代理理论　激励理论

11.1.1 基于利润的业绩考评指标

非上市公司的业绩考评指标主要包括营业利润率、成本费用利润率、投资报酬率、净资产收益率和资产报酬率等，而上市公司则经常采用每股收益、每股股利等指标。

1. 营业利润率

营业利润率是企业一定时期营业利润与营业收入的比率，其计算公式为：

$$营业利润率 = \frac{营业利润}{营业收入} \times 100\%$$

营业利润率越高，表明企业的市场竞争力越强，发展潜力越大，盈利能力越强。在实务中，经常使用销售毛利率、销售净利润率等指标替代营业利润率来分析企业经营业务的获利水平。相关计算公式分别为：

$$销售毛利率 = \frac{销售毛利额}{销售收入总额} \times 100\%$$

$$销售净利润率 = \frac{销售净利润}{销售收入} \times 100\%$$

2. 成本费用利润率

成本费用利润率是企业一定时期利润总额与成本费用总额的比率，其计算公式为：

$$成本费用利润率 = \frac{利润总额}{成本费用总额} \times 100\%$$

成本费用利润率越高，表明企业为取得利润而付出的代价越小，资源利用效率越高，盈利能力越强。

3. 投资报酬率

投资报酬率是企业某投资项目年平均利润与项目投资总额的比率，表明企业项目投资的综合收益效果，其计算公式为：

$$投资报酬率 = \frac{年平均利润}{项目投资总额} \times 100\%$$

一般情况下，投资报酬率越高，表明企业项目的投资效益越好。

4. 净资产收益率

净资产收益率是企业一定时期净利润与平均净资产的比率，反映企业投资者的投资收益水平，其计算公式为：

$$净资产收益率 = \frac{净利润}{平均净资产} \times 100\%$$

一般认为，净资产收益越高，企业投资者获取收益的能力就越强，运营效益就越好，对企业投资人、债权人利益的保证程度越高。

5. 资产报酬率

资产报酬率是一定时期企业利润总额与平均资产总额之间的比率，反映企业总资产的中综合利用水平和综合收益水平，其计算公式为：

$$资产报酬率 = \frac{利润总额}{平均资产总额} \times 100\%$$

在市场经济条件下，各行业间竞争比较激烈，企业的资产报酬率越高，说明企业的总资产利用效果好；反之越差。

11.1.2 基于净资产收益率的业绩考评体系

杜邦分析法利用主要财务比率之间的关系进行综合分析，既全面体现企业整体财务状况，又指出指标与指标之间及指标与报表之间的内在联系，其基本思想是将企业净资产收益率逐级分解为多项财务比率的乘积，从而深入分析和比较企业经营业绩。

帕利普财务分析体系

杜邦分析体系的基本框架如图 11-1 所示。

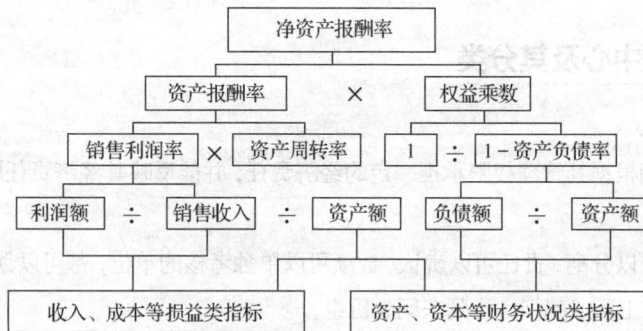

图 11-1 杜邦分析体系框架图

杜邦分析法的基本思路如下。

（1）净资产报酬率是杜邦分析系统的核心，反映了股东投资的获利能力及企业筹资、投资和生产运营等各方面经营活动的效率。净资产报酬率的高低取决于企业资产报酬率和权益乘数：资产报酬率反映企业运用资产进行生产经营活动的效益水平，而权益乘数则主要反映企业对负债的利用情况，即企业资金来源结构的合理性。

（2）资产报酬率的高低取决于销售利率和资产周转率的高低。资产周转率反映总资产的周转速度，对资产周转率的分析需要对影响资产周转的各因素进行分析，以判明影响公司资产周转的主要问题在哪里。销售利润率反映销售收入的收益水平。提高价格、扩大销售收入、降低成本费用是提高企业销售利润率的根本途径，而扩大销售同时也是提高资产周转率的必要条件和途径。

（3）权益乘数表示企业的负债程度，反映了公司利用财务杠杆进行经营活动的程度。资产负债率高，权益乘数就大，说明公司负债程度高，公司会有较多的杠杆利益，但风险也高；反之，资产负债率低，权益乘数就小，说明公司负债程度低，公司会有较少的杠杆利益，但相应所承担的风险也低。

11.1.3 基于利润的业绩考评的优缺点

1. 优点

基于利润进行业绩考评至少有三个优点：（1）反映了企业商品生产的盈利本质；（2）反映实现的价值，产品卖出去才有收入、成本、利润；（3）反映收入大于成本的盈利状况。

2. 缺点

利润的实现和计算依赖于历史信息，无法体现企业未来的发展状况，并且在追求利润的过程中可能造成短视行为，忽略风险，无法全面反映企业的长远利益。

例如，为增加当期利润而不进行长期投资或固定资产更新，不进行技术研发投资，不进行品牌建设或维护等。

11.2 以责任中心为主体的业绩考评

在大企业或企业集团，为充分发挥各级、各单位的主动性和能动性，往往按其承担的责任进行考核，从而形成以责任中心为主体的业绩考评。

11.2.1 责任中心及其分类

1. 责任中心

责任中心是指根据其管理权限承担一定的经济责任，并能反映其经济责任履行情况的企业内部责任单位。

凡是管理上可以分离、责任可以辨认、成绩可以单独考核的单位，都可以划分为责任中心，大到分公司、地区工厂或部门，小到车间、班组。

责任中心将企业经营体分割成拥有独自产品或市场的多个绩效责任单位，然后将总部的管理责任授权给这些单位之后，通过客观性的业绩考评指标体系，实施必要的业绩衡量与奖惩，以期达成企业设定的经营成果的一种管理制度。

2. 责任中心的分类

按照责任对象的特点和责任范围的大小，责任中心可以分为成本（费用）中心、利润中心和投资中心。图 11-2 所示为一个石油化工企业的责任组织结构。通过这张图，我们可以清楚地了解责任中心在一般企业中的划分。

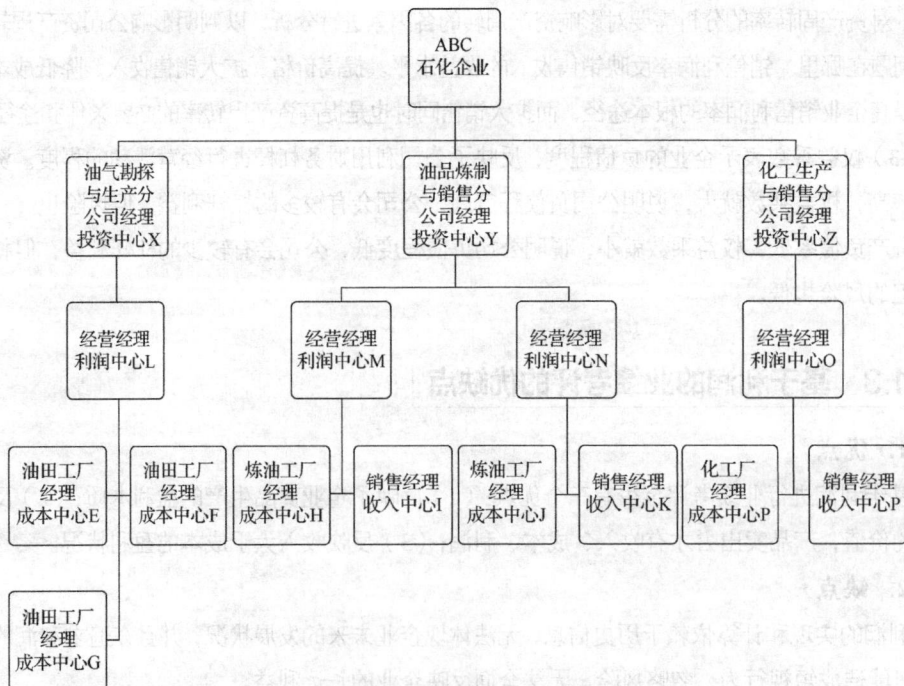

图 11-2　责任组织结构图

（1）成本（费用）中心。成本（费用）中心是指只发生成本（费用）而不取得收入的责任单位。成本（费用）中心只考核责任成本，不考核其他内容。

成本（费用）中心只对其可控成本负责。一般来讲，可控成本应同时符合以下三个条件：①责任中心能够通过一定的方式了解将要发生的成本；②责任中心能够对成本进行计量；③责任中心能够通过自己的行为对成本加以调节和控制。凡是不能同时符合上述三个条件的成本通常为不可控成本，一般不在成本（费用）中心的责任范围之内。

（2）利润中心。利润中心是指既要发生成本，又能取得收入，还能根据收入与成本配比计算利润的责任单位。

可控收入减去可控成本就是利润中心的可控利润，也是利润中心的责任利润。对利润中心业绩进行考核的重要指标是其责任利润。如果利润中心获得的利润中有该利润中心不可控因素的影响，则必须进行调整。将利润中心的实际责任利润与责任利润预算进行比较，可以反映出利润中心责任利润预算的完成情况。

（3）投资中心。投资中心是指既要发生成本又能取得收入、获得利润，还有权进行投资的责任单位。显然，该责任中心不仅要对责任成本、责任利润负责，还要对投资的收益负责。投资中心应拥有完整的或较大的生产经营权，其相当于独立核算的企业，或总公司下属的独立核算的分公司或分厂等。

11.2.2 内部结算价格

为了分清经济责任，各责任中心之间的经济往来应当按照等价交换的原则实行"商品交换"。各责任中心在相互提供产品（或劳务，下同）时，要按照一定的价格，采用一定的结算方式进行计价结算。这种计价结算并不真正动用企业的货币资金，而是一种观念上的货币结算，是一种资金限额指标的结算。计价结算过程中使用的价格，称为内部结算价格。

内部结算价格的制定应贯彻公平性原则，对于具有前后"传递性"关系的责任中心来说，可以使它们在公平、合理、对等的条件下努力工作。同时，既要考虑有关责任中心的利益，更要考虑企业的总体利益，并且尽量使两者的利益保持一致。

责任会计中的内部结算价格大体上有以下六种类型可供选择。

（1）计划制造成本型内部结算价格，即将制造成本法下的计划单位成本作为内部结算单价，其优点是：将责任成本核算与产品成本核算有机地联系起来，能有效避免虚增成本的现象的出现；各责任中心占用的资金也没有虚增数额，便于资金预算的分解落实；将责任中心完工产品实际成本与按这类内部结算价格计价的"收入"进行比较，可以明确反映责任中心的成本节约或超支。不足之处在于：没有与各责任中心真正创造的利润联系起来。

（2）计划变动成本型内部结算价格，即以单位产品的计划变动成本作为内部结算单价，其优点是：符合成本性态，能够明确揭示成本与产量之间的关系；能够正确反映责任中心的成本节约或超支，便于合理考核各责任中心的工作业绩；有利于企业及各责任中心进行生产经营决策，可以根据产品变动成本和售价，决定是否接受订货进行生产。不足之处在于：产品成本中不包括固定成本，因而不能反映劳动生产率的变化对产品单位成本中固定成本的影响，从而割裂了固定成本与产量之间的内在联系，也不利于调动各责任中心增加产量的积极性。

（3）计划变动成本加计划固定总成本型内部结算价格，即内部结算价格由两部分构成：一部分是产品的计划变动成本，另一部分是计划固定总成本。采用这类内部结算价格进行结算时，相互提供的产品按照数量和单位产品计划变动成本计价结算，计划固定总成本则按月进行结算。这类内部结算价格除包含前述计划变动成本型内部结算价格的优点外，还因将计划固定总成本由提供产品的责任中心转移给接受产品的责任中心，从而合理体现转移产品的劳动耗费，便于各责任中心正确计算产品成本。不足之处在于：较难合理地确定计划固定总成本。

（4）计划制造成本加利润型内部结算价格，即以单位产品的计划制造成本加上一定比例的计划单位利润作为内部结算单价，其优点是：包含一定数量的利润额，责任中心在增加产量时，即使没有降低成本，也可以增加利润，有利于调动各责任中心增加产量的积极性，克服了前述各种成本型内部结算价格的缺点。不足之处在于：计算的利润不是企业真正实现的利润，表现为扩大了的产品成本差异，要作为产品成本差异进行调整，就会增大产品成本差异率，使产品成本核算不够真实；由于产品成本差异的调整，相应地加大了成本核算工作量，还会虚增各责任中心的资金流入量，因而也会使各责任中心的资金占用额虚增，不便于进行资金计划的纵向分解。

（5）市场价格型内部结算价格，即以单位产品的市场销售价格作为内部结算单价，在提供产品的责任中心的产品能够对外销售，以及接受产品的责任中心所需的产品可以外购的情况下，以市场价格作为内部结算价格，能够较好地体现公平性原则；各责任中心计算的利润就是企业实现的利润，有利于促使各责任中心参与市场竞争，加强生产经营管理，这无疑是市场价格型内部结算价格的优点。不足之处在于：在市场价格不能合理确定的情况下，可能导致各责任中心之间的苦乐不均。

（6）双重内部结算价格，即提供产品的责任中心转出产品与接受产品的责任中心转入产品，分别按照不同的内部结算价格结算，相关差额由会计部门进行调整。例如，成本中心与利润中心之间相互提供产品，成本中心可以采用某种成本型内部结算价格计价，利润中心则可以采用某种包括利润的内部结算价格计价；又如，采用制造成本法计算产品成本的责任中心与采用变动成本法计算产品成本的责任中心之间相互提供产品，前者可以采用计划制造成本型内部结算价格计价，后者则可以采用计划变动成本型内部结算价格计价。由此可见，采用双重内部结算价格可以根据各责任中心的特点，在一项往来结算业务中，选用不同的内部结算价格，满足各自管理的要求。

11.2.3　成本中心的业绩考评

成本中心是指在履行职责时，只耗费资源却不能产生收入或购买资产的组织部门。任何发生成本的责任范围都可以成为成本中心。成本中心只负责控制和报告成本，并按照这一要求来确定自己的组织结构和任务。例如，在图 11-2 中，化工厂经理能够制定有关材料、人工和制造费用等决策，却不能决定化工产品的销售价格和促销手段。

由于成本中心只对所报告的成本或费用承担责任，所以成本中心业绩考评的主要指标是生产效率、标准成本与成本差异的报告等。责任成本差异是指责任成本实际数额与责任成本预算之间的差额，其反映了责任成本预算的执行结果。责任成本考核是对责任成本预算指标完成情况所进行的考察、审核，以及对责任成本中心的工作绩效所进行的评价。为此，成本中心业绩考评的主要指标是责任成本及其增减额、升降率和与其作业相关的非财务指标等。

$$成本增减额=实际成本额-预算成本额$$

$$成本升降率=\frac{成本增减额}{预算成本额}$$

例11-1 假设ABC石化企业的油气勘探与生产分公司下面有E、F、G三个成本中心，三个成本中心某日的责任成本预算值分别为50 000元、60 000元、70 000元，可控成本实际发生额分别为48 500元、62 500元、69 500元。根据上述公式计算得到表11-1内的数据。

表 11-1　　　　　　　　　　　　　　　　责任成本预算完成情况表　　　　　　　　　　　　　　单位：元

成本中心	预算	实际	增减额	升降率（%）
E	50 000	48 500	-1 500	-3
F	60 000	62 500	2 500	4.17
G	70 000	69 500	-500	0.71

显然，在三个成本中心中，E成本中心的实际成本比预算节约3%，所以E中心的成本预算完成情况最好，而F成本中心的成本完成情况最差。在对成本中心的预算完成情况进行考核时应该注意，如果实际产量与预算产量不一致，应该首先区分固定成本和变动成本，再按照弹性预算的方法调整预算指标，然后进行上述计算、分析和比较。

责任成本考核与评价通过责任成本差异指标考核各责任成本中心的责任成本预算执行情况。考核时既要考核责任成本预算差异，以揭示各项成本的支出水平，评价各责任成本中心降低成本支出的绩效，又要考核责任成本产量差异，以揭示各责任成本中心通过增加产量形成的成本相对节约额，促使责任成本中心寻求降低成本的途径。分析责任成本预算完成情况的方法，与责任成本核算的内容与方法密切相关。各职能管理部门主要核算期间费用，因而主要采用差异分析法确定当期期间费用支出总额和各项费用支出的节约或超支，并分析其具体原因。供应部门主要核算材料采购成本，因而主要采用差异分析法确定当期材料采购成本支出总额和各种材料采购成本支出的节约或超支额，并分析具体原因。

11.2.4　利润中心的业绩考评

利润中心是组织中对实现销售以及控制成本负责的一个部门。利润中心管理人员一般要负责产品定价、决定产品组合以及监控生产作业。由于利润中心的管理人员有权制定资源供应决策并有自行定价的权力，因此，在对利润中心进行业绩考评时，要充分考虑利润中心经理行使相应的决策权力所涉及的方面。例如，在图11-2中，ABC石化企业有四个经营经理对各自的利润中心负责。

利润中心的类型包括自然利润中心和人为利润中心两种。自然利润中心具有全面的产品销售权、价格制定权、材料采购权及生产决策权。人为利润中心也有部分的经营权，能自主决定利润中心的产品品种（含劳务）、产品产量、作业方法、人员调配、资金使用等。一般来说，企业只要能够制定出合理的内部转移价格，就可以将大多数生产半成品或提供劳务的成本中心改造为人为利润中心。

对利润中心工作业绩进行考核的重要指标是其可控利润，即责任利润。如果利润中心获得的利润中有该利润中心不可控因素的影响，则必须进行调整。将利润中心的实际责任利润与责任利润预算进行比较，可以反映出利润中心责任利润预算的完成情况。

利润中心的考核指标具体包含毛利、贡献毛益和营业利润。

1. 毛利

毛利=销售收入净额-销售产品成本

毛利包含利润中心管理者所能控制的销售收入和销售产品成本，但不包含经营费用。因此，在采用这一考核指标时，必须注意由于毛利增加而引起的经营费用的增加。如果毛利的增加会引起营业费用更大幅度地增加，使企业净收益减少，就违背了目标一致性的原则，这是不可取的。

例11-2 承【例11-1】，ABC石化企业的油品炼制和销售分公司有两个利润中心M和N。若以毛利作为评价业绩指标，则两个利润中心的责任预算如表11-2所示。

表 11-2　　　　　　　　　　　利润中心的责任预算表　　　　　　　　　　单位：元

利润中心	M	N	合计
销售净额	435 000	3 131 450	3 566 450
期初存货	90 000	600 000	690 000
本期生产	260 000	2 150 000	2 410 000
减：期末存货	55 000	447 000	502 000
销售成本	295 000	2 303 000	2 598 000
毛利	140 000	828 450	968 450

2. 贡献毛益

贡献毛益=销售净额-销售成本-部门直接费用

考察部门贡献毛益首先要区分直接费用和间接费用。直接费用是指那些由于特定部门的业务所引起的、能直接归属于该部门的费用。如直接费用包括生产人员工资、折旧费等。间接费用是指由企业整体受益而不能直接归属于某一部门的费用。

与采用毛利指标相比，贡献毛益指标对利润中心进行业绩考评有明显的优越。首先贡献毛益把各部门可以影响和控制的一部分经营费用记到各部门的账上，使这些费用的减少既有利于各利润中心毛益的增加，也有利于企业净收益的增加，保持了利润中心目标和企业总目标的一致。例如，一个企业租用办公室，如果只对使用办公室的各部门考核毛利，租金作为共同费用可以不进行分配，这就使各部门为了方便、舒适多占用面积，而不考虑节约费用；反之，如果对各部门考核贡献毛益，将租金按照各部门的占用面积作为直接费用由各部门分别负担，则会促使各部门自觉地考虑如何充分利用可使用面积。其次，采用贡献毛益指标还有利于高层管理者进行部门间的横向比较。当某一部门亏损时，只要它能够创造贡献毛益，在没有更优方案的前提下，该部门就应该保留。

例11-3 承【例11-2】，假设ABC石化企业的油品炼制和销售分公司将直接人员工资、广告费、折旧费归为直接费用，可以直接归属于两个利润中心M和N；其余各项费用均为间接费用，不再分配。若以部门贡献毛益为评价指标体系，则两个利润中心的责任预算如表11-3所示。

表 11-3　　　　　　　　　　利润中心的责任预算表　　　　　　　　　单位：元

利润中心	M	N	合计
销售净额	435 000	3 131 450	3 566 450
减：销售成本	295 000	2 303 000	2 598 000
毛利	140 000	828 450	968 450
减：部门直接费用	72 870	441 940	514 810
其中：人员工资	44 050	208 000	252 050
租金	11 925	88 950	100 875
折旧费	16 895	144 990	161 885
部门毛益贡献	67 130	386 510	453 640

3. 营业利润

营业利润=销售净额-销售成本-部门直接费用-部门间接费用

营业利润是在部门贡献毛益的基础上减去各部门应负担的全部营业费用以后的余额。营业利润作为考核评价指标，克服了上述毛利指标带来的利润中心目标和企业目标不一致的问题。但是由于企业发生的间接费用都是间接为各部门产品生产和销售服务的，例如，管理人员工资、办公费用以及管理人员的折旧和摊销费用。这些费用不能直接确认、归属为某一部门，只能根据企业的具体情况，采用适当的比例进行分配。

例11-4 假设ABC石化企业的间接费用在M和N两个利润中心按照3：7的比例加以分配。若以营业利润为评价指标体系，则两个利润中心的责任预算如表11-4所示。

表 11-4　　　　　　　　　　利润中心的责任预算表　　　　　　　　　单位：元

利润中心	M	N	合计
销售净额	435 000	3 131 450	3 566 450
毛利	140 000	828 450	968 450
部门毛益贡献	67 130	386 510	453 640
减：间接费用	88 935	207 515	296 450
管理人员工资	18 750	43 750	62 500
办公费用	13 350	31 150	44 500
摊销费用	56 835	132 615	189 450
营业利润	-21 805	178 995	157 190

进行责任利润预算完成情况的分析，主要是将各利润中心的实际责任利润与责任利润预算进行比较，确定责任利润的增收或减收，并进一步分析增收或减收的具体原因。分析责任利润预算完成情况的方法，也与责任利润核算的内容密切相关。人为利润中心的责任利润是生产过

程中创造的利润，其内部销售收入按内部结算价格计价，剔除了价格变动对责任利润的影响，因而，影响责任利润变动的因素主要是内部销售数量、销售成本的变动以及品种结构的变动。采用因素分析法可以确定各因素变动对责任利润的影响程度。不完全的自然利润中心的责任利润，虽然是实际实现的利润，但未包括各项不可控因素，因而不是最终实现的利润。由于产成品按照内部结算价格计价，剔除了销售成本变动对责任利润的影响，销售税金及附加按计划税率计算，剔除了销售税率变动对责任利润的影响，因而，影响责任利润变动的因素主要是销售数量、销售价格、销售品种结构以及销售费用的变动。采用因素分析法可以确定各因素变动对责任利润的影响程度。完全的自然利润中心的责任利润是实际实现的利润，其分析方法与企业利润的分析方法相同。

11.2.5 投资中心的业绩考评

投资中心是指除了能够控制成本中心、收入中心和利润中心之外，还能对投入的资金进行控制的中心。投资中心是最高层次的责任中心，其拥有最大的决策权，也承担最大的责任。投资中心必然是利润中心，但利润中心并不都是投资中心。利润中心没有投资决策权，而且在考核利润时也不考虑所占用的资产。如图 11-3 所示，ABC 石化企业的油气勘探、油品炼制和化工产品生产都是投资中心。

投资中心可以看作有投资决策权的利润中心，其权责都高于利润中心。它不仅要对成本、利润负责，而且必须对投资效益负责。因此，对投资中心进行业绩考评时，既要评价其成本和收益的状况，更要结合其投入资金全面衡量其投资报酬率大小和投资效果的好坏。一般来说，投资中心的业绩考评有两个重要的财务指标：投资报酬率和剩余收益。

1. 投资报酬率

投资报酬率是投资中心一定时期的营业利润和该期的投资占用额之比。企业最终获得的利润和投入经营所必备的财产是紧密联系的。该指标是全面评价投资中心各项经营活动、考评投资中心业绩的综合性质量指标。它既能揭示投资中心的销售利润水平，又能反映资产的使用效果，其计算公式为：

$$投资报酬率＝营业利润÷投资占用额$$
$$＝（营业利润÷销售收入）×（销售收入÷营业资产）$$
$$＝销售利润率×资产周转率$$

例11-5 承【例11-4】，ABC石化企业有油田勘探与生产、油品炼制与销售、化工产品生产与销售三个投资中心。各投资中心的投资报酬率如表11-5所示。

表 11-5 投资报酬率

投资中心	X	Y	Z
营业收入（元）	475 000	180 000	390 000
营业利润（元）	39 500	24 000	32 500
投资占用额（元）	490 000	115 000	290 000
投资报酬率（%）	8.06	20.87	11.21

进一步分析，我们可以将各投资中心的业绩进行分解。

X投资中心：

投资报酬率=（39 500÷475 000）×（475 000÷490 000）

$$\approx 8.32 \times 0.969 \approx 8.06\%$$

Y投资中心：

投资报酬率=（24 000÷180 000）×（180 000÷115 000）

$$\approx 13.33\% \times 1.565 \approx 20.87\%$$

Z投资中心：

投资报酬率=（32 500÷390 000）×（390 000÷290 000）

$$\approx 8.33\% \times 1.35 \approx 11.2\%$$

通过对投资报酬率的分解可以发现，X、Z两个投资中心的销售利润率都为8.3%，但是由于Z投资中心的周转率要高于X投资中心，所以，最终Z投资中心获得了高于X投资中心的投资报酬率。

投资报酬率作为相对指标，可以用于不同投资中心的横向比较，还可用于不同规模的企业和同一企业不同时期的比较。但值得注意的是：运用该指标考核时，管理者可能拒绝接受超出企业平均水平投资报酬率而低于该投资中心现有报酬率的投资项目，有损企业的整体利益。再有，投资报酬率有可能导致决策的短视行为而损害公司的长远利益，如管理层想方设法减少经营成本和管理费用，可能会减少企业未来增长所必要的投资，如研发费用的投入等。

2. 剩余收益

剩余收益是指投资中心获得的利润，是扣减其投资额（或净资产占用额）按规定（或预期）的最低收益率计算的投资收益后的余额，是一个部门的营业利润超过其预期最低收益的部分。计算方法为：

剩余收益=部门边际贡献-部门资产应计报酬

=部门边际贡献-部门资产×资本成本

例11-6 假设某企业有三个投资中心，预期最低报酬率为10%。三个中心的剩余收益如表11-6所示。

表 11-6 　　　　　　　　　　　　剩余收益 　　　　　　　　　　　　单位：元

投资中心	X	Y	Z
营业利润	48 000	79 000	65 000
投资占用额	230 000	980 000	580 000
最低投资报酬	23 000	98 000	58 000
剩余收益	25 000	-19 000	7 000

剩余收益和投资报酬率可以起互补作用，剩余收益弥补了投资报酬率的不足，可以在投资决策方面使投资中心利益与企业整体利益取得一致，并且剩余收益允许不同的投资中心使用不同的风险调整资本成本。剩余收益最大的不足之处在于：不能用于两个规模差别比较大的投资中心的横向比较。

需要强调的是，责任业绩考评并非只局限于上述财务指标的评价。事实上，所有责任中心均会有重要的非财务业绩考评指标，如商品或劳务的质量、经营周期、顾客满意度、员工满意度和市场占有量等。这些非财务指标因责任中心的划分而重要性各不相同。即使在同一类责任中心，由于各个部门权责范围的差异，也会有所不同。这就要求基于各责任中心的具体特征进行详细的分析。

11.3 基于 EVA 的业绩考评

经济增加值（Economic Value Added，EVA）又称经济附加值，等于税后净营业利润与全部资本成本之间的差额。其中，资本成本既包括债务资本的成本，也包括股本资本的成本。在此，资本成本应理解为经济学中的机会成本，即社会平均资金收益率。

可口可乐公司是较早在管理上应用 EVA 业绩考评且获得巨大成功的典范。1996 年，可口可乐公司和通用汽车公司的市值分别为 1 345 亿美元和 1 355 亿美元，大体相当；前者所占用的投资只有 104 亿美元，而后者却高达 1 879 亿美元。这就意味着，股东的投资在可口可乐公司有了近 12 倍的增值，而通用汽车公司股东的财富却缩水 28%，假如算上资本的机会成本，损失就更大了。

11.3.1 EVA 的基本理念

管理大师彼得·德鲁克于 1995 年在《哈佛商业评论》刊登文章指出，EVA 的基础是我们长期以来一直熟知的、称为利润的东西，也就是说企业为股东剩下的金钱，从根本上来说是利润。只要公司的利润低于资金成本，公司就处于亏损状态，尽管这时公司仍要缴纳所得税，好像公司真的盈利一样。

许多公司往往只关心常规的会计利润。会计利润只扣除了债权人所提供资金的成本（即债务利息），但完全没有考虑股东所提供的资金的成本（即应得投资收益）。同样，大多数业务经理只关注经营利润，而经营利润甚至没有扣除债务利息。只有股东资金的成本像其他所有成本一样被扣除后，剩下的才是真正的利润。

例如，利润从 100 万元增加到 500 万元，好不好？利润率由 15%提高到 25%，好不好？传统上人们认为好，因为利润额和利润率都增加了。但此时有两个问题：一是投资多少？二是必要回报率水平？

可见，传统业绩考评指标存在两个重要的缺陷,：第一，指标计算没有扣除公司所有者权益资本的成本，导致成本的计算不完全，因此无法准确判断企业为股东创造的财富数量；第二，指标对企业资本和利润的反映存在部分扭曲，因为这些指标都是根据会计报表信息直接计算出来的，而会计报表的编制受会计政策选择的约束，因而在某些情况下不能准确反映企业的经营状况和经营业绩。

EVA 与传统财务指标的最大不同在于：EVA 充分考虑了投入资本的机会成本，使 EVA 具有以下突出特点。

第一，EVA 度量的是资本利润，而不是企业利润。EVA 从资本提供者角度出发，度量资本在一段时期内的净收益。只有净收益高于资本的社会平均收益（资本维持"保值"需要的最低收益），资本才能增值。企业利润衡量的是企业一段时间内的产出和消耗的差异，而不关注资本的投入规模、投入时间、投入成本和投资风险等重要因素。

第二，EVA 度量的是资本的社会利润，而不是企业个别利润。不同的投资者在不同的环境下，对资本有着不同的获利要求。EVA 剔除掉资本的"个性"特征，对同一风险水平的资本，其最低收益要求并不因持有人和具体环境不同而不同。因此，EVA 度量的是资本的社会利润，而不是具体资本在具体环境中的个别利润。这使 EVA 度量有了统一的标尺，并体现了企业对所有投资的平等性。

第三，EVA 度量的是资本的超额收益，而不是利润总额。为了留住逐利的资本，企业的盈利率不应低于相同风险的其他企业一般能够达到的水平，这个"最低限度的可以接受的利润"就是资本的正常利润。EVA 度量的是高出正常利润的那部分利润，而不是通常的利润总额。这反映了资本追逐超额收益的天性。

以 EVA 作为考核评价体系的目的就是使经营者像所有者一样思考，使所有者和经营者的利益取向趋于一致。对经营者的奖励是他为所有者创造的增量价值的一部分，这样，经营者的利益便与所有者的利益挂钩，可以鼓励他们采取符合企业最大利益的行动，并在很大程度上缓解因委托—代理关系而产生的道德风险和逆向选择，最终降低管理成本。因此，经济增加值的实质内涵可以用 4M 来归纳。4M 的含义具体如下。

怎样考核才能发挥
管理功能

（1）评价指标（Measurement）

在经济增加值的计算过程中，首先对传统收入概念进行一系列调整，从而消除了会计工作产生的异常状况，并使其尽量与真实状况相吻合。例如，会计准则要求公司把研发费用计入当年成本，而经济增加值则建议把研发费用资本化并在适当的时期内分期摊销，反映了研发的长期经济效益，从而鼓励企业经营者进行新产品的开发。另外，资本化后的研发费用还要支付相应的资本费用，所以说经济增加值的调整是双向的，可以使业绩考评更趋于合理。

经济增加值通过将所有的资本成本纳入核算，表明了在一定时期内企业所创造财富的价值量。由于引入了可接受的最低投资回报的概念，股东得到的回报应当比期望得到的还要多，否则这个企业或项目就没有存在的必要。

（2）管理体系（Management）

由于经济增加值是全部生产力的度量指标体系，所以，经济增加值能够取代其他财务和经营指标体系，并与决策程序相统一，形成完整的企业管理体系。经济增加值指标体系真正的作用在于将其广泛地应用到企业管理中去，包括企业的制度、工作程序和方法及一系列管理决策。建立在经济增加值基础上的管理体系密切关注股东财富的创造，并以此指导公司决策的制定和营运管理，使企业经营更加符合股东利益，使企业经营计划运行更加有效。

（3）激励制度（Motivation）

经济增加值通过其奖励计划，使企业管理者在为股东着想的同时也像股东一样得到报偿。经济增加值的奖励计划的主要特征：一是只对增加值提供奖励；二是不设临界值和上限；三是按照计划目标设奖；四是设立奖金库；五是不通过谈判，而是通过按照公式确定业绩指标。这样的奖励计划实际上使管理者关心公司业绩的改进。

经济增加值帮助管理者将两个最基本的财务原则（企业价值最大化或者股东权益最大化，企业的价值依赖于投资者预期的未来利润能否超过资本成本）列入他们的决策当中。过去用奖金与利润挂钩的激励办法忽略了资本成本的概念，而利用经济增加值设计激励计划，便于经理人员更关注资产及其收益，并能够像投资者一样去思考和工作。

（4）理念体系（Mindset）

大多数企业利用一系列评价指标体系来评价企业的财务状况，例如，我们经常用营业收入和市场份额的增长评价战略计划；用边际毛利润或现金流来评价一个产品或生产线的获利能力；用资产报酬与目标利润比较来评价业务部门的经营业绩；财务部门则通常用投资利润率，而不是将实际的投资利润率与期望的投资利润率相比较，来评价企业的经营业绩；部门经理的奖金一般是基于利润计划是否实现，一年兑现一次。这些不统一的标准、目标和术语导致了计划、战略实施以及决策的混乱。经济增加值的引入，给企业带来了一种新的观念。在经济增加值的引导下，企业所有营运功能都从同一基点出发，即提高企业的经济增加值，各部门会自动加强合作。

11.3.2 EVA 的计算公式

EVA 发源于剩余收益（简称 RI，等于税后净营业利润减去资本成本），只是对剩余收益加以调整的变形。

EVA 的计算公式如下：

$$EVA=NOPAT-C\times WACC$$
$$=(RONA-WACC)\times C$$

式中，

$NOPAT$ 为调整后的税后净营业利润；

C 为全部资本的经济价值（包括权益资本和债权资本）；

$RONA$ 为资产收益率；

$WACC$ 为企业加权平均资本成本。

可见，EVA 取决于上述三个变量，企业可以通过增加税后净营业利润、减少资本占用或者降低加权平均资本成本率来提高 EVA。上述模型表明，EVA 是超过资本成本的那部分价值，突出反映了股东价值的增量。一般来说，EVA 大于零，意味着从经营利润中减去整个公司的资本成本后，股东投资得到的净回报，为股东创造了价值，否则就形成价值毁灭。企业 EVA 持续地增长意味着公司市场价值的不断增加和股东财富的增长，从而实现股东财富最大化的财务目标。EVA 的关键在于寻找价值创造（使 EVA 增加）的有效途径。

11.3.3 EVA 的调整

EVA 真正不同于传统会计利润概念之处在于：EVA 需要以传统的会计方法作为基础对一些项目进行调整，增加或扣除某些项目，以消除根据会计准则编制的财务报表对公司真实情况的扭曲。将息税前利润调整为税后净经营利润的调整项如表 11-7 所示。

表 11-7　　　　　　　　　　税后净经营利润的调整

利润表的调整 EBIT—NOPAT	资产负债表的调整 账面资本—投入资本
加上：后进先出法转回的增加	加上：后进先出法转回的增加
加上：坏账准备的增加	加上：坏账准备的冲回
加上：包括的经营性租赁的利息	加上：未来经营租赁义务的现值
加上：资本化研发费用的增加	加上：资本化的研发投资
加上：计提的少数股东权益(如果之前没有包括在内)	加上：少数股东权益
加上：递延所得税转回的增加	加上：递延所得税负债

　　显然，调整是为了完整反映企业的管理业绩，因为营业利润往往受诸多因素的影响：主观、客观，内部、外部，可控、不可控，财务、非财务……

　　这种调整使 EVA 比会计利润更加接近企业的经济现实。从经济学的观点来看，凡是对公司未来利润有贡献的现金支出，如研发费用，都应算作投资，而不是费用。从会计学的角度来看，净利润是基于稳健性原则的要求计算的，因而将许多能为公司带来长期利益的投资，如研发费用，作为支出当期的费用来考虑。在经济增加值的计算中，将这些费用项目调整回来，以反映公司的真实获利情况和公司进行经营的长期资本投入。常见的调整项目有：研发费用、广告营销支出、培训支出、无形资产、战略投资、商誉、资产处置损益、重组费用、其他收购问题、存货估值、坏账准备等准备金、经营租赁、税收等。

　　制定出适合自己企业的经济增加值计算公式，关键的一步就是根据企业的具体情况，确定该企业应对哪些会计科目的处理方法进行调整。但各个企业的情况有所不同，有些调整对于某些行业的企业非常必要，而对其他行业的企业并不重要。考虑到各公司的不同组织结构、业务组合、战略和会计政策，需要量身定做最适合的会计调整措施。根据经验，大多数公司的调整不超过 15 项即可解释市场增加值（简称 MVA，被认为是公司的真正价值）的 60%～85%。

11.4　基于战略的业绩考评

　　以收益为基础的财务数据只衡量过去决策的结果，却无法评估未来的绩效表现，既容易误导企业未来发展方向，也容易使经营者过分注重短期财务结果，而不愿就企业长期策略目标进行资本投资。如何将业绩考核的目光投向公司的战略计划和未来的发展？

　　这一转变表现为：以战略目标为导向，通过指标间的各种平衡关系以及战略指标或关键指标的选取来体现企业的战略要求，其最大的特点在于引入了非财务指标。

　　战略业绩考核模式中，比较有代表性并引起广泛关注的有平衡计分卡和平衡计分卡战略管理地图。

11.4.1　平衡计分卡

　　平衡计分卡（Balanced Score Card，BSC）是绩效管理的一种新思路，是 20 世纪 90 年代初由哈佛商学院的罗伯特·卡普兰和诺朗诺顿研究所所长戴维·诺顿发展出的基于公司战略角度对部门进行考核的一种全新的组织绩效管理方法。

平衡计分卡以公司战略为导向，寻找能够驱动战略成功的关键成功因素，建立与之密切联系的指标体系来衡量战略实施过程，并进行必要的修改以维持战略的持续成功。

平衡计分卡并非认为财务指标不重要，而是需要取得一个平衡：短期收益与长期收益的平衡、财务指标与非财务指标的平衡、外部计量（股东与客户）和内部计量（内部流程、创新与人员等）的平衡。过分强调财务指标往往导致企业内部关系的失衡（见图 11-3），对企业的战略实施和长期发展不利。

图 11-3　财务指标与非财务指标的失衡

平衡计分卡主要是通过财务与非财务考核手段之间的相互补充，不仅使绩效考核的地位上升到组织的战略层面，使之成为组织战略的实施工具，而且也是在定量评价和定性评价之间、客观评价和主观评价之间、指标的前馈指导和后馈控制之间、组织的短期增长与长期增长之间、组织的各个利益相关者之间寻求平衡的基础上完成的绩效管理与战略实施过程。平衡计分卡将战略置于中心地位，并使管理者看到了公司绩效的广度与总额。

1. 平衡计分卡的基本框架

平衡计分卡并没有否定传统战略和评估方法，而是对其进行了进一步的发展和改进，把企业的使命和战略转变为目标和各种指标。在保留财务维度目标和指标的基础上，又加上了客户、内部业务流程、学习和成长三个维度。*平衡计分卡通过四大维度指标体系的设计来阐明和沟通企业战略，促使个人、部门和企业的行动方案达成一致和协调，以实现企业价值最大化和长期发展的目标。平衡计分卡所采用的四个维度如图 11-4 所示。

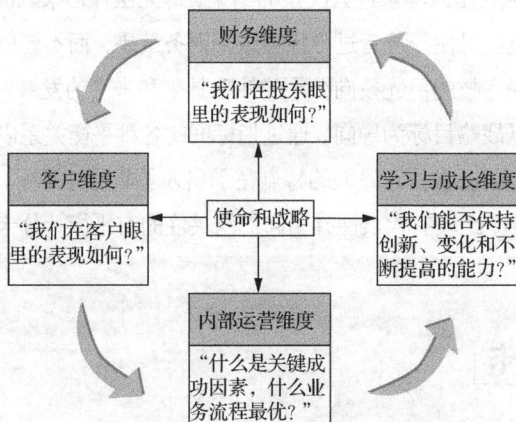

图 11-4　平衡计分卡所采用的四个维度

---

* [美]罗伯特·卡普兰，大卫·诺顿. 平衡计分卡——化战略为行动. 刘俊勇，等，译. 广州：广东经济出版社，2004.

（1）财务维度。平衡计分卡要求企业的战略实施和执行最终带来财务维度的目标实现和财务指标（如利润）的改善。非财务指标（如质量、生产时间、生产率和新产品等）的改善和提高是实现财务目标的手段，而不是目的本身。财务指标衡量的主要内容包括：收入的增长和结构、降低成本、提高生产率、资产的利用和投资战略等。

（2）客户维度。平衡计分卡要求企业将使命和战略诠释为具体的与客户相关的目标和要点。在这个过程中，企业应当关注是否满足核心顾客的需求，而不是企图满足所有客户的偏好。客户最关心的不外乎五个方面：时间、质量、性能、服务和成本。企业必须基于不同的战略在这五个方面确立清晰的目标，然后将这些目标细化为具体的指标。客户维度指标衡量的主要内容包括市场份额、老客户挽留率、新客户获得率、顾客满意度、从客户处获得的利润率等。

（3）内部运营维度。建立平衡计分卡的顺序通常是：在制定了财务和客户维度的目标与指标之后，制定企业内部流程维度的目标与指标。这个顺序使企业能够抓住重点，专心衡量那些与股东和客户目标息息相关的流程。内部运营绩效考核应以客户满意度和实现财务目标影响最大的业务流程为核心，一般来说，既包括短期的现有业务的改善，又涉及长远的产品和服务的革新。内部运营维度指标主要涉及企业业务流程和管理流程的改良、创新过程、经营过程和售后服务过程等。

（4）学习与成长维度。学习与成长维度的目标为其他三个维度的目标实现提供了基础架构，是驱使上述三个维度获得卓越成功的动力。面对激烈的全球竞争，企业现有的技术和能力已无法确保其不断实现未来的业务目标。尤其是在知识、技术和 AI 深刻影响未来的情况下，削减对企业学习和成长能力的投资虽然能在短期内增加财务收入，但由此造成的不利影响将在未来对企业带来沉重打击。学习和成长维度指标涉及员工的能力、信息系统的能力以及激励、授权与相互配合等。

平衡计分卡的发展过程特别强调描述战略背后的因果关系，借助客户维度、内部运营维度、学习与成长维度评估指标的完成而达到最终的财务目标。平衡计分卡四个维度之间的关系如图11-5 所示。

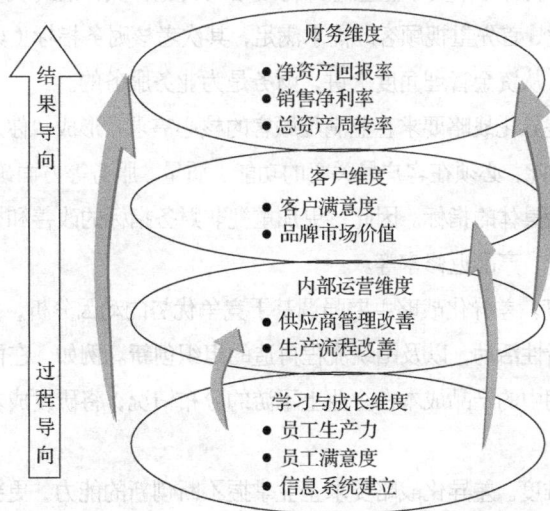

图 11-5 平衡计分卡四个维度之间的关系

2. 基于低成本战略的平衡计分卡应用

低成本战略是企业为赢得价格竞争而追求行业内成本领先地位的竞争战略。企业采用该种战略能够获得成本优势，使得企业获得高于产业平均水平的收益，从而在竞争中受到更多的保护。

（1）财务维度。平衡计分卡要求企业低成本战略的实施和执行有助于其获得行业内成本领先的地位和进行财务指标（如成本降低额、成本降低率、标准成本、利润等）的改善，非财务指标（如工时利用率、设备利用率、材料利用率、劳动生产率等）的改善和提高保障了行业内成本领先地位的实现。

（2）客户维度。低成本战略要求企业在满足顾客核心需求的同时，不断降低成本，节约费用。因此，必须在客户最关心的价格、质量、服务等方面确立清晰的目标，然后将这些目标细化为具体的指标，如市场占有率、老客户挽留率、新客户获得率、顾客满意度等。

（3）内部运营维度。低成本战略的目标是最大限度地降低成本，以赢得价格竞争。内部运营主要强调基于现有产品的成本动因分析。比如，扩大经营规模以实现规模经济，采用技术革新以降低产品单位消耗的材料或人工。通过进行实际成本与标准成本间的差异分析来控制成本，一般就可满足需要，采用的方法多为标准成本法、定额成本法、责任会计等。

（4）学习与成长维度。正确理解成本的内涵，把握有效降低成本的途径和方法，是保障低成本战略获得成功的内在动力。基于管理需要的成本分类，从更多的视角寻找降低成本的可能。此时，多采用功能成本分析、质量成本管理等方法。

基于低成本战略的平衡计分卡强调财务结果，客户、内部运营、学习与成长三个维度都是为了实现行业内成本领先的目的，主次关系十分明确。

3. 基于差异化战略的平衡计分卡应用

差异化战略是企业通过追求产品或服务的独特个性，而赢得市场竞争的竞争战略。该种战略要求企业所提供的产品或服务具有"歧异性"，在全产业范围内形成一些独特的、其他企业的产品或服务无法替代的东西，从而取得一定的竞争优势。

（1）财务维度。平衡计分卡要求企业差异化战略的实施和执行最终表现在产品或服务的某个方面的差异化，因此，首先重视顾客的需求满足，其次考核财务指标（如 EVA、毛利率、销售增长率等）的改善。从资金管理角度上讲，财务是为业务服务的。

（2）客户维度。差异化战略要求企业满足顾客的核心需求，形成"你无我有，都有我比你更好"的竞争格局。因此，必须在客户最关心的功能、质量、服务等方面确立"歧异性"目标，然后将这些目标细化为具体的指标。因此，更加重视非财务指标的改善和提高，如独创性、市场占有率、顾客满意度、产品返修率等。

（3）内部运营维度。差异化战略主要强调基于竞争优势的动因分析，如新技术、新产品、新材料、新工艺等创新性活动，以及围绕流程再造的组织创新。例如，在面向市场时，成本控制较多地考虑生命周期中的产品成本在企业上下游的分布情况，将研发成本、消费成本纳入了成本控制的范围。

（4）学习与成长维度。差异化战略要求企业掌握不断创新的能力，更新知识、提高技术水平，广泛且深入地利用 AI 进行产品规划和组织变革，把握未来需求发展的基本脉络。此时，人力资源管理成为企业优化管理的重要基础。

基于差异化战略的平衡计分卡更加强调过程管理。客户、内部运营、学习与成长三个维度是实现差异化战略的根本，而财务是为过程服务的。

11.4.2 平衡计分卡战略管理地图

平衡计分卡既是一种战略管理工具，又是一种战略管理思想。平衡计分卡的四个维度形成了一系列的因果关系链，而每个维度中的衡量指标都形成了一套逻辑链条。这些关系链条就将企业战略所期望的结果和获得这些结果的驱动因素结合起来。将这些关系链条整合在一起就形成了平衡计分卡的战略管理地图。[①]

平衡计分卡战略管理地图可以帮助企业用连贯、系统和整体的方式来看待企业的战略，有助于企业更加精确地定义客户的价值取向，增进内部流程的活力，增强学习与成长能力，并最终达到企业股东价值最大化的目标。

当然，由于不同的企业处于不同的行业，不同的企业采用的竞争优势的战略也不一样，因此企业的战略管理地图也是千差万别的。总体来说，一个比较统一的模板如图11-6所示。

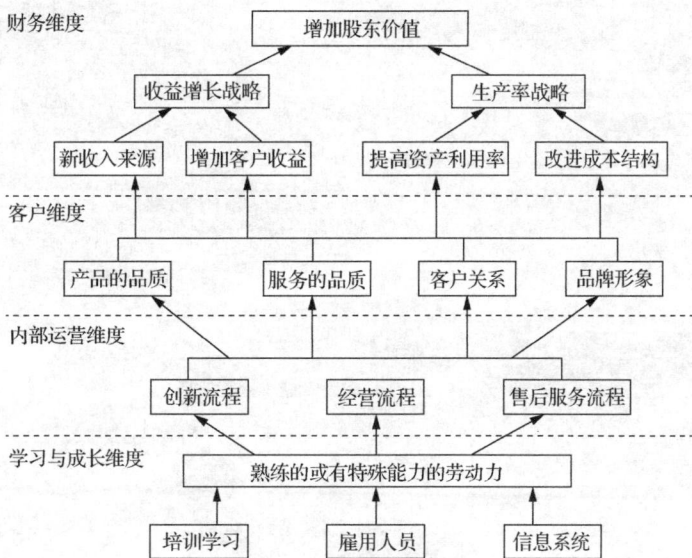

图11-6 战略管理地图

思考题

1. 什么是责任中心？责任中心都有哪几种？

2. 什么是内部结算价格？内部结算价格在责任会计中有何作用？

3. 为什么内部结算价格可以采用双重内部结算价格？

---

① [美]罗伯特·卡普兰，大卫·诺顿. 战略中心型组织——如何利用平衡计分卡使企业在新的商业环境中保持繁荣. 北京：人民邮电出版社，2004.

4. 什么是EVA？ROI和EVA共同的缺陷是什么？怎么解决这个问题？

5. EVA业绩评价的特点有哪些？有什么优点？

6. 什么是平衡计分卡？平衡计分卡为什么要平衡关系？这四个维度之间是什么关系？

练习题

1. 甲分部的营业利润是 500 万元，其营运资产平均占用是 2 000 万元。那么甲分部的投资回报率是多少？乙分部的营业利润是 3 000 万元，而其营运资产平均占用额是 30 000 万元，请计算该分部的 ROI。请比较哪个分部做得更好，并说明原因。

2. 某公司财务比率的相关数据如表 11-8 所示。

要求： 利用杜邦分析体系填出表 11-8 中的空缺数据并进行比较分析。

表 11-8　　　　　　　　　　　　　某公司有关财务比率数据

财务比率	所有者权益报酬率	总资产报酬率	权益乘数	销售净利率	总资产周转率
第一年		7.39%	2.02	4.53%	
第二年	12.12%		2.02		2

附录一 复利终值系数表（FVIF 表）

n	3.00%	4.00%	5.00%	6.00%	7.00%	8.00%	10.00%	12.00%	14.00%	16.00%	18.00%	20.00%	25.00%	30.00%
1	1.030	1.040	1.050	1.060	1.070	1.080	1.100	1.120	1.140	1.160	1.180	1.200	1.250	1.300
2	1.061	1.082	1.103	1.124	1.145	1.166	1.210	1.254	1.300	1.346	1.392	1.440	1.563	1.690
3	1.093	1.125	1.158	1.191	1.225	1.260	1.331	1.405	1.482	1.561	1.643	1.728	1.953	2.197
4	1.126	1.170	1.216	1.262	1.311	1.360	1.464	1.574	1.689	1.811	1.939	2.074	2.441	2.856
5	1.159	1.217	1.276	1.338	1.403	1.469	1.611	1.762	1.925	2.100	2.288	2.488	3.052	3.713
6	1.194	1.265	1.340	1.419	1.501	1.587	1.772	1.974	2.195	2.436	2.700	2.986	3.815	4.827
7	1.230	1.316	1.407	1.504	1.606	1.714	1.949	2.211	2.502	2.826	3.185	3.583	4.768	6.275
8	1.267	1.369	1.477	1.594	1.718	1.851	2.144	2.476	2.853	3.278	3.759	4.300	5.960	8.157
9	1.305	1.423	1.551	1.689	1.838	1.999	2.358	2.773	3.252	3.803	4.435	5.160	7.451	10.604
10	1.344	1.480	1.629	1.791	1.967	2.159	2.594	3.106	3.707	4.411	5.234	6.192	9.313	13.786
11	1.384	1.539	1.710	1.898	2.105	2.332	2.853	3.479	4.226	5.117	6.176	7.430	11.642	17.922
12	1.426	1.601	1.796	2.012	2.252	2.518	3.138	3.896	4.818	5.936	7.288	8.916	14.552	23.298
13	1.469	1.665	1.886	2.133	2.410	2.720	3.452	4.363	5.492	6.886	8.599	10.699	18.190	30.288
14	1.513	1.732	1.980	2.261	2.579	2.937	3.797	4.887	6.261	7.988	10.147	12.839	22.737	39.374
15	1.558	1.801	2.079	2.397	2.759	3.172	4.177	5.474	7.138	9.266	11.974	15.407	28.422	51.186
16	1.605	1.873	2.183	2.540	2.952	3.426	4.595	6.130	8.137	10.748	14.129	18.488	35.527	66.542
17	1.653	1.948	2.292	2.693	3.159	3.700	5.054	6.866	9.276	12.468	16.672	22.186	44.409	86.504
18	1.702	2.026	2.407	2.854	3.380	3.996	5.560	7.690	10.575	14.463	19.673	26.623	55.511	112.455
19	1.754	2.107	2.527	3.026	3.617	4.316	6.116	8.613	12.056	16.777	23.214	31.948	69.389	146.192
20	1.806	2.191	2.653	3.207	3.870	4.661	6.727	9.646	13.743	19.461	27.393	38.338	86.736	190.050
25	2.094	2.666	3.386	4.292	5.427	6.848	10.835	17.000	26.462	40.874	62.669	95.396	264.698	705.641
30	2.427	3.243	4.322	5.743	7.612	10.063	17.449	29.960	50.950	85.850	143.371	237.376	807.794	2 219.996

附录二 复利现值系数表（PVIF表）

n	3.00%	4.00%	5.00%	6.00%	7.00%	8.00%	10.00%	12.00%	14.00%	16.00%	18.00%	20.00%	25.00%	30.00%
1	0.971	0.962	0.952	0.943	0.935	0.926	0.909	0.893	0.877	0.862	0.848	0.833	0.800	0.769
2	0.943	0.925	0.907	0.890	0.873	0.857	0.826	0.797	0.770	0.743	0.718	0.694	0.640	0.592
3	0.915	0.889	0.864	0.840	0.816	0.794	0.751	0.712	0.675	0.641	0.609	0.579	0.512	0.455
4	0.889	0.855	0.823	0.792	0.763	0.735	0.683	0.636	0.592	0.552	0.516	0.482	0.410	0.350
5	0.863	0.822	0.784	0.747	0.713	0.681	0.621	0.567	0.519	0.476	0.437	0.402	0.328	0.269
6	0.838	0.790	0.746	0.705	0.666	0.630	0.565	0.507	0.456	0.410	0.370	0.335	0.262	0.207
7	0.813	0.760	0.711	0.665	0.623	0.584	0.513	0.452	0.400	0.354	0.314	0.279	0.210	0.159
8	0.789	0.731	0.677	0.627	0.582	0.540	0.467	0.404	0.351	0.305	0.266	0.233	0.168	0.123
9	0.766	0.703	0.645	0.592	0.544	0.500	0.424	0.361	0.308	0.263	0.226	0.194	0.134	0.094
10	0.744	0.676	0.614	0.558	0.508	0.463	0.386	0.322	0.270	0.227	0.191	0.162	0.107	0.073
11	0.722	0.650	0.585	0.527	0.475	0.429	0.351	0.288	0.237	0.195	0.162	0.135	0.086	0.056
12	0.701	0.625	0.557	0.497	0.444	0.397	0.319	0.257	0.208	0.169	0.137	0.112	0.069	0.043
13	0.681	0.601	0.530	0.469	0.415	0.368	0.290	0.229	0.182	0.145	0.116	0.094	0.055	0.033
14	0.661	0.578	0.505	0.442	0.388	0.341	0.263	0.205	0.160	0.125	0.099	0.078	0.044	0.025
15	0.642	0.555	0.481	0.417	0.362	0.315	0.239	0.183	0.140	0.108	0.084	0.065	0.035	0.020
16	0.623	0.534	0.458	0.394	0.339	0.292	0.218	0.163	0.123	0.093	0.071	0.054	0.028	0.015
17	0.605	0.513	0.436	0.371	0.317	0.270	0.198	0.146	0.108	0.080	0.060	0.045	0.023	0.012
18	0.587	0.494	0.416	0.350	0.296	0.250	0.180	0.130	0.095	0.069	0.051	0.038	0.018	0.009
19	0.570	0.475	0.396	0.331	0.277	0.232	0.164	0.116	0.083	0.060	0.043	0.031	0.014	0.007
20	0.554	0.456	0.377	0.321	0.258	0.215	0.149	0.104	0.073	0.051	0.037	0.026	0.012	0.005
25	0.478	0.375	0.295	0.233	0.184	0.146	0.092	0.059	0.038	0.025	0.016	0.011	0.004	0.001
30	0.412	0.308	0.231	0.174	0.131	0.099	0.057	0.033	0.20	0.012	0.007	0.004	0.001	0.000

附录三　年金终值系数表（FVIFA表）

n	3.00%	4.00%	5.00%	6.00%	7.00%	8.00%	10.00%	12.00%	14.00%	16.00%	18.00%	20.00%	25.00%	30.00%
1	1.000	1.000	1.000	1.000	1.000	1.000	1.000	1.000	1.000	1.000	1.000	1.000	1.000	1.000
2	2.030	2.040	2.050	2.060	2.070	2.080	2.100	2.120	2.140	2.160	2.180	2.200	2.250	2.300
3	3.091	3.122	3.153	3.184	3.215	3.246	3.310	3.374	3.440	3.506	3.572	3.640	3.813	3.990
4	4.184	4.246	4.310	4.375	4.440	4.506	4.641	4.779	4.921	5.066	5.215	5.368	5.766	6.187
5	5.309	5.416	5.526	5.637	5.751	5.867	6.105	6.353	6.610	6.877	7.154	7.442	8.207	9.043
6	6.468	6.633	6.802	6.975	7.153	7.336	7.716	8.115	8.536	8.977	9.442	9.930	11.259	12.756
7	7.662	7.898	8.142	8.394	8.654	8.923	9.487	10.089	10.730	11.414	12.142	12.916	15.073	17.583
8	8.892	9.214	9.549	9.879	10.260	10.637	11.436	12.300	13.233	14.240	15.327	16.499	19.842	23.858
9	10.159	10.583	11.027	11.491	11.978	12.488	13.579	14.776	16.085	17.519	19.086	20.799	25.802	32.015
10	11.464	12.006	12.578	13.181	13.816	14.487	15.937	17.549	19.337	21.321	23.521	25.959	33.253	42.619
11	12.808	13.486	14.207	14.972	15.784	16.645	18.531	20.655	23.045	25.733	28.755	32.150	42.566	56.405
12	14.192	15.026	16.917	16.870	17.888	18.977	21.384	24.133	27.271	30.850	34.931	39.581	54.208	74.327
13	15.18	16.627	17.713	18.882	20.141	21.495	24.523	28.029	32.089	36.786	42.219	48.497	68.760	97.625
14	17.086	18.292	19.599	21.015	22.550	24.215	27.975	32.393	37.581	43.672	50.818	54.196	86.949	127.910
15	18.599	20.024	21.579	23.276	25.129	27.152	31.772	37.280	43.842	51.660	60.965	72.035	109.690	167.290
16	20.157	21.825	23.657	25.673	27.888	30.324	35.950	42.753	50.980	60.925	72.939	87.442	138.110	218.470
17	21.762	23.698	25.840	28.213	30.840	33.750	40.545	48.884	59.118	71.673	87.068	105.930	173.640	285.010
18	23.414	25.645	28.132	30.906	33.999	37.450	45.599	55.750	68.394	84.141	103.740	128.120	218.050	371.520
19	25.117	27.671	30.539	33.760	37.379	41.446	51.159	63.440	79.969	98.603	123.410	154.740	273.560	483.970
20	26.870	29.778	33.066	36.786	40.995	45.762	57.275	72.052	91.025	115.380	146.630	186.690	342.950	630.170
25	36.459	41.646	47.727	54.865	63.249	73.106	98.347	133.330	181.870	249.210	342.600	471.980	1 054.800	2 348.800
30	47.575	56.085	66.439	79.058	94.461	113.280	164.490	241.330	356.790	530.310	790.950	1 181.900	3 227.200	8 730.000

附录四 年金现值系数表（PVIFA表）

n	3.00%	4.00%	5.00%	6.00%	7.00%	8.00%	10.00%	12.00%	14.00%	16.00%	18.00%	20.00%	25.00%	30.00%
1	0.970	0.961	0.952	0.943	0.935	0.925	0.909	0.892	0.877	0.862	0.847	0.833	0.799	0.769
2	1.913	1.886	1.859	1.833	1.808	1.783	1.735	1.690	1.646	1.605	1.565	1.527	1.440	1.360
3	2.828	2.775	2.723	2.673	2.624	2.577	2.486	2.401	2.321	2.245	2.174	2.106	1.952	1.816
4	3.717	3.629	3.545	3.465	3.387	3.312	3.169	3.037	2.913	2.798	2.690	2.588	2.361	2.166
5	4.579	4.451	4.329	4.212	4.100	3.992	3.790	3.604	3.433	3.274	3.127	2.990	2.689	2.435
6	5.417	5.242	4.075	4.917	4.767	4.622	4.355	4.111	3.888	3.684	3.497	3.325	2.951	2.642
7	6.230	6.002	5.786	5.582	5.389	5.206	4.868	4.563	4.288	4.038	3.811	3.604	3.161	2.802
8	7.019	6.732	6.463	6.209	5.971	5.746	5.334	4.967	4.638	4.343	4.077	3.837	3.328	2.924
9	7.786	7.435	7.107	6.801	6.515	6.246	5.759	5.328	4.946	4.606	4.303	4.030	3.463	3.019
10	8.530	8.110	7.721	7.360	7.024	6.710	6.144	5.650	5.216	4.833	4.494	4.192	3.570	3.091
11	9.252	8.760	8.306	7.886	7.499	7.138	6.495	5.937	5.452	5.028	4.656	4.327	3.656	3.147
12	9.954	9.385	8.863	8.383	7.943	7.536	6.813	6.194	5.660	5.197	4.793	4.439	3.725	3.190
13	10.634	9.985	9.393	8.852	8.358	7.903	7.103	6.423	5.842	5.342	4.909	4.532	3.780	3.223
14	11.296	10.563	9.898	9.294	8.7462	8.244	7.366	6.628	6.002	5.467	5.008	4.610	3.824	3.248
15	11.937	11.118	10.379	9.712	9.108	8.559	7.606	6.810	6.142	5.575	5.091	4.675	3.859	3.268
16	12.561	11.652	10.837	10.105	9.447	8.851	7.823	6.973	6.265	5.668	5.162	4.729	3.887	3.283
17	13.166	12.165	11.274	10.477	9.763	9.121	8.021	7.119	6.372	5.748	5.222	4.774	3.909	3.294
18	13.753	12.629	11.689	10.827	10.059	9.371	8.201	7.249	6.467	5.817	5.273	4.812	3.927	3.303
19	14.323	13.133	12.085	11.159	10.336	9.603	8.364	7.365	6.550	5.877	5.316	4.843	3.942	3.310
20	14.877	13.590	12.462	11.469	10.594	9.818	8.513	7.469	6.623	5.928	5.352	4.869	3.953	3.315
25	17.413	15.622	14.093	12.783	11.654	10.674	9.077	7.843	6.872	6.097	5.466	4.947	3.984	3.328
30	19.600	17.292	15.372	13.764	12.409	11.257	9.426	8.055	7.002	6.177	5.516	4.978	3.995	3.332